IT-Ausbildung

Lernfelder und Kernkompetenzen

Vernetzte IT-Systeme

Band 4

2. Auflage – Stand: April 1999
ISBN 3-932229-52-5   2. neubearb. Aufl.
(ISBN 3-932229-42-8 1. Aufl.)

K. Ackermann

Herausgeber:
Institut zur Entwicklung moderner Unterrichtsmedien e. V.
Herdentorsteinweg 44/45 • 28195 Bremen
Telefon (04 21) 1 52 85 und 17 05 47 • Telefax (04 21) 1 29 43

Vorwort

In Anlehnung an die Rahmenlehrpläne, beschlossen durch die Ständige Konferenz der Kultusminister und -senatoren der Länder, haben wir als Grundlage für den Berufsschulunterricht die Fachbuchreihe **"IT-Ausbildung – Lernfelder und Kernkompetenzen"** entwickelt, die folgende Bände umfaßt:

Band 1
- Der Betrieb und sein Umfeld
- Geschäftsprozesse und betriebliche Organisation
- Informationsquellen und Arbeitsmethoden

Band 2
- Einfache IT-Systeme

Band 3
- Entwickeln und Bereitstellen von Anwendungssystemen

Band 4
- Vernetzte IT-Systeme

Band 5
- Öffentliche Netze und Dienste
- Markt- und Kundenbeziehungen

Band 6
- Betreuen von IT-Systemen

Band 7
- Rechnungswesen und Controlling

Band 8
- Fachwörter mit Begriffsbestimmungen

Sach- und fachkompetente Autoren haben die in den Rahmenlehrplänen vorgegebene Struktur der Lernfelder übernommen und nach pädagogischen Grundsätzen gegliedert. Die Buchreihe stellt damit für die Auszubildenden ein gutes und zuverlässiges Lernmedium, ein Nachschlagewerk und eine Hilfe bei der Vorbereitung auf die Zwischen- und Abschlußprüfung dar.

Das Autorenteam

Einführung

Der Band 4 der IT-Fachbuchreihe befaßt sich mit den Inhalten des Lernfeldes 7 (Vernetzte IT-Systeme) des Rahmenlehrplanes für die Berufsschulen.

Lernzielvorgaben:
Die Schülerinnen und Schüler sollen vernetzte IT-Systeme in Einzel- oder Teamarbeit unter Berücksichtigung von Kundenanforderungen und Beachtung gesetzlicher und sicherheitstechnischer Bestimmungen planen, Komponenten begründet auswählen, installieren, konfigurieren, inbetriebnehmen, dokumentieren, präsentieren, handhaben, aufstellen und prüfen.

Dazu sind
- Grundlagen der Elektronik und Übertragungstechnik zu beschreiben
- Grundlagen der Netzwerktechnik anforderungsgerecht einzusetzen
- Methoden zur Planung vernetzter IT-Systeme anzuwenden
- IT-Produkte zu beschreiben, zu installieren, aufzustellen und zu prüfen
- Netzwerkbetriebssysteme und Treibersoftware zu installieren, einzupassen und inbetriebzunehmen
- Anwendungs- und Systemsoftware zu installieren, zu konfigurieren und zu handhaben
- gesetzliche Bestimmungen zum Datenschutz und Maßnahmen zur Datensicherung anzuwenden

Die Schülerinnen und Schüler sollen vernetzte IT-Systeme in ihrer Entwicklung nachvollziehen sowie technische und soziale Entwicklungstrends beschreiben und vergleichen.

Methodisches Vorgehen:
Wir empfehlen, die Unterrichtsphasen anhand von ganzheitlichen Aufgabenstellungen (Prozeßschritten) entlang einem Geschäftsprozeß zu strukturieren. Die Schülerinnen und Schüler können so Fachinhalte und betriebliche Zusammenhänge besser verstehen und werden damit in die Lage versetzt, das in der Berufsschule erworbene Wissen auch im betrieblichen Alltag bewußt anzuwenden.

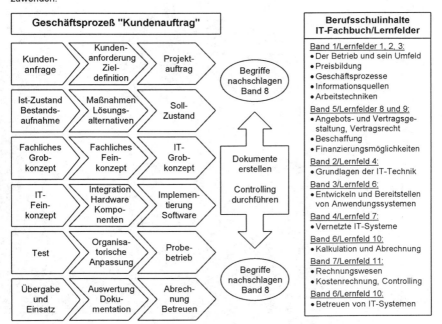

Zusammenhang zwischen einem Geschäftsprozeß,
den Lernfeldern und den IT-Fachbüchern Band 1 bis Band 8

Inhaltsverzeichnis

Seite

| **Vernetzte IT-Systeme** | 1 |

1	Konzeption	1
1.1	Mit IT-Konzepten Unternehmensprozesse optimieren	1
1.2	Schwerpunkte eines guten IT-Konzeptes	2
1.3	IT-Projekte	3
1.3.1	Projektorganisation und Projektmanagement	3
1.3.2	Projektplanung und -steuerung	4
1.4	Bestandsaufnahme und Anforderungsanalyse	5
1.4.1	Grundsätzliche Anforderungen	5
1.4.2	Spezielle Anforderungen	7
1.4.3	Katalogisierung der Anforderungen	8
1.5	Lösungskonzeption	8
1.6	Wechselwirkung von vernetzten IT-Produkten und betrieblicher Organisation	9
1.7	Projektdokumentation	10
2	**Informationsübertragung in vernetzten IT-Systemen**	**10**
2.1	Open System Interconnection (OSI)	11
2.1.1	Das ISO/OSI-Referenzmodell	11
2.1.2	Die 7 OSI-Schichten	12
2.2	Adressierung in Netzen	20
2.2.1	Adressierung nach ITU-T-E.164	20
2.2.2	Adressierung nach ITU-T-X.121	21
2.2.3	Adressierung im Internet und Intranet	22
2.2.3.1	Adressierung nach Internet Protocol, Version 4 (IPv4)	22
2.2.3.2	Adressierung nach Internet Protocol, Version 6 (IPv6)	25
2.3	Übertragungsmedien und Kopplungselemente	27
2.3.1	Analoge Datenübertragung	27
2.3.1.1	Die wichtigsten V- und X-Schnittstellen	27
2.3.1.2	Modem	29
2.3.2	Digitale Datenübertragung	39
2.3.2.1	Datenübertragung über digitale Festverbindungen	40
2.3.2.2	Datenübertragung im ISDN	41
2.3.2.3	Neue Techniken für die Teilnehmeranschlußleitung	43
2.3.3	Funktionsweise von Bridges und Repeaters	46
2.3.3.1	Transparent Bridges	48
2.3.3.2	Encapsulating Bridges	50
2.3.3.3	Translation Bridges	51
2.3.3.4	Source Routing Bridges	51
2.3.3.5	Router	52
2.3.3.6	Statisches Routing	53

		Seite
2.3.3.7	Dynamisches Routing	53
2.3.3.8	Distance Vector Routing	53
2.3.3.9	Link State Routing	54
2.3.4	Routing-Protokolle	54
2.4	Grundlagen der Netzwerktechnik	58
2.4.1	Netzarchitekturen/Netztopologien	58
2.4.2	Grundsätzliche LAN-Zugriffsverfahren	61
2.4.3	IEEE-Standards	61
2.4.4	Aufbau eines 802.3-LANs	63
2.4.4.1	Ethernet und 802.3-LAN	64
2.4.4.2	Rahmenformate	64
2.4.4.3	LAN-Adressen	65
2.4.4.4	Zugriffsverfahren	67
2.4.5	LAN-Realisierungen auf Ethernetbasis	67
2.4.5.1	10Base5	68
2.4.5.2	10Base2	68
2.4.5.3	10BaseT	69
2.4.6	Token Passing	70
2.4.6.1	Token Ring	71
2.4.6.2	Token Bus	73
2.4.7	High-Speed-MANs und -LANs	73
2.4.7.1	IEEE 802.6 (Metropolitan Area Network)	73
2.4.7.2	FDDI (Fibre Distributed Data Interface)	76
2.4.7.3	100-Mbit/s-LANs	77
2.5	Netztypen	78
2.5.1	Client-Server-Netze	78
2.5.2	Peer-to-Peer-Netze	80
2.6	Netzwerkschnittstellen	81
2.6.1	NetBEUI	82
2.6.2	NetBIOS	83
2.6.3	Network Driver Interface Specification Support (NDIS)	84
2.6.4	Open Data Link Interface (ODI)	85
2.7	TCP/IP-Protokollfamilie	85
2.7.1	Internet Protocol (IP)/IP Routing	86
2.7.1.1	IPv4-Datagramm	86
2.7.1.2	IPv6-Datagramm	89
2.7.1.3	IP Routing	90
2.7.2	Internet Control Message Protocol (ICMP)	93
2.7.3	User Datagram Protocol (UDP)	95
2.7.4	Transmission Control Protocol (TCP)	96
2.8	Novell-Protokolle	98
2.8.1	Internet Packet Exchange (IPX)	98
2.8.2	Sequenced Packet Exchange (SPX)	102
2.8.3	Netware Core Protocol (NCP)	103
2.8.4	Service Advertising Protocol (SAP)	103

		Seite
3	Planung, Aufbau, Konfiguration	103
3.1	Netzwerktechnik	103
3.1.1	Kabeltypen und Verkabelungskonzepte	103
3.1.1.1	Kabeltypen, Kabelkategorien	103
3.1.1.2	Verkabelungskonzepte	104
3.2	Netzwerkbetriebssysteme	106
3.2.1	Microsoft Windows NT-Server	106
3.2.1.1	Installation und Konfiguration	108
3.2.1.2	Serveranbindung	109
3.2.1.3	Server- und Systemverwaltung	110
3.2.1.4	Festplatten- und Druckerverwaltung	112
3.2.1.5	Sicherheit und Rechte	113
3.2.2	Novell Netware	113
3.2.2.1	Offene Architektur	114
3.2.2.2	Netware Directory Services (NDS)	115
3.2.2.3	Installation und Konfiguration des Netzwerkservers	115
3.2.2.4	Installation und Konfiguration einer Workstation	124
3.2.2.5	Dateiverwaltung	125
3.2.2.6	Druckmöglichkeiten	127
3.2.2.7	Sicherheit	130
3.2.3	UNIX	131
3.2.3.1	Ursprung von UNIX	131
3.2.3.2	Installation und Konfiguration	133
3.2.3.3	UNIX-Dateisystem	139
3.2.3.4	Rechtekonzept unter UNIX	141
3.2.3.5	Netzwerkdienste	144
3.2.3.6	Druckerverwaltung	146
3.2.3.7	Sicherheit im Netzwerk	147
3.3	Desktopbetriebssysteme	149
3.3.1	Windows for Workgroups	149
3.3.1.1	Anforderungen an die Hardware	150
3.3.1.2	Installation und Konfiguration	150
3.3.2	Windows95	151
3.3.2.1	Installationsvarianten	151
3.3.2.2	Installation und Konfiguration	152
3.3.2.3	LAN-Anbindung	155
3.3.3	Windows98	156
3.3.3.1	Installationsvarianten	157
3.3.3.2	Installation und Konfiguration	158
3.3.3.3	LAN-Anbindung	160
3.3.4	Windows NT Workstation	161
3.3.4.1	Installation und Konfiguration	161
3.3.4.2	LAN-Anbindung	163
3.4	Netzwerk-Applikationen	164
3.4.1	Fileserver	164
3.4.2	Elektronische Mai, E-Mail	165

		Seite
3.4.3	Kommunikationsserver	171
3.4.3.1	Anforderungen an einen Kommunikationsserver	172
3.4.3.2	Konfiguration eines Kommunikationsservers	172
3.4.4	Web-Server	173
3.4.4.1	World Wide Web im Internet	173
3.4.4.2	Aufbau der Verweise zu Datenquellen im Internet	174
3.4.4.3	Was bezeichnet man als Web-Server	174
3.4.4.4	Installation eines Web-Servers	174
3.4.5	Printserver	177
3.4.6	Backup	180
3.4.7	Verzeichnisdienst X.500	180
3.4.8	Software Metering	186
3.5	IT- und Netzmanagement	186
3.5.1	Simple Network Management Protocol (SNMP)	186
3.5.1.1	Aufbau eines SNMP-kontrollierten Netzes	186
3.5.1.2	Aufbau der Management Information Base (MIB)	188
3.5.1.3	SNMPv1	190
3.5.1.4	SNMPv2	191
3.5.2	ISO/OSI-Management	191
3.5.2.1	CMIS/CMIP	192
3.5.3	Telekommunikationsmanagement-Netze	193
3.5.3.1	TMN-Architektur	194
3.5.3.2	TMN-Schnittstellen	195
3.6	Qualitätssicherungselemente	197
3.6.1	Qualitätssicherung nach ISO 9000	197
3.6.2	Dokumentationssystem	199
3.6.2.1	Dokumentation – allgemeine Festlegungen	199
3.6.2.2	Netzwerkdokumentation	200
3.6.2.3	Softwaredokumentation	203
3.6.2.4	Änderungsanträge (Change Requests)	203
3.7	Datenschutz und Netzsicherheit	204
3.7.1	Datenschutz	204
3.7.2	Verschlüsselungssoftware	206
3.7.3	Netzsicherheit	206
4	**Planungsablauf eines Kundenauftrages (Projektauftrag)**	**209**
4.1	Kundenanforderungen definieren	209
4.2	Projektablauf der technischen Realisierung festlegen	210
4.3	Aufbau eines LANs	210
4.3.1	Grobkonzept	211
4.3.2	Feinkonzept (vereinfacht)	212
4.3.3	Spezifikation, Projektierung	213
4.3.4	Angebotsanforderung	213
4.3.5	Angebotsauswertung	214
4.3.6	Implementierung (Installation und Aufbau)	215

4.3.7	Abnahme	215
4.3.8	Schulung der Mitarbeiter	216
4.4	Aufbau eines Metropolitan Area Network (MAN)	216
4.4.1	Kommunikationsinfrastruktur analysieren und Anforderungen definieren	216
4.4.2	Analyse	217
4.4.3	Anforderungen	217
4.4.4	Ziel- und Ausführungsplanung	219
4.5	Aufbau eines Wide Area Network (WAN)	224

Fragen und Aufgaben zur Lernerfolgskontrolle 228

Abkürzungsverzeichnis 232

Sachwörterverzeichnis 234

Vernetzte IT-Systeme

1 Konzeption

1.1 Mit IT-Konzepten Unternehmensprozesse optimieren

In diesem Kapitel wird das Informations- und Kommunikationskonzept beschrieben. Bei diesem Konzept steht die optimale (wirtschaftliche) Versorgung von Anwendern (betrieblichen Stellen) mit Informationen im Vordergrund. Die Konzeption eines IT-Systems für ein Unternehmen ist immer eine Herausforderung und hat eine erhebliche Breitenwirkung, d. h., ein optimal konzeptioniertes IT-System kann entscheidend zum Erfolg eines Unternehmens beitragen, während Fehler oder Unzulänglichkeiten die Produktivität und damit den Unternehmenserfolg negativ beeinflussen.

Die Konzeption ist der erste Schritt auf dem Weg zu einer guten Netzinfrastruktur, wobei bei größeren Projekten auch noch eine Vorstudie erfolgen kann. Allgemein wird zwischen Grobkonzept, Fachkonzept und DV-Konzept unterschieden. Schon in der Konzeptionsphase ist eine transparente und nachvollziehbare Vorgehensweise wichtig.

Die Konzeption eines IT-Systems wird im wesentlichen durch:

- Unternehmensstrategie,
- Unternehmensorganisation,
- etablierte Prozesse und
- Anforderungen der Anwender

bestimmt. Während der Konzeptionsphase werden bestehende Strukturen und Arbeitsabläufe auf Optimierung hin untersucht und neue Strukturen und Arbeitsabläufe zusammen mit den Beteiligten festgelegt. Dies ist ein sich wiederholender Prozeß, der am besten in Teamarbeit bewerkstelligt werden kann, siehe auch Abb. 1.1. In der Literatur wird diese Phase oft auch als **Geschäftsprozeßmodellierung** bezeichnet. Größere Projekte werden in Teilprojekte aufgeteilt, die möglichst eigenständig durchgeführt werden können. Alle Projektphasen werden dokumentiert.

Es kann nicht oft genug betont werden, daß die künftigen Anwender in diesen Prozeß mit eingebunden werden. Ist dies nicht der Fall, hätte dies eine mangelnde Akzeptanz des Informationssystems durch die zukünftigen Anwender zur Folge. Die Akzeptanz des Informationssystems durch die Anwender wiederum bestimmt die Effizienz des Systems und nicht Bytes und Bits oder MIPS. Zusammen mit den Anwendern wird deshalb eine Analyse (Inventur) der betrieblichen Informationsbedürfnisse erstellt. Ergebnis dieser Analyse kann eine Restrukturierung von Prozessen (Reengineering) und Arbeitsabläufen sein. Dabei ist der Dialog mit dem Anwender unerläßlich. Nur im Dialog mit dem Anwender können alle notwendigen Informationen beschafft werden.

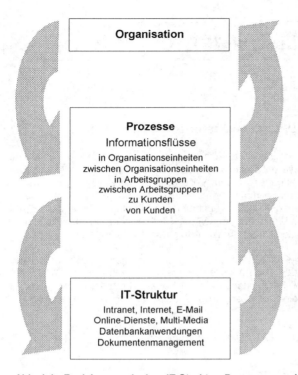

Abb. 1.1 - Beziehung zwischen IT-Struktur, Prozessen und Organisation

Wird während der Konzeptionsphase erkannt, daß Informationen von extern, z. B. von potentiellen Lieferanten oder Herstellern, benötigt werden, so ist die Beschaffung der Informationen einzuleiten. Dieser **"Request for Information (RFI)"** dient in der Konzeptionsphase dazu, Annahmen, die gemacht wurden, zu verifizieren bzw. im Negativfall das Konzept entsprechend anzupassen. Mit Hilfe eines RFI können bei externen Firmen auch sogenannte Budgetpreise erfragt werden, damit die Kosten eines Projektes genauer geschätzt werden können.

Wir können heute davon ausgehen, daß in den meisten Unternehmen bereits ein IT-System vorhanden ist und "lediglich" an neue Anforderungen angepaßt werden muß. Diese Anpassungen sind oft komplexer als die Neukonzeption eines kompletten Systems. Eine komplette Neukonzeption scheidet in aller Regel aus wirtschaftlichen Gründen aus, da sich die bestehenden Systeme "rechnen" müssen.

1.2 Schwerpunkte eines guten IT-Konzeptes

Die Investitionen in ein Kommunikationssystem sind beträchtlich und müssen geschützt werden. Daraus resultieren unmittelbare Anforderungen an eine Kommunikationsinfrastruktur:

- Diensteneutralität
- Systemneutralität
- Flexibilität
- Ausfallsicherheit
- Administrierbarkeit

IT-Systeme sind so zu planen, daß eine homogene Kommunikation ermöglicht wird. Sie müssen für Daten-, Bild- und Sprachübertragung geeignet sein. Ein gutes IT-Konzept stellt sicher, daß Anwender in die Lage versetzt werden, zu jeder Zeit und an jedem Ort auf alle benötigten Daten und Applikationen zugreifen zu können und mit beliebigen Personen Daten austauschen zu können. Dies klingt auf Anhieb einleuchtend. Aus IT-Sicht ist dies jedoch ein Vorhaben, das nur schrittweise realisiert werden kann. Für jedes IT-Vorhaben ist eine **Kosten-Nutzen-Analyse** Voraussetzung. Die folgende Auflistung gibt einen kleinen Überblick darüber, was bereits während der Konzeptionsphase zu berücksichtigen ist. Abhängig von dem realen Projekt sind im Einzelfall noch weitere Punkte zu berücksichtigen.

- Einsatz standardisierter Komponenten und Anwendungen (offene Standards)
- Möglichst nur eine Client-Oberfläche für alle Anwender
- Skalierbare IT-Lösungen
- Kabelsystem, das Daten und Sprache unterstützt
- Berücksichtigung von Multi-Media-Anwendungen
- Updates und Upgrades sollen nicht zu Unterbrechungen des Netzbetriebes führen
- Einsatz von Groupware-Anwendungen
- Kostenreduzierung
- Termintreue
- Keine Überschreitung des Budgets
- Reparaturzeiten verkürzen
- Upgrade bzw. Migration zu dem neuen Konzept ohne wesentliche Einflüsse auf die Anwender
- Sicherheit
- Zuverlässigkeit
- TCP/IP-Technologie

Neben den in Projekten vorgesehenen Reviewphasen muß kurz nach der Umsetzung eines Projektes überprüft werden, ob die Ziele erreicht wurden. Wurden die Ziele nicht komplett erreicht, ist dies zu analysieren und ggf. nachzusteuern. Dabei sind ggf. auch unternehmensinterne Prozesse anzupassen.

1.3 IT-Projekte

1.3.1 Projektorganisation und Projektmanagement

Die Planung von Informationssystemen muß sich daran orientieren, wie einzelne Geschäftsbereiche, Arbeitsgruppen und Produkte optimal unterstützt werden können. Die Konzeption eines IT-Systems kann daher als eine Dienstleistung verstanden werden, auf die andere zugreifen und in das sie ihre Anforderungen einbringen können. Auch aus diesem Grunde sind Anwender und Betreiber von Anfang an in den Entwicklungsprozeß eines IT-Systems mit einzubeziehen.

Alle Netzwerkprojekte erfordern ein hohes Maß an Koordination. Der Aufwand hierfür hängt von den Anforderungen ab. So erfordert eine Erweiterung eines Kommunikationssystems für eine einzelne Abteilung um Sprache und Fax weniger Aufwand als z. B. die Dezentralisierung der Kommunikationssysteme eines kompletten Unternehmensbereiches oder gar des gesamten Unternehmens. Zusätzlich ist zu beachten, daß IT-Vorhaben, da fast immer bereichsübergreifend, nicht innerhalb von Regelorganisationen durchgeführt werden können. Aus diesem Grunde ist es sinnvoll, IT-Vorhaben als Projekte mit einer Projektorganisation und entsprechendem Projektmanagement durchzuführen.

Professionelles Projektmanagement, unterstützt durch entsprechende Managementtools, ist entscheidend für den Erfolg eines IT-Projektes. Diese Projekte sind fast immer komplex und erfordern von den Projektmitgliedern, insbesondere jedoch von einem Projektmanager, funktions- und bereichsübergreifendes Denken und Handeln. Grundsätzlich gilt für ein Projekt die Definition nach DIN 69901. Viele Unternehmen haben zusätzliche Anforderungen zu dieser Projektdefinition aufgestellt, die dann zusätzlich zu beachten sind. Projekte müssen mit den Langzeitzielen, d. h. der strategischen Planung eines Unternehmens, übereinstimmen.

1.3.2 Projektplanung und -steuerung

Projektaufträge müssen zur Umsetzung detailliert werden.

Die nachfolgende Aufstellung gibt einen komprimierten Überblick über wesentliche Projektfestlegungen und -detaillierungen:

- Projektziele klar definieren
- Projektmitglieder festlegen
- Schnittstellen zu anderen Projekten festlegen
- Verantwortung klar abgrenzen
- Kompetenzen aller Projektmitglieder festlegen
- Methoden und Tools für die Projektdurchführung vereinbaren
- Machbarkeitsstudie durchführen
- Risikoanalyse durchführen
- Ressourcen (externes und internes Personal) sowie Equipment und Material festlegen
- Zeitrahmen und Zeitablauf eines Projektes festlegen
- Meilensteinplan aufstellen
- Trainingsplan aufstellen (Welches Training? Wer und wann?)
- Installation
- Rückfallplan aufstellen
- Projektüberwachung (Projektcontrolling) initiieren (Mittel, Zeit, Kosten, Ressourcen)

Es ist möglich, nicht alle Aktivitäten von den Angehörigen eines Unternehmens durchführen zu lassen. Klar abgrenzbare Aufgabengebiete können auch extern erledigt werden. Dies trifft insbesondere für Aufgaben zu, die ein spezifisches Know-how erfordern. Alle Aufgaben, die extern erledigt werden, sind wie alle anderen Aufgaben in den **Projekt- und Meilensteinplänen** zu berücksichtigen und die Termine und Kosten zu überwachen.

1.4 Bestandsaufnahme und Anforderungsanalyse

Am Anfang jedes Konzeptes steht das Ermitteln der konkreten Kundenanforderungen. Kunden bzw. Auftraggeber (AG) haben oft nur eine Vorstellung der Ziele, die aus Unternehmenssicht mit einem Projekt verwirklicht werden sollen. Es ist Aufgabe der IT-Fachkraft, den Kunden über technische Möglichkeiten, damit verbundene Risiken, Kosten und Vorteile eingehend zu beraten. Die Kundenanforderungen werden anschließend genau dokumentiert, da sie die Basis für die weitere Arbeit bilden. Nach diesem wichtigen ersten Schritt kann mit der **Grobkonzeption** begonnen werden.

Die **Bestandsaufnahme** und **Anforderungsanalyse** haben zum Ziel, den IST-Zustand zu dokumentieren, die Anforderungen auf den IST-Zustand abzubilden und mit geeigneten Maßnahmen in den SOLL-Zustand zu überführen. Der SOLL-Zustand muß sich eindeutig aus der Anforderungsanalyse ableiten lassen. Diesen Sachverhalt, der für Grob- und Feinkonzepte gilt, beschreibt Abb. 1.2.

IST-Zustand	Maßnahmen	SOLL-Zustand
Bestandsaufnahme	Lösungsalternativen	

Abb. 1.2 - Vom IST- zum SOLL-Zustand

Sowohl für die Bestandsaufnahme als auch für die Anforderungsanalyse existieren unterschiedliche Techniken bzw. Verfahren. Die Auswahl der geeigneten Verfahren hängt von der Komplexität, der Organisationsstruktur und dem zugrundeliegenden Terminplan ab. Einige ausgewählte Verfahren werden später beschrieben.

Die Anforderungsanalyse wird **immer** vor der Bestandsaufnahme durchgeführt. Sie beschreibt die Anforderungen an ein IT-System, ohne auf dessen konkrete Realisierung Rücksicht zu nehmen. Das Ergebnis der Anforderungsanalyse ist der Anforderungskatalog, der die Anforderungen detailliert und klar beschreibt. Dabei muß eindeutig geklärt sein, welche Zielsetzungen ein Projekt hat und unter welchen Randbedingungen ein Projekt durchzuführen ist.

1.4.1 Grundsätzliche Anforderungen

Für jedes IT-System existieren grundsätzliche Anforderungen, die immer beachtet werden müssen. Sie sind unabhängig von der Branche und der tatsächlichen Realisierung.

Im einzelnen sind dies:
- Konsistenz
- Transparenz
- Koordination
- Termintreue
- Flexibilität

Konsistenz: Konsistenz heißt, daß keine sich widersprechenden Anforderungen aufgestellt werden dürfen. Dieser sehr einfach klingenden Anforderung ist in der Praxis oft schwer nachzukommen, da ein IT-System für eine Anzahl von Benutzern konzipiert wird, deren Anforderungen unterschiedlich sind. Konsistenz bedeutet implizit auch, daß Redundanz vermieden werden muß. Redundanz, die nicht gewollt ist, führt zweifelsohne zu Inkonsistenzen.

Transparenz: Transparenz bedeutet, daß ein System für Benutzer verständlich und einfach zu bedienen ist. Ein Informatikstudium sollte also nicht unabdingbare Voraussetzung für die Bedienung eines Systems sein. Statt dessen sollte es intuitiv zu bedienen sein. Transparenz ist nicht nur mit Blick auf die Benutzer von Bedeutung. Sie ist unter anderem für alle an der Entwicklung eines IT-Systems Beteiligten wichtig und setzt eine klare und prägnante Beschreibung aller Schnittstellen voraus.

Koordination: Die Koordination eines IT-Projektes muß zum einen innerhalb des eigenen Projektes sichergestellt werden, zum anderen müssen unterschiedliche IT-Projekte untereinander stets koordiniert abgewickelt werden. Koordination heißt deshalb, andere IT-Anwendungen, egal ob bereits eingeführt oder selbst noch in der Entwicklung, zu berücksichtigen.

Termintreue: Diese Anforderung wird in der Praxis sehr oft hintangestellt. Hier sollten wir uns jedoch bewußt machen, daß ein IT-System, welches einen oder mehrere Prozesse in einem Unternehmen unterstützen soll, zeitgerecht bereitgestellt wird. Andernfalls kann es sein, daß der Nutzwert der Anwendung reduziert ist oder im Extremfall nicht mehr vorhanden ist.

Flexibilität: Ein IT-System muß änderbar sein, d. h., es muß an die sich ständig wechselnden Anforderungen angepaßt werden können. Die Struktur und Funktionalität muß deshalb änder- und erweiterbar sein.

IT-Systeme sind möglichst als **offene Systeme** zu konzipieren und zu realisieren, da nur so die einzelnen Systemkomponenten im Wettbewerb (Systemkomponenten von unterschiedlichen Lieferanten/Herstellern) beschafft werden können. Ein offenes System stellt einen hohen Investitionsschutz dar und ist in der Regel wirtschaftlicher. Dies gilt für die Beschaffung und für den Betrieb. Gleichzeitig wird die Abhängigkeit von einem Lieferanten oder, was noch schlimmer ist, von einem Hersteller vermieden. Die Konzeption muß sich deshalb immer an den Normen für offene Systeme orientieren. In bestimmten Fällen können auch Quasi-Standards (Industriestandards) berücksichtigt werden.

Die Berücksichtigung von "Normen für offene Systeme", dazu zählen europäische und internationale Normen, ist sogar zwingend vorgeschrieben, wenn IT-Systeme und IT-Komponenten für öffentliche Auftraggeber der EU realisiert werden.

Besonderes Augenmerk ist auf Standardsoftware zu legen, da hiermit die Trainingskosten reduziert werden können. Zusätzlich entfallen zeitintensive Konvertierungen zwischen den verschiedenen Programmsystemen.

Abschließend können wir feststellen, daß eine Konzeption die qualitativen Anforderungen der Benutzer und die damit verbundenen Kosten (Investitionen, laufende Kosten) berücksichtigen muß. Es muß realitätsnah konzipiert werden. Zeit und Ressourcen werden durch die Vorgaben des Auftraggebers bestimmt.

1.4.2 Spezielle Anforderungen

Neben den grundsätzlichen Anforderungen existiert noch eine Vielzahl spezieller Anforderungen, die durch etablierte Unternehmens- und Geschäftsprozesse bestimmt sind. Diese Anforderungen gilt es gezielt zu erfassen und anschließend zu analysieren. Die Erfassung ist so detailliert durchzuführen, daß sie als Basis für Lösungsszenarien genutzt werden kann. Sie muß

- Prozeßabläufe,
- Organisationsstruktur,
- Systemanalyse,
- Aufgabenanalyse,
- Ablaufanalyse und
- Strukturanalyse

berücksichtigen.

Für die Erfassung der Anforderungen sind geeignete Methoden zu wählen. Unter anderem kann zurückgegriffen werden auf:

- Interviews
- Inventur
- Auswertung der vorhandenen Dokumentation
- Fragebogen
- Beobachtung
- Multimomentaufnahme

1.4.3 Katalogisierung der Anforderungen

Die Anforderungen werden **katalogisiert** und **bewertet**. Die Bewertungskriterien sind zusammen mit dem Auftraggeber aufzustellen. Neben den technischen Kriterien sind, soweit möglich, auch monetäre Bewertungsgrößen zu berücksichtigen.

Die Bewertung ist möglichst mit Hilfe von Tools durchzuführen. Eine manuelle Bewertung ist meist subjektiv und kann dann angezweifelt werden. Anforderungskataloge sind keine starren Gebilde. Sie werden aufgrund im Projekt gewonnener Erkenntnisse angepaßt und fortgeschrieben. Bewertungsskriterien sind projektindividuell festzulegen.

Der Anforderungskatalog enthält u. a. Anforderungen an:

- vertragliche Verpflichtungen (Termine, Teilprodukte, Meilensteine, Entwicklungsumgebung)
- Hardware inklusive Schnittstellen
- Software inklusive Softwareschnittstellen
- Anwenderschnittstellen (Mensch-, Maschineninterface)
- Zusammenarbeit mit anderen Systemen
- Kriterien zur Abnahme des Systems durch den Kunden

Auf der Basis des Anforderungskataloges wird das **Pflichtenheft** erstellt, das alle Angaben zu terminlichen, technischen und finanziellen Randbedingungen enthält.

1.5 Lösungskonzeption

Nachdem alle Anforderungen analysiert, dokumentiert und katalogisiert sind, werden Lösungsalternativen erarbeitet. Die Lösungsvarianten werden von allen Mitgliedern eines Projektes erstellt. Hard- und/oder Softwarelösungen werden nun detailliert spezifiziert. Die Lösung wird mit Bewertungsverfahren untersucht, in welchem Maß sie die gestellten Anforderungen erfüllt. Die Bewertung muß die im Kapitel 1.4 aufgeführten Kriterien berücksichtigen. Dabei sind in dieser Phase die einzelnen Bewertungskriterien entsprechend der Bedeutung für den Kunden und das Projekt zu gewichten. Beispiele für Bewertungskriterien sind: Ausfallsicherheit, Flexibilität, Skalierbarkeit, Investitionsschutz, laufende Kosten, Schulungskosten bzw. Schulungszeiträume. Die Lösungsalternative, die die Anforderungen am besten erfüllt, wird weiterverfolgt.

Die Termin-, Kapazitäts- und Ressourcenplanung wird entsprechend der Lösungsalternative angepaßt und fortgeschrieben. Das gleiche gilt für die Aufstellung aller für eine Lösung erforderlichen Investitionen.

Da die einzelnen Projekte zu unterschiedlich und oft sehr komplex sind, können keine allgemeingültigen Richtlinien zur weiteren Vorgehensweise aufgestellt werden. Auf jeden Fall schließt ein Lösungskonzept die Erstellung aller Spezifikationen für die Hard- und Software mit ein. Das gleiche gilt für evtl. notwendige Migrationspläne,

Dimensionierung von Hard- und Software, Instandhaltungsmaßnahmen, -leistungen sowie Installationsarbeiten.

Alle Ergebnisse sind zu dokumentieren, und das Pflichtenheft ist fortzuschreiben.

1.6 Wechselwirkung von vernetzten IT-Produkten und betrieblicher Organisation

Unternehmen reagieren gegenwärtig flexibel und sehr schnell auf sich ändernde Marktbedingungen. Diese vom Markt diktierte Flexibilität hat direkte Auswirkungen auf vorhandene IT-Strukturen. In der Praxis bedeutet dies, daß die oft noch vorhandenen streng hierarchischen Organisationsformen sich auflösen und "flachere" Organisationsstrukturen eingeführt werden. Dies geht einher mit mehr Autonomie für die neuen Organisationseinheiten und -gruppen. Last but not least steigt die Zahl der PC-Anwender, der eingesetzten IT-Systeme, was direkte Auswirkungen auf IT-Strukturen hat.

Diese voranschreitende **Dezentralisierung** stellt neue Anforderungen an die IT-Infrastruktur, ganz besonders jedoch an die Administration (Verwaltung) der IT-Netze und -Systeme. Prozesse und Verfahren, die für eine zentrale IT-Umgebung effektiv eingesetzt werden konnten, können nicht mehr angewandt werden. Organisatorische Umstrukturierungen haben erhebliche Auswirkungen auf die IT-Struktur in den Unternehmen und bedeuten weg von Zentralcomputern und hin zu **Client-/Serversystemen und Network Computing.**

Mit einer ständig steigenden Zahl von Client-/Serversystemen ist eine effiziente Administration von IT-Systemen und -Netzen der Schlüssel zu mehr Effizienz und zu Kosteneinsparungen in diesem Bereich. Gleichzeitig ist die Administration komplexer Systeme eine Herausforderung hinsichtlich Administrierbarkeit, Performance, Verfügbarkeit und Zuverlässigkeit. Nur wenn ein IT-System und -Netz diese Kriterien erfüllt, kann die Produktivität der Anwender gesteigert werden.

Es hat jedoch keinen Sinn, die Produktivität einzelner Bereiche zu steigern, wenn gleichzeitig der Aufwand für Administration und Management der Systeme und Netze steigt. Dies wäre nur eine Verlagerung der Kosten. Deshalb hat die Automatisierung des IT-Betriebes, insbesondere der Administration und des Managements, einen hohen Stellenwert. Dies muß bei der Auswahl von IT-Kommunikationssystemen bzw. -komponenten unbedingt beachtet werden.

Die Integration von IT-Systemen in eine vorhandene Organisationsstruktur ist kein Ausnahmefall, sondern die Regel. Neben der Integration des IT-Systems in die statische Organisationsstruktur ist eine nahtlose Integration in die Prozeßabläufe oder deren Anpassung notwendig.

1.7 Projektdokumentation

Alle Phasen eines Projektes sind ausführlich und projektbegleitend zu dokumentieren. Dazu wird eine **Projektbibliothek** angelegt. Die Dokumentation muß zielgruppengerecht erstellt werden. Eine Klassifizierung der Dokumentation ist entsprechend dem Projekt durchzuführen. So sind Dokumentenklassen für Anwender, Technik, Managementinformation (Übersichten), Betrieb, Qualitätssicherung, Projektabwicklung, Spezifikationen denkbar.

Besonderes Augenmerk ist auf die Managementinformation zu legen, da sie gleichzeitig eine Entscheidungsgrundlage für das weitere Vorgehen ist. Diese Information ist auf entscheidungsrelevante Aussagen zu reduzieren. **Meilensteinpläne** sind ein wesentlicher Bestandteil jeder Managementinformation.

Neben diesen Dokumentenklassen werden während eines Projektes Arbeitspapiere erstellt, die nur zeitweilig benötigt werden. Diese Arbeitspapiere müssen auch bestimmten Kriterien genügen. Jedes erstellte Dokument muß mindestens eine Kennzeichnung haben, unter der es in der Projektbibliothek abgelegt ist. Es muß ferner einen aussagekräftigen Titel, den Ausgabestand inkl. Erstellungsdatum enthalten. Autor und Editor müssen vermerkt sein, und die Historie des Dokumentes muß nachvollziehbar sein. Ein weiterer wichtiger Aspekt ist die Referenzierung (Empfehlung) von anderen Dokumenten, die ggf. von Änderungen an einem Dokument beeinflußt werden. Die Erstellung und Pflege der Dokumentation muß die Anforderungen der ISO-9000-Standards berücksichtigen, siehe Kapitel 3.6.

2 Informationsübertragung in vernetzten IT-Systemen

In diesem Kapitel werden wir auf grundsätzliche Verfahren der Informationsübertragung eingehen. Wir werden die Vor- und Nachteile verschiedener Netzarchitekturen, Netztechniken und Netzprotokolle diskutieren, so daß wir für jeden Einsatzfall fundierte Entscheidungen treffen können. Vernetzte IT-Systeme zu verstehen und zu planen ist eine komplexe Aufgabe, die deshalb in mehreren Teilaufgaben erledigt werden sollte. Vernetzte Systeme sind in den seltensten Fällen homogen, sondern bestehen oft aus einer Vielzahl unterschiedlicher Systeme, die miteinander kommunizieren müssen. Damit diese Kommunikation sichergestellt werden kann, müssen wir die Schnittstellen der beteiligten Systeme kennen. Diese Schnittstellen sollten offene Schnittstellen sein.

Um hier "System" hineinzubringen und gleichzeitig die Idee der offenen Kommunikation zu forcieren, wurde ein Referenzmodell, bestehend aus sieben Schichten (Layers) entwickelt, anhand dessen sich komplexe IT-Aufgaben und -Anforderungen strukturieren lassen. Innerhalb der Schichten kann eine weitere Unterteilung anhand von sogenannten Instanzen erfolgen. Eine Aufteilung der 7 OSI-Schichten in weitere Unterschichten, eine Forderung, die man oft in der Literatur finden kann, ist somit nicht notwendig. Hier greift man auf Instanzen zurück.

2.1 Open System Interconnection (OSI)

Viele werden sich fragen, weshalb wir offene, d. h. standardisierte Systeme überhaupt brauchen. Dazu muß man sich die DV-Welt vor 1980 vor Augen führen. Die DV-Welt war damals geprägt von Firmenstandards, die nicht zueinander kompatibel waren. Firmen nutzten ihre marktbeherrschende Stellung und errichteten Barrieren, welche die Kommunikation mit Systemen anderer Hersteller behinderten oder gar unmöglich machten. Waren Anpassungen unumgänglich, wurden sie für teures Geld vom "Hauslieferanten" entwickelt, wodurch die Abhängigkeit noch größer wurde. Dies änderte sich nach der Einführung von OSI.

Basis für OSI ist der ISO-Standard 7498, der 1982 als internationaler Standard verabschiedet wurde. Dieser wurde 1984 von der ITU-T, vormals CCITT, übernommen und ist in den Empfehlungen der X.200-Serie beschrieben. In diesen ITU-T-Empfehlungen bzw. ISO-Standards sind die Grundlagen (Rahmenbedingungen) für die Kommunikation zwischen offenen Systemen anhand eines abstrakten Modells beschrieben. Dieses Modell dient einerseits der abstrakten Beschreibung von Standards, andererseits auch als Hilfe für die Entwicklung offener Systeme. Ziel ist es, die Kommunikation zwischen Systemen unterschiedlicher Netze und Hersteller zu ermöglichen. Als offene Systeme im OSI-Sinne werden Kommunikationssysteme bezeichnet, die standardisierte Prozeduren und Methoden zur Kommunikation verwenden. Das OSI-Referenzmodell beschreibt daneben die Umgebungsvoraussetzungen, die zum Anbieten standardisierter Dienste notwendig sind. Wesentlich ist die Möglichkeit von Teilnehmern, in offenen Systemen mit anderen Teilnehmern offener Systeme zu kommunizieren. Voraussetzung ist die Einhaltung vereinbarter Protokolle. Das OSI-Referenzmodell wird heute allgemein als der Standard für die Kommunikation offener Systeme akzeptiert.

2.1.1 Das ISO/OSI-Referenzmodell

Das **OSI-Referenzmodell** ist praktisch ein Rahmen oder ein Gefüge, welches das Verständnis der Gesamtzusammenhänge erleichtert. Es ist der Rahmen, innerhalb dessen die Kommunikation zwischen Kommunikationssystemen, z. B. Computern, oder - etwas abstrakter ausgedrückt - zwischen Prozessen zu standardisieren ist und der der Entwicklung offener Systeme zugrunde zu legen ist. Das Referenzmodell selbst ist kein starres Gebilde. Sobald neue, von dem Referenzmodell nicht abgedeckte Funktionen identifiziert werden, werden sie in das Referenzmodell eingearbeitet. Somit "veraltet" das Referenzmodell nicht. OSI bezieht sich nur auf das Zusammenschalten bzw. die Zusammenarbeit von Systemen. Alle anderen Aspekte sind nicht im Bereich von OSI anzusiedeln. Diese Zusammenarbeit deckt einen großen Bereich unterschiedlicher Aktivitäten wie Interprozeßkommunikation, Darstellung von Daten, Datenspeicherung, Prozeß- und Ressourcenmanagement, Integrität und Sicherheit sowie Unterstützung von Anwendungsprogrammen ab. Nicht zuletzt dient das OSI-Referenzmodell der Entwicklung herstellerunabhängiger Standards und deren Verifizierung.

Das OSI-Referenzmodell gilt gleichermaßen für verbindungsorientierte, engl. connection oriented (CONS), und verbindungsunabhängige, engl. connectionless (CNLS), Modi. Der verbindungsorientierte Modus ist durch eine eindeutige Verbindungsauf- und -abbauphase charakterisiert, während diese beim verbindungsunabhängigen Modus fehlt. Hier werden die Daten in Form von Datagrammen (Datentelegramme) ausgetauscht. Ein Datentelegramm besteht aus einem einzigen Informationsblock, der alle Informationen, z. B. Adresse und Kennung des Empfängers, enthält, damit die in diesem Informationsblock eingepackten Nutzerdaten beim Empfänger abgeliefert werden können. Es existiert praktisch nur eine Datenübertragungsphase. Es ist möglich, beide Modi in einem Endsystem zu kombinieren, d. h., die Schicht 4 kann verbindungsorientiert arbeiten und die Schicht 3 verbindungsunabhängig.

2.1.2 Die 7 OSI-Schichten

Entsprechend dem OSI-Referenzmodell läßt sich jede Anwendung in eine Anzahl von unabhängigen Funktionsschichten unterteilen. In dem OSI-Referenzmodell sind 7 Schichten definiert. Diese 7 Schichten und deren Aufgaben sind in Abb. 2.1 dargestellt. Die unteren Schichten 1-4 werden als Transportdienste bezeichnet und die oberen Schichten 5-7 als Zugriffsdienste. Die einzelnen Schichten kommunizieren logisch immer mit ihren **Partnerschichten, engl. Peers,** siehe auch Pfeile in Abb. 2.1. Die übereinanderliegenden Schichten werden auch "Stack" genannt. Sie haben sicherlich schon einmal den Ausdruck OSI-Stack gehört. Wie Sie sehen, verbirgt sich dahinter nichts Kompliziertes oder Imaginäres.

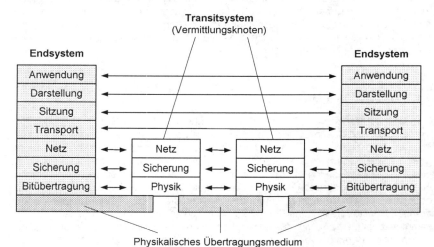

Abb. 2.1 - Zusammenschaltung offener Systeme

Wenn man sich auf Schichten bezieht, verwendet man folgende abkürzende Schreibweise:

(N)-Schicht: eine bestimmte OSI-Schicht
(N+1)-Schicht: die nächsthöhere Schicht
(N-1)-Schicht: die nächstniedrigere Schicht

Soweit die unteren drei Schichten betroffen sind, ist eine Unterteilung in separate verkettete Abschnitte möglich, siehe auch Abb. 2.1. In diesem Falle brauchen die einzelnen Abschnitte nicht alle Funktionen bereitzustellen. Es reicht, wenn sie die Dienste zur Verfügung stellen, die für den Transport der Nachrichten zwischen den **Endsystemen** erforderlich sind. Die Endsysteme verfügen über mehr Funktionalität als die Transitsysteme, in unserem Beispiel die Vermittlungsknoten. Ein Endsystem kann z. B. ein Computer, ein Faxgerät oder ein Telefon sein.

Zwischen den einzelnen Schichten im gleichen System, also z. B. zwischen Schicht 2 und Schicht 3 (vertikal), aber auch zwischen einer Schicht im gleichen System und ihrer zugehörigen Managementinstanz werden die Daten mit Hilfe von Primitives ausgetauscht. In der Literatur findet man auch die Übersetzung Diensttyp. Wir bleiben bei dem englischen Begriff **"Primitive"**. Dies sind abstrakte Elementarfunktionen oder Elementarnachrichten, die den Informationsaustausch zwischen den Schichten ermöglichen. Das Wort "Primitive" hat in diesem Zusammenhang nichts mit naiv oder niedrig entwickelt zu tun, sondern hat in etwa die Bedeutung elementar. Wie die einzelnen Primitives technisch realisiert, d. h., wie die Funktionen zur Verfügung gestellt werden, ist dabei unerheblich. Dies ist den Herstellern überlassen. Jedes Primitive wird durch folgende Angaben eindeutig beschrieben:

- Schicht, auf die es sich bezieht, z. B. Ph für Physical Layer (Schicht 1), DL für Data Link Layer (Schicht 2)
- den Dienst, den es erbringt, z. B. ACTIVATE für Aktivieren einer Schicht oder RELEASE für Auslösen einer Schicht
- Primitivetyp

Folgende Primitivetypen sind definiert:

REQUEST	entspricht einer Nachfrage oder Anfrage und fordert einen Dienst von der darunterliegenden (nächstunteren) Schicht (N-1).
INDICATION	Anzeige an die Partnerinstanz als Folge eines REQUEST.
CONFIRM	Eine Schicht, die den angeforderten Dienst bereitstellt, bestätigt damit, daß die angeforderte Funktion ausgeführt wurde. Bestätigung von der Schicht (N) der Partnerinstanz.
RESPONSE	Eine Schicht reagiert oder antwortet hiermit auf den Empfang des Primitives INDICATION von einer niedrigeren Schicht.

Eine komplette Primitivesequenz zur Aktivierung der Schicht 2, angestoßen von der Schicht 3, besteht aus:

1. DL - ACTIVATE - REQUEST	Anforderung Schicht 3 an Schicht 2 im System A
2. DL - ACTIVATE - INDICATION	Anzeige an die Schicht 3 im System B, Partnerinstanz
3. DL - ACTIVATE - RESPONSE	Schicht 3 des Systems B antwortet

4. DL - ACTIVATE - CONFIRM   Schicht 3 des Systems A erhält die Bestätigung, daß die angeforderte Aktion erfolgreich ausgeführt wurde

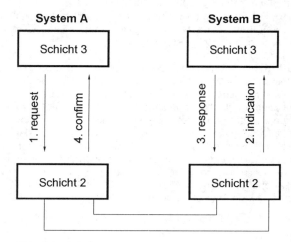

Abb. 2.2 – Primitivesequenz

Mit dem Schichtenmodell, den Primitives und den Schichtenprotokollen wird ein zu realisierender Ablauf oder eine Funktion als "Black Box" beschrieben. Dabei ist nur wichtig, wie sich diese "Black Box" in ihrem Umfeld verhält. Ihr interner Aufbau ist nicht von Belang. Dienste im Zusammenhang mit dem Informationsaustausch zwischen den Schichten haben nichts zu tun mit Telekommunikationsdiensten. Gemeint ist hier, daß eine untergeordnete Schicht der übergeordneten Schicht ihre **"Dienste"**, das sind Funktionen und Funktionsgruppen, zur Verfügung stellt. Die Schichten sind Diensteerbringer (Auftragnehmer), wenn sie einer übergeordneten Schicht einen Dienst zur Verfügung stellen, und Dienstebenutzer (Auftraggeber), wenn sie einen Dienst nutzen, der von einer untergeordneten Schicht erbracht wird.

In der weiteren Beschreibung der sieben OSI-Schichten gehen wir auf Dienstdateneinheiten, Protokolldateneinheiten und Protokollsteuerinformation ein. Zum besseren Verständnis werden wir diese nun vorab erklären. Abb. 2.3 zeigt grundlegende Funktionen wie Segmentierung, Verkettung und Blockbildung. Diese Funktionen sind notwendig, damit Nachrichten in Teilnachrichten zerlegt bzw. zusammengesetzt werden können und bei der Übergabe von einer zur anderen Schicht interpretiert werden können.

Eine Schicht N, die mit einer darunterliegenden Schicht N-1 kommunizieren will, muß an diese eine Diensteanforderung absetzen.

a) Segmentieren, Zusammenfügen

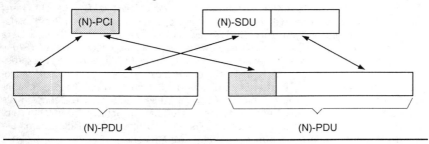

b) Blöcke bilden, Blöcke auflösen

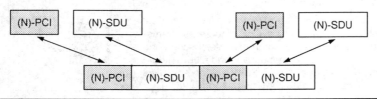

c) Verketten, Separieren

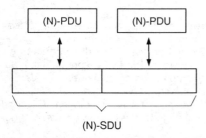

SDU: Dienstdateneinheit
(Service Data Unit)
PDU: Protokolldateneinheit
(Protocol Data Unit)
PCI: Protokollsteuerinformation
(Protocol Control Information)

d) Hinzufügen der Protokollsteuerinformation

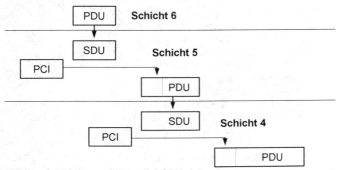

Abb. 2.3 - Bilden von PDUs und SDUs

Zwischen den einzelnen Schichten im gleichen System wird der Datenaustausch in Form von **Dienstprotokollen** beschrieben. Kommuniziert z. B. Schicht 7 mit Schicht 6 oder umgekehrt, werden die Daten in Form von sogenannten Protokolldateneinheiten [Protocol Data Units (PDU)] bzw. Dienstdateneinheiten [Service Data Units (SDU)] über adressierbare Dienstzugänge, engl. Service Access Points (SAP), übertragen. Eine PDU besteht, ausgehend von der Schicht 7, aus den Benutzerdaten und der von der Schicht 7 hinzugefügten Protokollsteuerinformation [Protocol Control Information (PCI)]. Diese PDU bildet für die Schicht 6 eine SDU, da diese ihre eigene PCI hinzufügt. Die Schicht 6 übergibt diese Daten an die Schicht 5 als PDU. Dieses Einpacken der Nachricht setzt sich fort bis zur Schicht 1 und ist in Abb. 2.3 unter d dargestellt. Im Schichtenprotokoll sind alle Abläufe spezifiziert, damit ein Dienst der anderen **Partnerinstanz** angeboten werden kann.

Schicht 1 (Physikalische Schicht/Physical Layer)

Die Schicht 1, als niedrigste Schicht im OSI-Modell, ist die Schnittstelle zum physikalischen Übertragungsmedium. Die mechanischen, funktionalen, elektrischen und prozeduralen Eigenschaften müssen eindeutig definiert sein, z. B. Signalpegel oder Steckerbelegung. Das Übertragungsmedium selbst (Kupferleitung, Glasfaser, Richtfunk) ist nicht Bestandteil der Schicht 1 im OSI-Sinne. Die Schicht 1 muß außerdem Funktionen zur Aktivierung und Deaktivierung von physikalischen Verbindungen bereitstellen.

Abhängig vom Übertragungsmedium bzw. der Schnittstelle zum Übertragungsmedium ist auch die kleinste zu übertragende Informationseinheit. Bei serieller Übertragung ist die kleinste Informationseinheit 1 Bit. Bei paralleler Übertragung kann sie 8 Bits sein, wenn diese gleichzeitig übertragen werden. Die Daten können dabei duplex, halbduplex, simplex, synchron oder asynchron übertragen werden. Die Verbindung kann eine Punkt-zu-Punkt- oder Punkt-zu-Mehrpunktverbindung sein. Typische Vertreter von Schicht-1-Protokollen sind die in den ITU-Empfehlungen X.21 und V.24 definierten Protokolle. Beide Vertreter haben jedoch auch Protokollanteile höherer Schichten.

Schicht 2 (Sicherungsschicht/Data Link Layer)

Schicht-2-Protokolle regeln den sicheren Austausch von Steuerinformationen und Nutzdaten über physikalische Verbindungen bzw. Verbindungsabschnitte, wobei die Unabhängigkeit von der physikalischen Verbindung gegeben sein muß. Prozeduren und Dienste der Schicht 2 ermöglichen einen zuverlässigen Informationsaustausch über Punkt-zu-Punkt- und Punkt-zu-Mehrpunktverbindungen. Es werden Prozeduren zur Fehlererkennung, Fehlerbehebung und Mechanismen zur Flußkontrolle bereitgestellt. Dabei ist es unerheblich, ob es sich um eine vermittelte Verbindung oder um eine nicht vermittelte Verbindung (Standleitung) handelt. Die von der Schicht 2 bereitgestellte transparente Datenübertragung stellt sicher, daß weder Inhalt, Format noch Codierung von Nutzdaten eingeschränkt werden. Der Abbau einer Schicht-2-Verbindung muß nicht zum Abbau der darunterliegenden Schicht-1-Verbindung führen. Beispiele von Schicht-2-Protokollen sind das zeichenorientierte Binary Synchronous Communication (BSC) Protocol von IBM und das bitorientierte High Level Data Link Control (HDLC) Protocol.

Schicht 3 (Netzschicht/Network Layer)

Die Schicht 3 ermöglicht Verbindungen zwischen zwei Endsystemen oder zwischen Endsystemen und Transitsystemen über fehlergeschützte Schicht-2-Verbindungen. Mit Hilfe der Schicht 3 können komplette Systeme, wie Vermittlungen, Nebenstellenanlagen oder Rechenanlagen, verbunden werden. Daneben können komplette Teilnetze (Subnetze) mit eigenen Adressenstrukturen und Protokollen miteinander verbunden werden. Typisches Beispiel eines Subnetzes ist ein Local Area Network (LAN). Bezogen auf ein Kommunikationsnetz müssen netzweit einheitliche und eindeutige Adressen vorhanden sein.

Schicht 4 (Transportschicht/Transport Layer)

Die Schicht 4 stellt die Trennlinie zwischen kommunikationsorientierten und anwenderorientierten Funktionen durch Bereitstellen eines einheitlichen Transportdienstes dar. Mit Hilfe der Schicht 4 werden Verbindungen, unabhängig von dem darunterliegenden Netz, zwischen Endsystemen hergestellt. Eine Transportverbindung kann aus unterschiedlichen Netzverbindungen bestehen. Die Dauer einer Transportverbindung ist unabhängig von der zugrundeliegenden Netzverbindung. Die Schicht 4 dient dazu, der Schicht 5 einen optimierten Transport von Daten zur Verfügung zu stellen.

Schicht 5 (Sitzungsschicht/Session Layer)

Die Sitzungsschicht ermöglicht einen koordinierten, d. h. organisierten Dialog zwischen zwei Instanzen der Darstellungsschicht. So steuert die Sitzungsschicht z. B. die An- und Abmeldung (log on, log off) von Benutzern eines Systems. Die Sitzungsschicht kann auch bei Abbau der Transportschicht bestehenbleiben.

Schicht 6 (Darstellungsschicht/Presentation Layer)

Die Darstellungsschicht regelt, wie die Daten der Anwendungsschicht zwischen zwei Kommunikationspartnern verständlich ausgetauscht werden können. Dazu handeln beide Kommunikationspartner eine für beide verbindliche Syntax aus. Verwenden beide Kommunikationspartner die gleiche Syntax, dann ist diese problemlos anwendbar. Sobald jedoch die Kommunikationspartner eine unterschiedliche Syntax benutzen, müssen sie sich auf eine neutrale Syntax, die beide verstehen, einigen. Die Darstellungsschicht befaßt sich ausschließlich mit der Syntax, also der Darstellung von Daten, und nicht mit der Semantik, d. h. mit der Bedeutung der Daten für die Anwendungsschicht (Schicht 7).

Schicht 7 (Anwendungsschicht/Application Layer)

Die Schicht 7 ist die komplexeste Schicht des Referenzmodells. Sie ist modular aufgebaut und hat damit die nötige Flexibilität für zukünftige Erweiterungen. Beispiele von Funktionsgruppen, die der Anwendungsschicht zugeordnet werden können, sind: Dateitransfer, Ferneingabe von Daten und Jobs (Remote Data and Job Entry), elektronische Post und die Verwaltung verteilter Datenbanken. Die höchste Schicht im Referenzmodell stellt das Hilfsmittel dar, mit dem die Anwendungsprozesse auf die OSI-Umgebung zugreifen können. Die Anwendungsschicht ist die Schnittstelle der Anwendungsprozesse zu offenen Systemen.

Jeder einzelne Anwendungsprozeß kommuniziert mit einem Partnerprozeß (in einem anderen System) über Funktionen, die die Verbindung zur OSI-Umgebung herstellen. Sollte ein Prozeß mehrfach startbar sein, so ist für jeden einzelnen Prozeß die Beziehung zur OSI-Umgebung herzustellen. Der Anwendungsprozeß selbst ist nicht Bestandteil der Schicht 7, sondern wäre, falls man das Modell erweitern würde, als Schicht 8 anzusehen. Die Schicht 7 regelt also nur, wie Anwendungsprozesse miteinander kommunizieren. Beispiele sind FTAM (File Transfer, Access and Management Services), VT (Virtual Terminal).

Schichtenmanagement

Innerhalb der OSI-Architektur müssen spezielle Probleme des Initiierens, Terminierens und Überwachens erkannt und behandelt werden. Diese Probleme werden in ihrer Gesamtheit als Managementaspekte innerhalb der OSI-Architektur angesehen. Dabei sind nur die Managementaktivitäten von Bedeutung, die den tatsächlichen Austausch von Informationen zwischen zwei voneinander getrennten offenen Systemen (Remote Systems) darstellen. Lokale Managementaktivitäten fallen nicht in die OSI-Zuständigkeit. Folgende Managementkategorien werden unterschieden:

- Anwendungsmanagement, z. B. Initialisieren von Parametern, die den Anwendungsprozeß darstellen, Sicherheitssteuerung, Entdecken und Verhindern von Störungen und Blockierungen (deadlocks)

- Systemmanagement, z. B. Aktivieren und Terminieren von OSI-Ressourcen, Funktionen für das Laden von Programmen, Initialisieren und Modifizieren von Systemparametern

- Schichtenmanagement, z. B. Aktivieren der Fehlerbehandlung einer Schicht

Zusammenfassung:

 Das OSI-Referenzmodell stellt den Rahmen dar, innerhalb dessen "Offene Systeme" spezifiziert und entwickelt werden. Dabei wird immer auf standardisierte Prozeduren zurückgegriffen, die den effektiven Austausch von Informationen zwischen Systemen sicherstellen. Das OSI-Referenzmodell schreibt nicht exakt die Protokolle vor, die benutzt werden müssen. Es ist Sache des Entwicklers, die passenden **standardisierten** Protokolle für eine Anwendung auszuwählen. OSI ist ein wesentlicher Schritt hin zur Herstellerunabhängigkeit. Daneben kann eine Entwicklung nach OSI durchaus kleinere proprietäre (herstellerspezifische) Anteile, z. B. für nationale Anpassungen, beinhalten. Diese werden in der Regel in Form von Optionen in den entsprechenden Standards berücksichtigt.

Beispiel:

Nachdem wir nun das OSI-Referenzmodell kennen, wollen wir uns am Beispiel eines Telefongespräches die Aufgaben der einzelnen Schichten noch einmal vor Augen führen.

Schicht 1
Der Telefonapparat ist physikalisch an eine Anschlußleitung angeschlossen, die sowohl mechanisch als auch elektrisch definiert ist.

Schicht 2
Das Abheben des Hörers führt zu einem Hörton, der von der Zentrale zum Teilnehmer übertragen wird.

Schicht 3
Der Teilnehmer wählt die Rufnummer seines gewünschten Gesprächspartners, die von der Vermittlungsstelle aufgenommen und zum Empfänger weitergeleitet wird (Vermittlungsprozeß). Ist der gerufene Teilnehmer frei, wird er gerufen und dem rufenden Teilnehmer der Ruf signalisiert.

Schicht 4
Sobald der gerufene Teilnehmer den Hörer abnimmt, ist die Verbindung hergestellt, d. h., Daten können vom Ursprung bis zum Ziel übertragen werden. Der gerufene Teilnehmer meldet sich, und die beiden stellen sich einander vor. Falls sich die Teilnehmer nicht gleich verständlich machen können, bitten sie um die Wiederholung von Sätzen bzw. Worten (Ende-zu-Ende-Fehlerkorrektur).

Schicht 5
Nachdem sichergestellt ist, daß die richtigen Teilnehmer verbunden sind, beginnt nun die eigentliche Sitzung. Der rufende Teilnehmer teilt nun den Zweck (Thema) seines Anrufes mit. Beide Teilnehmer müssen nun koordiniert sprechen. Sie dürfen sich nicht gegenseitig ins Wort fallen, damit die Kommunikation verständlich bleibt. Es findet also implizit eine Sitzungs- oder Kommunikationssteuerung statt.

Schicht 6
Nun kann es sein, daß der gerufene Teilnehmer eine dem rufenden Teilnehmer nur schwer verständliche Sprache spricht. In diesem Fall wird man sich auf eine beiden Teilnehmern verständliche Sprache, z. B. Deutsch, einigen. Dies entspricht der Syntaxverhandlung im Schicht-6-Protokoll. Dann können sich die beiden endlich unterhalten (kommunizieren).

Schicht 7
Nachdem sich die beiden Partner nun einwandfrei verständigen können, gibt der gerufene Teilnehmer die vom Anrufer gewünschte Auskunft, z. B. Auskunft über den Stand eines Projektes. Dieser Projektstatus ist letzthin die vom Anrufenden gewünschte Information (Nutzdaten). Dies setzt natürlich voraus, daß der Gerufene berechtigt ist, die Auskunft zu erteilen, und der Rufende berechtigt ist, die Auskunft zu erhalten (Autorisierung der Partner).

2.2 Adressierung in Netzen

Je nachdem, wie gut Adressen strukturiert sind, kann man sie sich gut merken oder nur mit Schwierigkeiten. Daneben bieten **strukturierte Adressen** den Vorteil, daß sie mehr Gestaltungsfreiraum bieten. Ein Beispiel hierfür ist unsere Telefonnummer. Jeder Betreiber kann innerhalb eines Landes die Telefonnummern frei vergeben, ohne Rücksicht auf andere Länder nehmen zu müssen. Außerdem erlaubt uns die Struktur einer normalen Telefonnummer in Deutschland Rückschlüsse auf die geographische Lage des Anschlusses, z. B. steht die Vorwahl "069" für den Raum Frankfurt/M. Allen Adressierungsschemata gemeinsam ist, daß sie eindeutig sein müssen. Nach dieser kleinen Einführung wollen wir uns überlegen, welche Kriterien für Adressen ausschlaggebend sind.

Adressen sollten

- den Adreßraum möglichst vollständig ausnutzen,
- leicht merkbar, also deskriptiv bzw. strukturiert sein,
- einfach administrierbar und
- weltweit eindeutig sein.

Wir werden uns nun die gebräuchlichsten Adressierungsschemata etwas näher anschauen.

2.2.1 Adressierung nach ITU-T-E.164

Die Adressierung nach ITU-T-E.164 ist der Standard, der für Telekommunikationsnetze benutzt wird. E.164 ist ganz einfach die Nummer einer Empfehlung der ITU-T zur ISDN-Rufnummernstruktur, siehe auch Abb. 2.4. ITU-T erkannte schon sehr früh, daß eine weltweite Kommunikation erst dann möglich wird, wenn jeder Teilnehmer in einem Netz eindeutig identifiziert werden kann. Zu diesem Zweck wurden schon sehr früh international abgestimmte Numerierungspläne eingeführt.

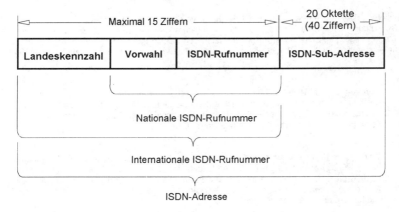

Abb. 2.4 - ITU-T-E.164-Adreßstruktur

Jedes Land bekommt zur Identifikation eine eindeutige Landeskennzahl, die vom CCITT, jetzt ITU-T, vergeben wird und im internationalen Verkehr der nationalen Rufnummer vorangestellt wird. Die Struktur der nationalen Rufnummer wird vom nationalen Netzbetreiber festgelegt. Dies hat den großen Vorteil, daß der nationale Teil der Rufnummer ohne weitere internationale Abstimmungen von dem(n) nationalen Betreiber(n) festgelegt werden kann. Abb. 2.4 zeigt die Struktur der **ISDN-Adresse**.

Die ISDN-Rufnummer wird zur Adressierung der Referenzpunkte S oder T der Benutzer-Netzschnittstelle verwendet, siehe Abb. 2.5. In Deutschland werden mit der ISDN-Rufnummer die S-Referenzpunkte adressiert. Dies bedeutet im Falle eines einfachen Basisanschlusses, daß auf NT2-Funktionen, z. B. Vermitteln, verzichtet werden kann. Es fallen dann der S- und der T-Referenzpunkt zusammen. Dies ist ohne weiteres möglich, da für den S- und den T-Referenzpunkt die gleichen Empfehlungen bzw. Richtlinien angewendet werden. Im Falle einer TKAnl wird ebenfalls der S-Referenzpunkt adressiert. Dies bedeutet, daß im ISDN TKAnl an den T-Referenzpunkt anzuschalten sind. Die TKAnl selbst ist dann NT2 und stellt die notwendigen Funktionen wie z. B. Vermitteln bereit. Damit sind alle ISDN-fähigen TKAnl durchwahlfähig.

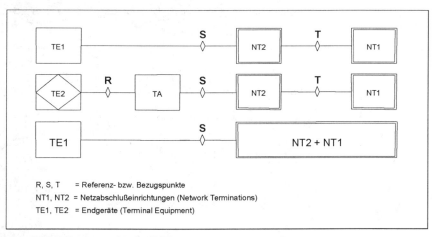

Abb. 2.5 - Referenzpunkte im ISDN

2.2.2 Adressierung nach ITU-T-X.121

Die Numerierung in Datennetzen ist in der ITU-T-Empfehlung X.121 so festgelegt worden, daß die **Netzkennzahl,** engl. Data Network Identification Code (DNIC), aus 4 Ziffern besteht. Für die erste Ziffer des DNIC gilt:

1 identifiziert ein öffentliches mobiles Satellitensystem oder ein globales öffentliches Datennetz.

2-7 identifiziert ein öffentliches Datennetz in einem Land oder einer geographischen Region.

Die ersten drei Ziffern bezeichnen immer ein Land und werden als **Landeskennzahl,** engl. Data Country Code (DCC), bezeichnet. Die möglichen Wertebereiche der Ziffern des DNIC sind in Abb. 2.6 dargestellt.

"Z" bezeichnet eine geographische Zone. Insgesamt sind 7 Zonen festgelegt. Deutschland gehört zur Zone 2. Deutschland wurden insgesamt vier Landeskennzahlen zugewiesen. Diese sind "262", "263", "264" und "265".

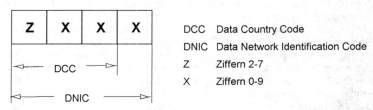

Abb. 2.6 - Struktur des DNIC und DCC

Die Umsetzung der Adressierungsstruktur nach X.121 auf das Datex-P-Netz der Telekom zeigt Abb. 2.7.

Abb. 2.7 - ITU-T-X.121-Adreßstruktur

2.2.3 Adressierung im Internet und Intranet

2.2.3.1 Adressierung nach Internet Protocol, Version 4 (IPv4)

Inzwischen kennt sie jeder, die Internet-Adressen. Sie sind die physikalischen Adressen im Internet. Netzadressen müssen eindeutig sein und werden vom **"Network Information Centre (NIC)"** vergeben. NIC weist nur den Netzteil (netid) zu. Die hostids werden vom Anwender zugewiesen.

Rechner im Internet haben alle eine 32-Bit-Adresse. Eine **IP-Adresse** oder auch Internet-Adresse in voller Schönheit sieht wie folgt aus:

01101111101010101010101111110101 (schwer zu merken, oder?)

Deshalb unterteilt man die 32-Bit-Adresse in 4 Oktette (vier Zahlen jeweils zwischen 0 und 255). Die vier Oktette werden mit einem Punkt voneinander getrennt. Dies dient lediglich der besseren Lesbarkeit, z. B. 128.122.47.109. In der Praxis werden jedoch aus Buchstaben bestehende Adressen benutzt, z. B. Hobbes.nmsu.edu. Ein **Name-Server** ist im Prinzip nichts anderes als eine Datenbank, in der ein Domain-Name steht, der auf eine IP-Adresse verweist. Dieser übersetzt dann die Adresse in die entsprechende Zahlenkombination, die immer aus vier Oktetten besteht. Die entsprechende Buchstabenadresse muß nicht ebenfalls aus vier Abschnitten, die durch vier Punkte getrennt sind, bestehen. Die Eindeutigkeit der Adresse muß, auch wenn sie mit Buchstaben gebildet wird, gewahrt bleiben. Ein und derselbe Name darf ein einziges Mal im Netz existieren. In der dualen Schreibweise kann man anhand der ersten drei Bits erkennen, ob es sich um eine **Class-A-**, eine **Class-B-** oder eine **Class-C-Adresse** handelt. In Abb. 2.8 sind die verschiedenen Arten von IP-Adressen dargestellt.

	0		8	16	24	31
Class A	0	netid		hostid		

	0		8	16	24	31
Class B	1 0	netid		hostid		

	0		8	16	24	31
Class C	1 1 0	netid			hostid	

	0	8	16	24	31
Class D	1 1 1 0	multicast address			

	0	8	16	24	31
Class E	1 1 1 1 0	reserviert für zukünftige Erweiterungen			

Abb. 2.8 - Adreßklassen

Die IP-Adresse besteht aus einer Netzadresse (netid) und einer Hostadresse (hostid). Es werden im wesentlichen drei Adreßklassen unterschieden:

- **Class-A-Adressen**
    - Das erste Oktett bildet die Netzadresse.
    - Alle Class-A-Adressen beginnen mit einer "0" im ersten Oktett. Die restlichen 7 Bits des ersten Oktetts kennzeichnen die Netzadresse.
    - Die Oktette 2, 3 und 4 bilden die Hostadresse.

Class-A-Adressen haben 7 Bits für die Bezeichnung von Netzen und 24 Bits für die Bezeichnung von Hosts. Mit Class-A-Adressen können somit 2^7 Netze und 2^{16} Hosts identifiziert werden.

Dies entspricht 128 Netzen und maximal 16 777 216 -2[*) Hosts. Für Class-A-Adressen ist der Adreßraum von 1.0.0.0 bis 126.255.255.255 reserviert. Die Class-A-Netzadresse 127.0.0.0 wurde für Loopback (Schleife) reserviert. Damit können Applikationen getestet werden, ohne daß Daten über ein Netz gesendet werden müssen.

- **Class-B-Adressen**
  - Die ersten beiden Oktette bilden die Netzadresse.
  - Alle Class-B-Adressen beginnen mit den Bits "10" im ersten Oktett. Die restlichen 14 Bits der ersten zwei Oktette kennzeichnen die Netzadresse.
  - Die Oktette 3 und 4 bilden die Hostadresse.

Class-B-Adressen reservieren 14 Bits für die Bezeichnung von Netzen und 16 Bits für die Bezeichnung von Hosts. Es können folglich 2^{14} Netze und 2^{16} Hosts adressiert werden. Dies entspricht 16 384 Netzen und 65 536 -2[*) Hosts. Für Class-B-Adressen ist der Adreßraum von 128.0.0.0 bis 191.255.255.255 reserviert.

- **Class-C-Adressen**
  - Die ersten drei Oktette bilden die Netzadresse.
  - Alle Class-C-Adressen beginnen mit den Bits "11" im ersten Oktett. Die restlichen 22 Bits der ersten drei Oktette kennzeichnen die Netzadresse.
  - Das Oktett 4 bildet die Hostadresse.

Class-C-Adressen verwenden 21 Bits für die Adressierung von Netzen und 8 Bits für die Adressierung von Hosts. Es können also 2^{21} Netze und 2^{8} Hosts adressiert werden. In dezimaler Schreibweise sind dies 2 097 152 Netze und 256 -2[*) Hosts. Für Class-C-Adressen ist der Adreßraum von 192.0.0.0 bis 223.255.255.255 reserviert.

Die anderen beiden Adreßklassen sind:
- Class D (Multicast Address) zur Adressierung einer Gruppe von Hosts
- Class E, welche für zukünftige Erweiterungen reserviert ist

Klasse	Adreßraum	max. Anzahl Netze	Host-Adreßraum	Hosts max.
A	0 ... 126	127	0.0.1 ... 255.255.254	16 777 214
B	128.0 ... 191.255	16384	0.1 ... 255.254	65534
C	192.0.0 ... 223.255.255	2 097 152	1 ... 254	254
D			224.0.0.0 ...239.255.255.254	268 435 454

Abb. 2.9 - IP-Adreßräume

[*) Aus der maximalen Anzahl von Hosts sehen wir, daß zwei Adressen nicht verfügbar sind. Dies sind zum einen Zielrechneradressen, die alle Bytes auf "0" gesetzt haben. In diesem Falle wird diese Adresse durch die eigene IP-Adresse ersetzt. Zum anderen sind dies IP-Adressen, die alle Bytes auf "1" gesetzt haben. Diese Adresse wird als Broadcast-Adresse innerhalb des eigenen Netzes verwendet.

Firmen, Institutionen oder andere Einrichtungen werden also nur dann eine Class-A-Adresse bekommen, wenn mehr als 65536 Hosts zu adressieren sind. So zumindest war es in der Vergangenheit. Da mittlerweile die Internet-Adressen sehr knapp sind, werden Class-A-Adressen praktisch nicht mehr vergeben. Es ist sogar sehr schwierig, eine Class-B-Adresse zu bekommen. Statt dessen werden oft, wenn mehr als 256 Hosts zu adressieren sind, aufeinanderfolgende Class-C-Adressen zugewiesen, also Class-C-Adressen mit aufeinanderfolgenden Netzadressen. Dies ermöglicht eine ökonomischere Nutzung des gesamten Internet-Adreßraumes, hat aber für den Nutzer (Firmen, Institutionen usw.) auch einige Nachteile. Zur Zeit wird eine neue Adressenstruktur für das Internet entwickelt. Diese ist abwärts kompatibel zur derzeitigen Adressenstruktur. Auf diese neue Adressierung werden wir weiter unten kurz eingehen.

Auf den ersten Blick könnte man nun meinen, mit einer Internet-Adresse sei ein Host eindeutig adressierbar. Dies ist nicht ganz korrekt, weil die Adresse aus einem Netzteil und einem Hostteil besteht. Deshalb identifiziert eine IP-Adresse eine Netzverbindung im Internet. Dies hat für die Praxis eine unangenehme Begleiterscheinung, nämlich dann, wenn ein Host mit einer IP-Adresse an ein anderes Netz angeschlossen werden soll. In diesem Falle muß die IP-Adresse geändert werden. Dies ist für all diejenigen von Interesse, die mit Laptops oder Notebooks unterwegs sind und sich von unterwegs an das Internet anschalten möchten. Es ist hier nicht sinnvoll, eine permanente Internet-Adresse zu vergeben.

2.2.3.2 Adressierung nach Internet Protocol, Version 6 (IPv6)

Durch das explosionsartige Wachstum des Internets werden die Adressen immer knapper. Schon 1991 wurde klar, daß eine neue Adressenstruktur notwendig war. Die neue Adressenstruktur sollte eine beträchtliche Erweiterung des Adreßraums bringen und gleichzeitig Routing und Administration vereinfachen. Die IETF führte eine Hochrechnung zum Internet-Wachstum durch, welche die Basis für Designvorschläge der neuen Adreßstruktur war. Diese Arbeiten begannen im Juli 1992 und liefen alle unter dem Begriff **Internet Protocol Next Generation (IPNG)**. Die offizielle Bezeichnung des neuen IP-Protokolls ist IPv6. Dies steht für Internet Protocol, Version 6. IPv6 verwendet 128 Bits zur Adressierung anstatt der 32 Bits des derzeit noch aktuellen IPv4. Dies ergibt **3,402823 x 10^{38} Adressen** oder ausgeschrieben

340 282 366 920 938 463 463 374 607 431 768 211 456 Adressen.

Auf die duale Schreibweise wollen wir diesmal verzichten.

Dieser Adreßraum wird hoffentlich für die nächsten Jahre ausreichen. Entsprechend einer Untersuchung von Christian Huitema (The H Ratio for Address Assignment Efficiency) verbleiben, auch wenn mehrere Ebenen (Hierarchien) zur Adressierung eingeführt werden, mindestens 1564 Adressen pro Quadratmeter auf der Erde übrig.

Neben der reinen Adressenerweiterung hat IPv6 auch zusätzliche Funktionen für Multimedia und Sicherheit. Die neue Struktur mußte auf jeden Fall abwärtskompatibel zur alten Struktur sein. Während die alten Internet-Adressen (IPv4) aus vier durch Punkte getrennte Dezimalziffern bestanden, besteht die neue Internet-Adresse (IPv6) aus acht durch **Doppelpunkte** getrennte Hexadezimalziffern.

FEDC:BA98:7654:3210:FEDC:BA98:7654:3210 oder

1080:0:0:0:8:800:200C:417A

sind gültige IPv6-Adressen. Wichtig ist, daß sich mit der neuen Adressenstruktur auch die älteren IPv4-Adressen abbilden lassen. Dies geschieht dadurch, daß die letzten 32 Bits der 128 Bits langen IPv6-Adresse für die "alte" Adresse benutzt werden. Somit ist

0:0:0:0:0:0:191.121.120.17

eine auf die neue Adressenstruktur umgesetzte "alte" IP-Adresse. Um die vielen "0" zu vermeiden, wurde auch eine komprimierte Schreibweise definiert, bei der aufeinanderfolgende Nullen durch zwei Doppelpunkte ("::") ersetzt werden können. Somit kann die vorstehende Adresse zu **::191.121.120.17** verkürzt werden.

Mit der IPv6-Adresse werden Schnittstellen und keine Knoten identifiziert. Es sind drei Adreßtypen definiert:

Unicast: Identifiziert eine einzelne Schnittstelle (Interface). Ein Datenpaket, das zu einer Unicast-Schnittstelle gesendet wird, wird an der durch die Adresse bestimmten Schnittstelle abgeliefert.

Anycast: Identifiziert ein Set von Schnittstellen. Ein Datenpaket, welches zu einer Anycast-Adresse gesendet wird, wird bei der Schnittstelle "abgeliefert", die der Quelle am nächsten ist. Dies kann z. B. durch einen Hop-Count bestimmt werden. Obwohl ein Set von Schnittstellen definiert ist, wird ein Datenpaket nur bei einer bestimmten Schnittstelle abgeliefert.

Multicast: Identifiziert ein Set von Schnittstellen. Ein Datenpaket, das zu einer Multicast-Schnittstelle gesendet wird, wird bei allen durch das Set definierten Schnittstellen abgeliefert.

IPv6 sieht unterschiedliche Adressenarten vor. Die Art der Adresse wird durch ein Präfix, das durch die führenden Bits einer Adresse gebildet wird, angezeigt. Die Zuweisungen sind gegenwärtig, wie in Tab. 2.1 dargestellt, definiert.

In Zukunft kann jeder Internet-Provider eine Provider-ID bekommen. Den ihm zugewiesenen Adreßraum kann er dann weiter unterteilen. Dies vereinfacht die Vergabe von Internet-Adressen. In dem neuen Adressenmodell läßt sich auch die geographische Lage eines Netzwerks berücksichtigen. Damit kann das Routing optimiert werden. Werden z. B. zwei Internet-Benutzer, die sich beide in Europa befinden, miteinander verbunden, können diese gezielt innereuropäisch verbunden werden. Ein Doppel-Hop über den Atlantik, wie dies gegenwärtig noch oft der Fall ist, kann gezielt vermieden werden, da die geographische Lage von Teilnehmern in der Adressenstruktur berücksichtigt werden kann. Daneben bietet die Adressierung nach IPv6 weitere Vorteile wie z. B. die automatische Konfiguration von Rechnern in Subnetzen.

Formatpräfix	Adressenart	Anteil der Adresse	
0000 0000	reserviert	1/256	0,39%
0000 0001	reserviert	1/256	0,39%
0000 001	NSAP-Adressen	1/128	0,78%
0000 010	IPX-Adressen	1/128	0,78%
0000 011 - 001	reserviert	29/128	22,66%
010	Provider Based Unicast	1/8	12,5%
011	reserviert	1/8	12,5%
100	reserviert für geographische Adressen	1/8	12,5%
101 - 1111 110	reserviert	95/256	36,91%
1111 1110 1	verfügbar für lokale Adressen	1/512	0,19%
1111 1111	Multicast-Adressen	1/256	0,39%

Tab. 2.1 - Adreßzuweisungen in IPv6

2.3 Übertragungsmedien und Kopplungselemente

2.3.1 Analoge Datenübertragung

2.3.1.1 Die wichtigsten V- und X-Schnittstellen

Die ITU-T-Empfehlungen der V-Serie beinhalten die für die Datenübertragung über das Telefonnetz gebräuchlichsten Empfehlungen wie z. B. Schnittstelle zwischen der **Datenendeinrichtung** (DEE bzw. DTE) und der **Datenübertragungseinrichtung** (DÜE bzw. DCE).

Für die Datenübertragung in Datennetzen sind die ITU-T-Empfehlungen der X-Serie herausgegeben worden. Bei der Datenübertragung in Datennetzen sind teilweise andere Schnittstellenbedingungen nötig, z. B. läuft hier der Verbindungsaufbau über einen Dialog zwischen Datenendeinrichtung und Vermittlungseinrichtung ab. Die Datenübertragungseinrichtung dient hier nur zum Umwandeln des Datenstroms in das richtige physikalische Format.

V.10-Schnittstelle

Die V.10-Schnittstelle ist eine ITU-T-Empfehlung, die die elektrischen Eigenschaften einer unsymmetrischen Doppelstromschnittstelle beschreibt, vorgesehen für Schnittstellenleitungen, die mit integrierten Schaltkreisen arbeiten. Die Schnittstelle ist geeignet für Übertragungsgeschwindigkeiten bis zu 100 kbit/s.

V.11-Schnittstelle

Die V.11-Schnittstelle ist eine ITU-T-Empfehlung, die die elektrischen Eigenschaften einer symmetrischen Doppelstromschnittstelle beschreibt, vorgesehen für Schnittstellenleitungen, die mit integrierten Schaltkreisen arbeiten. Die Schnittstelle ist geeignet für Übertragungsgeschwindigkeiten bis zu 10 Mbit/s.

V.21-Schnittstelle

Die V.21-Schnittstelle ist eine ITU-T-Empfehlung, die einen Modemstandard für eine Datenübertragungsrate von 300 bit/s im Duplexbetrieb beschreibt.

V.22- bzw. V.22bis-Schnittstelle

Die V.22-Schnittstelle ist eine ITU-T-Empfehlung, die einen Modemstandard für eine Datenübertragungsrate von 1200 bit/s im Duplexbetrieb beschreibt. Die V.22bis-Schnittstelle ist eine ITU-T-Empfehlung, die einen Modemstandard für eine Datenübertragungsrate von 2400 bit/s im Duplexbetrieb beschreibt.

V.24-Schnittstelle (RS-232)

Die V.24-Schnittstelle ist eine ITU-T-Empfehlung, die die wichtigste Schnittstelle im Computerbereich beschreibt. Diese Schnittstelle ist auch noch unter dem Namen RS-232- oder COM-Schnittstelle bekannt. Detaillierte Informationen zur V.24-Schnittstelle sind im folgenden Kapitel aufgeführt.

V.25bis- bzw. V.25ter-Schnittstelle

Die V.25bis-Schnittstelle ist eine ITU-T-Empfehlung für die Herstellung von Datenverbindungen im Telefonwählnetz in serieller Wahl. Diese Empfehlung konnte sich aber nicht gegen den Hayes-Befehlssatz durchsetzen, sie findet heute nur noch Anwendung im Bereich der Synchronprotokolle.

Die V.25ter-Schnittstelle ist eine ITU-T-Empfehlung, die 1995 angepaßt wurde und damit die wesentlichen Elemente des Hayes-Befehlssatzes beinhaltet. Außerdem benutzt das V.25ter-Protokoll gegenüber dem V.25bis-Protokoll bedeutend weniger Steuer- und Meldeleitungen.

V.35-Schnittstelle

Die V.35-Schnittstelle ist eine ITU-T-Empfehlung, die die elektrischen Eigenschaften einer symmetrischen Doppelstromschnittstelle beschreibt. Die Daten- und die Taktleitungen sind symmetrisch, Steuer- und Meldeleitung sind unsymmetrisch angeordnet. Die Schnittstelle wird benutzt für den Anschluß von Synchronmodems.

Sie ist spezifiziert für Übertragungsgeschwindigkeiten bis zu 48 kbit/s. In der Praxis wird sie für Übertragungsgeschwindigkeiten bis 2,048 Mbit/s eingesetzt.

V.36-Schnittstelle

Die V.36-Schnittstelle ist eine ITU-T-Empfehlung, die die elektrischen Eigenschaften einer symmetrischen Doppelstromschnittstelle beschreibt. Die Daten- und die Taktleitungen sind symmetrisch, Steuer- und Meldeleitung sind unsymmetrisch angeordnet. Die Schnittstelle ist geeignet für Übertragungsgeschwindigkeiten bis zu 48, 56, 64 und 72 kbit/s.

X.21-Schnittstelle (RS422/RS433)

Sie ist eine Datenschnittstelle zwischen Datenendeinrichtung (DEE) und Datenübertragungseinrichtung für Synchronübertragung in öffentlichen Datennetzen mit symmetrischen Doppelstromschnittstellenleitungen. Die Schnittstelle eignet sich für Übertragungsgeschwindigkeiten bis 10 Mbit/s. Man kann mit dieser Schnittstelle Entfernungen bis zu 1100 m überbrücken. Die Steuerung des Verbindungsauf- und Verbindungsabbaus ist durch die Schnittstellensignale möglich.

X.22-Schnittstelle

Die X.22-Schnittstelle ist eine ITU-T-Empfehlung, die eine Zeitmultiplex-Schnittstelle beschreibt. Auf der Teilnehmerseite der Datenendeinrichtung werden die Datenkanäle nach X.21 angelegt.

X.25-Schnittstelle

Die ITU-T-Empfehlung X.25 beschreibt eine synchrone Datenschnittstelle für die paketvermittelte Datenkommunikation in öffentlichen Datennetzen. X.25 ist nach dem OSI-Referenzmodell in den Schichten 1 bis 3 definiert. Die Schicht 1 beschreibt die physikalische Schnittstelle, sie entspricht der ITU-T-Empfehlung X.21. Die Schicht 2 stellt eine fehlertolerante Datenübertragung sicher. Diese Sicherungsschicht arbeitet nach dem **HDLC-Verfahren** (High Level Data Link Control). Die Schicht 3 dient der Verbindungssteuerung und der paketorientierten Übertragung der Benutzerdaten.

2.3.1.2 Modem

Ein **Modem** ist eine Einrichtung zum **MOD**ulieren bzw. **DEM**odulieren von Datensignalen. Es hat die Aufgabe, digitale Datensignale in analoge Signale umzuwandeln, damit sie über ein entsprechendes Datenübertragungsmedium (Leitungsseite) übermittelt werden können. Wird als Datenübertragungsmedium das Telefonnetz benutzt, dann müssen die digitalen Signale vom Modem in tonfrequente Signale im Bereich von 300 Hz bis 3400 Hz umgewandelt werden. Die dabei benutzten Techniken werden als Modulationsprotokolle bezeichnet. Abhängig von der Übertragungsrate werden unterschiedliche Modulationsprotokolle angewandt. Ein Modem beherrscht in der Regel mehrere dieser Protokolle.

Das Modem ist auf der einen Seite mit der seriellen Schnittstelle (V.24) und auf der anderen Seite mit dem Telefonnetz verbunden. Es hat die Aufgabe, die digitalen seriellen Daten an das Übertragungsmedium, das Telefonnetz, anzupassen. Die Übertragung im Telefonnetz erfolgt durch bestimmte Frequenzen im Sprachband, die frequenz- und/oder phasenmoduliert sind. Wie das genau aussieht, ist wieder in ITU-T-Empfehlungen festgelegt, und zwar getrennt für die unterschiedlichen Übertragungsgeschwindigkeiten auf der Leitung (vgl. Tab. 2.2 und Tab. 2.3).

ITU-T-Empfehlung	Übertragungsgeschwindigkeit
V.21	300 bit/s duplex
V.22	1200 bit/s duplex
V.22bis	2400 bit/s duplex
V.23	600/1200 bit/s (1200/75-bit/s-Option in diesem Standard wurde für Btx genutzt)
V.26bis	2400 bit/s halbduplex
V.27ter	4800 bit/s halbduplex
V.29	9600 bit/s halbduplex
V.32	9600 bit/s duplex
V.32bis	14 400 bit/s duplex
V.32 terbo	19 200 bit/s duplex
V.34	28 800 bit/s duplex
V.90	56 000 bit/s von der digitalen Vermittlungsstelle zum Teilnehmer 33 600 bit/s vom Teilnehmer zur digitalen Vermittlungsstelle

Tab. 2.2 - ITU-T-Empfehlungen für die Datenübertragungsarten im Telefonnetz

ITU-T-Empfehlung bzw. Industriestandard	Bedeutung
V.42	Fehlerkorrektur für Modem
V.42bis	Datenkompression für Modem
MNP 2, MNP 3, MNP 4 (Industriestandard)	Fehlerkorrektur für Modem
MNP 5 (Industriestandard)	Datenkompression für Modem

Tab. 2.3 - ITU-T-Empfehlungen bzw. Industriestandards für die Datenübertragungsprotokolle

Neben diesen ITU-T-Empfehlungen gibt es noch herstellerspezifische Lösungen. Sie haben den Nachteil, nur zwischen Modems des gleichen Herstellers zu funktionieren, und spielen im Verkehr zu Mailboxen keine Rolle. Die ITU-T-Empfehlungen sind abwärtskompatibel, d. h., ein Modem mit hoher Geschwindigkeit kann sich mit einem Modem niedriger Geschwindigkeit verständigen, indem es nach einer Verhandlungsprozedur auf die niedrigere Geschwindigkeit zurückfällt.

Detailinformationen zur V.24-Schnittstelle (RS-232-Schnittstelle)

Die V.24-Schnittstelle ist wohl die bekannteste Schnittstelle. Man benutzt sie für den Anschluß einer Maus am Computer, für Direktverbindungen zwischen zwei Computern, zum Anschluß von Druckern usw. Beim Personalcomputer wird diese serielle Schnittstelle auch **COM-Schnittstelle** oder **COM-Port** genannt.

Die serielle Schnittstelle ist bidirektional. Das bedeutet, daß man Signale in beiden Richtungen übertragen kann. In Abb. 2.10 ist das Prinzip der Datenübertragung mit Hilfe von analogen Modems über die V.24-Schnittstelle dargestellt.

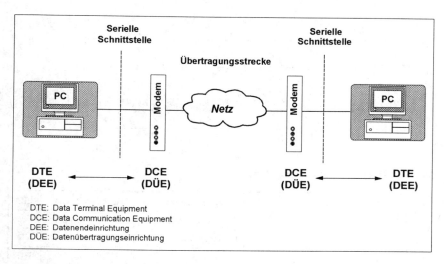

Abb. 2.10 - Datenübertragung mit analogem Modem

In Abb. 2.10 finden Sie auch die englischen und deutschen Bezeichnungen für die Endeinrichtung (DTE bzw. DEE) und die Modemseite (DCE bzw. DÜE). Im weiteren Verlauf werden wir die englischen Bezeichnungen benutzen. Das Übertragungsmedium zwischen den Endeinrichtungen kann eine Funkstrecke, ein Kupferkabel, ein Glasfaserkabel oder eine Telefonverbindung sein. Dies ist für die Arbeitsweise eines Modems erst einmal ohne Belang. Ein Modem hat die Aufgabe, digitale Datensignale in analoge Signale umzuwandeln damit sie über ein entsprechendes Datenübertragungsmedium (Leitungsseite) übermittelt werden können.

Schnittstellensignale

Die Schnittstelle zwischen dem Modem und der Endeinrichtung ist die V.24-Schnittstelle nach ITU-T. Die nahezu identische amerikanische Norm hat die Bezeichnung RS232-C. Die mechanischen Abmessungen der V.24-Schnittstelle sind nicht im Standard definiert. In vielen Fällen wird die 25polige Sub-D-Stecker/Buchse benutzt, die in Abb. 2.11 dargestellt ist. In Abb. 2.11 sind auch die Stiftnummern (1-25) und die Stromkreisbezeichnungen (dreistellig) nach ITU-T angegeben. Die Tab. 2.4 zeigt die Belegung der wesentlichen Pins der 25poligen Sub-D-Schnittstelle. Hier sind auch die Bezeichnungen nach ITU-T, DIN und ISO angegeben. Auf den meisten Modems ist die ISO-Bezeichnung in Form von LEDs zu finden.

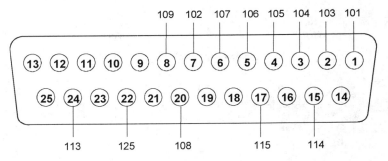

Abb. 2.11 - 25polige Steckverbindung

Pin	Belegung (deutsch)	Belegung (englisch)	ITU-T-Nr.	DIN	ISO
1	Schutzerde	Protective Ground	101	E1	
2	Sende Daten	Transmit Data	103	D1	TD
3	Empfange Daten	Receive Data	104	D2	RD
4	Sendeteil einschalten	Request to Send	105	S2	RTS
5	Sendebereitschaft	Clear to Send	106	M2	CTS
6	Betriebsbereitschaft	Data Set Ready	107	M1	DSR
7	Betriebserde	Signal Ground	102	E2	SG
8	Empfangssignalpegel	Data Carrier Detect	109	M5	DCD
15	Sendeschrittakt (von DÜE)	Transmit Clock	114	T2	TxC
17	Empfangsschrittakt (von DÜE)	Receive Clock	115	T4	RxC
20	Endeinrichtung betriebsbereit	Data Terminal Ready	108	2S1.2	DTR
22	Ankommender Ruf	Incoming Call (Ring)	125	M3	RI
24	Sendeschrittakt (zur DÜE)	Transmit Clock	113	T1	TxC

Tab. 2.4 - Belegung der 25poligen Sub-D-Steckverbindung

Die Pinanordung der ebenfalls oft zu findenden 9poligen Sub-D-Steckverbindung ist in Abb. 2.12 zu finden. Die Belegung und Bedeutung der einzelnen Pins der Sub-D-Steckverbindung ist aus Tab. 2.5 zu ersehen.

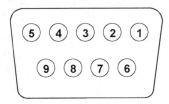

Abb. 2.12 - 9polige Steckverbindung

Pin	Belegung (deutsch)	Belegung (englisch)	ITU-T-Nr.	DIN	ISO
1	Empfangssignalpegel	Data Carrier Detect	109	M5	DCD
2	Sende Daten	Transmit Data	103	D1	TD
3	Empfange Daten	Receive Data	104	D2	RD
4	Endeinrichtung betriebsbereit	Data Terminal Ready	108	2S1.2	DTR
5	Betriebserde	Signal Ground	102	E2	SG
6	Betriebsbereitschaft	Data Set Ready	107	M1	DSR
7	Sendeteil einschalten	Request to Send	105	S2	RTS
8	Sendebereitschaft	Clear to Send	106	M2	CTS
9	Ankommender Ruf	Ring Indicator	125	M3	RI

Tab. 2.5 - Belegung der 9poligen Sub-D-Steckverbindung

Die einzelnen Steuer- und Datensignale haben folgende Bedeutung:

DTR = Data Terminal Ready: Die Datenendeinrichtung, z. B. ein PC, meldet mit diesem Signal, daß sie für die Teilnahme an einer Datenkommunikation bereit ist.

DSR = Data Set Ready: Die Datenübertragungseinrichtung, z. B. ein Modem, signalisiert damit, daß es bereit ist, Daten zu senden bzw. zu empfangen.

TD oder TxD = Transmit Data: Diese Leitung wird benutzt, um Daten von der DTE zur DCE zu übertragen. Das DCE bereitet diese Daten mit dem Modulator auf und gibt sie auf die Übertragungsstrecke.

RD oder RxD = Receive Data: Diese Leitung wird benutzt, um Daten, die das Modem von der Übertragungsstrecke empfangen und demoduliert hat, zur Endeinrichtung weiterzuleiten.

RTS = Request to Send: Die DTE signalisiert mit diesem Signal, daß sie Daten senden will. Das Modem generiert dann das Trägersignal (Carrier Signal) für die Übertragungsstrecke. RTS kann bei Duplexbetrieb auch zur Flußkontrolle eingesetzt werden. Wird RTS inaktiv, stoppt dies den Sender (DCE).

CTS = Clear to Send: Damit die Endeinrichtung (DTE) weiß, wann die Datenübertragungseinrichtung das Trägersignal generiert hat und dieses stabil ist, sendet die Datenübertragungseinrichtung (DCE) das Signal CTS. Sobald ein DTE dieses Signal erhält, kann eine DTE mit dem Senden der Daten in Richtung DCE (Modem) beginnen. Auch dieses Signal kann bei Duplexbetrieb zur Flußkontrolle eingesetzt werden. Ein Inaktivieren des Signals durch das DCE stoppt den Sender (DTE).

DCD = Data Carrier Detect: Mit diesem Signal teilt ein Modem mit, daß es ein Trägersignal erkannt hat und nun Daten empfangen kann.

RI = Ring Indicator: Dieses Signal wird für Modems benötigt, die an Wählnetzen, z. B. Telefonnetzen, angeschlossen sind. Es zeigt an, daß ein Ruf ansteht, d. h., es "klingelt". Die übrigen Signale sind selbsterklärend, so daß nicht weiter darauf eingegangen wird.

Die V.24-Schnittstelle arbeitet mit positiven und negativen Signalpegeln. Es werden die Datensignale TxD und RxD und die Steuersignale DTR, DSR, RTS, CTS, RI und DCD unterschieden. Diese Signale können den Zustand "0" oder "1" haben. Die Datensignale werden in der Literatur oft auch als Space = "0" und Mark = "1" bezeichnet. Für die Steuersignale gilt dementsprechend OFF = AUS und ON = EIN. In Abb. 2.13 sind die Signalpegel an der V.24-Schnittstelle dargestellt. Der schraffierte Bereich kennzeichnet nicht definierte Pegel. Empfangsseitig müssen Signale mit +3 Volt bzw. -3 Volt eindeutig erkannt werden. Sendeseitig sind dies die Werte +5 Volt bzw. -5 Volt. Durch die höheren Werte kann im letzteren Fall ein Spannungsabfall auf dem Kabel zwischen DTE und DCE ausgeglichen werden. Für die Datensignale gilt, daß einem positiven Spannungswert logisch "0" und einem negativen Spannungswert logisch "1" zugeordnet ist.

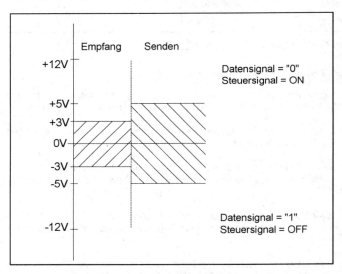

Abb. 2.13 - Signalpegel an der V.24-Schnittstelle

Übertragungsprotokolle

Die für eine fehlerkorrigierte Datenübertragung nötigen Funktionen werden durch sogenannte **Datenübertragungsprotokolle** bereitgestellt. Es gibt eine fast unübersehbare Zahl solcher Übertragungsprotokolle. Die gebräuchlichsten sind in den meisten Terminalprogrammen bereits implementiert. Meist können weitere als externe Protokolle noch eingebunden werden. Für eine erfolgreiche Datenübertragung müssen beide Seiten natürlich das gleiche Übertragungsprotokoll verwenden.

Die wichtigsten Übertragungsprotokolle sind derzeit:

- XMODEM
- KERMIT
- ZMODEM

Zu diesen Protokollen gibt es noch jeweils eine ganze Reihe Varianten. Derzeit im Kommen sind Protokolle, die gleichzeitig Daten senden und empfangen können. Typische Vertreter dieser Gruppe sind:

- SMODEM
- Hydracom
- Bimodem

XMODEM-Protokoll

Das XMODEM wurde bereits 1979 von Ward Christensen definiert und stellte für viele Jahre das Übertragungsprotokoll schlechthin dar, es ist heute aber doch veraltet. Das XMODEM-Protokoll erfordert acht Datenbits. Das heißt, die Schnittstellen auf beiden Seiten müssen dementsprechend auf acht Datenbits und keine Parität eingestellt sein. Dieser Umstand macht XMODEM für den Einsatz auf Rechnern, die eine 7-Bit-Struktur haben müssen, unbrauchbar. Außerdem ist nicht jede Hardware transparent für Daten, verträgt also nicht, wenn Steuerzeichen im Datenstrom enthalten sind. XMODEM teilt die Datei in 128 Bytes große Datenblöcke, die einzeln übertragen werden. Ist die Dateilänge nicht durch 128 teilbar, wird einfach aufgefüllt. Der Datenblock wird zusammen mit Steuerinformationen in einem Header verpackt. Den Aufbau zeigt Abb. 2.14. Die Funktionsweise des XMODEM-Protokolls ist aus Abb. 2.15 ersichtlich.

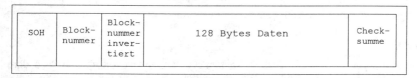

Abb. 2.14 - Rahmenaufbau beim XMODEM-Protokoll

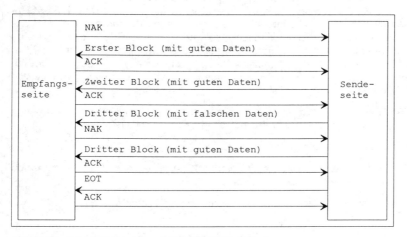

Abb. 2.15 - Datenübertragung mit XMODEM-Protokoll

SOH bedeutet Start of Header, also ein Startzeichen. An das Startzeichen schließt sich die Blocknummer an, die aus Sicherheitsgründen noch einmal invertiert wiederholt wird. Dann kommt der eigentliche Datenblock mit 128 Bytes Länge. Zuletzt folgt eine acht Bits lange Prüfsumme. Die Methode der Fehlererkennung mittels Prüfsumme ist nicht sehr effektiv. Besser sind 16- oder 32-Bit-CRC-Verfahren, die auch Bitvertauschungen erkennen.

Die Empfangsseite signalisiert zu Beginn der Übertragung der Sendeseite durch Senden der negativen Quittung (NAK), daß sie empfangsbereit ist. Dies wird alle 10 Sekunden wiederholt, bis die Datenübertragung beginnt, und zwar bis zu neunmal. Danach muß die Übertragung manuell neu gestartet werden.

Mit Empfang von NAK nimmt die Sendeseite die Datenübertragung auf, überträgt also den ersten Rahmen, wie in Abb. 2.14 gezeigt. Die Empfangsseite überprüft anhand der Checksumme, ob der Block richtig empfangen wurde, und sendet die entsprechende Quittung. Bei positiver Quittung (ACK) wird der nächste Block gesendet und bei negativer Quittung (NAK) der letzte Block wiederholt. Bei neun negativen Quittungen in Folge wird die Leitung als schlecht angesehen und die Übertragung abgebrochen. Die Blocknummer wird innerhalb des Rahmens invertiert wiederholt. Der Empfänger verwirft fälschlicherweise wiederholte Blöcke. Am Ende der Datei beendet die Sendeseite die Übertragung mit dem Signal EOT (End of Transmission). Nachteil dieses Verfahrens mit Quittungskreislauf ist die niedrige Geschwindigkeit bei großen Laufzeiten im Netz, denn der nächste Datenblock kann erst gesendet werden, wenn die Quittung für den letzten eingetroffen ist.

KERMIT

Das Übertragungsprotokoll KERMIT ist dem XMODEM-Protokoll ähnlich. Wie dort werden die Dateien in einzelnen Blöcken übertragen und mit einer Checksumme versehen, die auf der Empfangsseite überprüft wird. Bei fehlerhaften Blöcken wird auch bei KERMIT die Sendeseite aufgefordert, den Block zu wiederholen. Im Gegensatz zu XMODEM kann KERMIT jede Art von Daten in druckbare 7-Bit-ASCII-Zeichen umsetzen. Wenn 8-Bit-Binärdateien übertragen werden müssen, wird das achte Bit getrennt gesendet. Steuerzeichen werden sendeseitig in druckbare Zeichen umgewandelt und empfangsseitig wieder decodiert. Damit ist KERMIT im Gegensatz zu XMODEM auch kompatibel zu Computern mit 7-Bit-Struktur und zu Hardware, die keine Steuerzeichen im Datenstrom verträgt. Weitere Vorteile von KERMIT gegenüber XMODEM sind:

- KERMIT erlaubt Wildcards in Dateinamen, d. h., es ermöglicht die Übertragung mehrerer Dateien mit gleichen Buchstaben im Namen mit einem Aufruf.

- KERMIT unterstützt einen Servermode.

- KERMIT führt bei der Übertragung von ASCII-Dateien eine Datenkompression durch, indem es gleiche Zeichen zusammenfaßt.

- KERMIT hat ein besseres Verhalten bei schlechten Telefonleitungen.

ZMODEM-Protokoll

ZMODEM ist ein schnelles, zuverlässiges und sehr beliebtes Übertragungsprotokoll, das heute im Verkehr mit Mailboxen fast ausschließlich eingesetzt wird. Wegen seiner hohen Geschwindigkeit und Robustheit und der relativ komfortablen Anwendung hat es die früher üblichen Protokolle XMODEM und KERMIT weitgehend verdrängt. Neben dem Original-ZMODEM für Unix und dessen DOS-Portierungen DSZ und GSZ existieren inzwischen Implementierungen für fast jeden Rechnertyp und jedes Betriebssystem.

Das ZMODEM-Protokoll bietet eine Reihe interessanter Merkmale:

- Es ist einfach zu bedienen, weil beide Seiten die Übertragung beginnen können, die Menübedienung unterstützt wird und eine minimale Zahl von Tasten betätigt werden muß, um die Datenübertragung zu starten.

- Es ist insbesondere in Netzen mit hoher Laufzeit schneller als XMODEM, da es nicht dessen Quittungsmechanismus verwendet. Dies ist wichtig, da gerade bei den teuren interkontinentalen Verbindungen, die oft über Satellit geführt sind, Antwortzeiten von 500 ms auftreten.

- Die Fehlererkennung ist dank des möglichen 32-Bit-CRC-Verfahrens sehr hoch. Außerdem bietet das ZMODEM-Protokoll die Möglichkeit, eine wegen Leitungsstörungen oder aus sonstigen Gründen unterbrochene Datenübertragung bei einer späteren Verbindung an dieser Stelle fortzusetzen; es muß nicht wieder von neuem beginnen.

- Das ZMODEM-Protokoll bietet eine variable Blocklänge zwischen 0 und 1024 Datenbytes, sie ist je nach Übertragungsgeschwindigkeit und Fehlerrate zu optimieren. Die Daten sind in einem Rahmen mit vorangestelltem Header untergebracht.

Die ZMODEM-Prozedur wird wie beim XMODEM-Protokoll von der Empfangsseite zeitlich kontrolliert, d. h., die Sendeseite hat, von einer Ausnahme abgesehen, keine Zeitüberwachungen. Einzige Zeitüberwachung der Sendeseite ist, das Programm nach einer langen Zeit ohne Aktivitäten ganz abzubrechen. Vor der eigentlichen Datenübertragung wird eine sogenannte Session (Sitzung) eröffnet. Dann folgt die blockweise Übertragung der Daten. Am Ende der Übertragung wird die Session mit dem Senden eines speziellen Headers beendet.

Um eine ZMODEM-Session zu starten, wird auf der Sendeseite das Protokoll mit dem Namen des zu sendenden Programms aufgerufen. Dieses sendet die Zeichenfolge "rz\r", um die Empfangsseite zu aktivieren. Dann wird der Header ZRQINIT zur Empfangsseite gesendet, die sofort mit ZRINIT antwortet. So wird die Beginnverzögerung von XMODEM vermieden. ZRINIT enthält Angaben über die Fähigkeiten der Empfangsseite. Optional kann die Sendeseite dann ZSINIT senden, um Steuersequenzen festzulegen. Die Empfangsseite quittiert mit dem Signal ZACK. Dann beginnt die Datenübertragung.

Die eigentliche Datenübertragung beginnt mit dem Rahmen ZFILE.

ZFILE enthält Felder für bestimmte Optionen:

- Die Umsetzoption (Conversion Option) kann bestimmte Anweisungen zum Umsetzen empfangener Zeichen enthalten, wie z. B. CR durch CR/LF in ASCII-Dateien ersetzen, ein EOF (Ctrl-Z) bewerten oder die Daten als Binärdatei empfangen und gar nichts umsetzen.

- Die Managementoption enthält Angaben, wie die empfangene Datei zu behandeln ist, wenn eine Datei mit diesem Namen auf der Empfangsseite schon existiert (unterschiedliche Bedingungen für Überschreiben usw.).

- Transportoptionen können bestimmte Codierungsregeln enthalten.

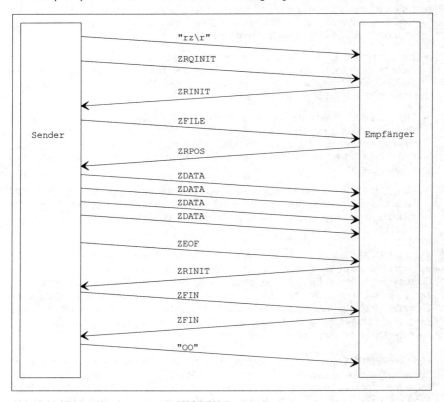

Abb. 2.16 - Datenübertragung mit ZMODEM-Protokoll

Dem ZFILE folgt ein Datenunterpaket ZCRCW mit Dateinamen, Länge, Datum der letzten Änderung und anderem. Der Empfänger wertet diese Information aus und reagiert entsprechend mit ZSKIP, um die nächste Datei zu überspringen, oder mit ZRPOS, um die Übertragung zu beginnen. ZRPOS enthält einen Zeiger, um die Übertragung an einer ganz bestimmten Stelle innerhalb der Datei zu beginnen. Dies wird benötigt, um nach Fehlersituationen an einer bestimmten Stelle zu beginnen oder ab einer bestimmten Stelle zu wiederholen. Die Daten werden dann mit ZDATA-Headern gesendet. Am Ende wird ein ZEOF-Header gesendet, der noch einmal die Zahl der gesendeten Zeichen enthält. Der Empfänger kann anhand dieses Werts noch einmal überprüfen, ob alles empfangen wurde. Wenn alles erfolgreich war, antwortet er mit ZRINIT.

Die Sendeseite beendet dann die Session mit ZFIN, was der Empfänger ebenfalls mit ZFIN quittiert. Als letztes sendet dann die Sendeseite die beiden Zeichen "OO" für "over and out" (vgl. Abb. 2.16).

Bidirektionale Protokolle

Die neueste Generation von Übertragungsprotokollen sind sogenannte **bidirektionale Protokolle**. Sie ermöglichen es z. B., gleichzeitig Dateien an die Mailbox zu senden (Upload) und zu empfangen (Download). In den gängigen Terminalprogrammen sind diese Protokolle derzeit noch nicht implementiert, aber man kann sie als externe Protokolle einbinden.

Nicht zuletzt, um sich mit seinem Modem vertraut zu machen (aber auch zur Fehlersuche), ist es sehr interessant und hilfreich, den aktuellen Status des Modems mal abzufragen. Dies geschieht meist mit dem Befehl AT&V. Das Modem sollte auf diesen Befehl mit der Ausgabe der aktuellen Einstellungen und evtl. gespeicherter Anwenderprofile antworten. Das tut es in mehr oder weniger übersichtlicher Form, manchmal schön decodiert, manchmal ist es aber auch nur anhand des hoffentlich guten Handbuchs zu entschlüsseln.

2.3.2 Digitale Datenübertragung

Liegen die Daten in einer analogen Form vor, z. B. Sprache, dann müssen diese Daten in eine digitale Form umgewandelt werden.

Die Umwandlung eines analogen Signals in ein digitales Signal geschieht mit einem Analog-Digital-Wandler mit vorgeschalteter Abtast-Halte-Schaltung. Diese Schaltung wandelt eine am Eingang anstehende analoge Spannung am Ausgang in einen entsprechenden Binärwert um. In der Telekommunikation hat sich als Auflösung für Sprache eine Bitlänge von 8 Bits als ausreichend gezeigt. Mit 8 Bits können $2^8 = 256$ unterschiedliche Spannungswerte dargestellt werden. In der Telekommunikationstechnik sind die einzelnen Spannungsstufen zwischen zwei Binärwerten nicht linear, sondern die Spannungsstufen sind bei niedrigeren Spannungen geringer als bei höheren Spannungen. Aus dem analogen zeit- und wertekontinuierlichen Signal wurde ein zeit- und wertediskretes Signal in digitaler Form.

Um beim Empfänger aus diesem Signal wieder das ursprüngliche analoge Signal zurückzugewinnen, müssen folgende Bedingungen erfüllt sein:

- $f_A \geq 2 \cdot f_{Smax}$ - Abtastfrequenz (f_A) muß mindestens doppelt so groß sein wie die maximal im Signal enthaltene Frequenz (f_{Smax}) [Abtasttheorem von Shannon].

- Spannungsstufen zwischen zwei Binärwerten sollten möglichst klein sein - ansonsten wird das sogenannte Quantisierungsrauschen zu groß.

Die Übertragungsrate von 64 kbit/s im Telefonnetz ergibt sich aus den folgenden Werten. Der zulässige Frequenzbereich eines Telefongespräches liegt zwischen 0,3 Hz und 3,4 kHz. Das heißt, dieses Signal muß mit einer Abtastfrequenz von mindestens 6,8 kHz abgetastet werden. In der Telekommunikation benutzt man üblicherweise 8 kHz. Die Auflösung des Analog-Digital-Wandlers beträgt 8 Bits. Damit müssen 8000mal in der Sekunde 8 Bits übertragen werden, dies entspricht einem Wert von 64 kbit/s.

2.3.2.1 Datenübertragung über digitale Festverbindungen

Festverbindungen sind Leitungen, die direkt fest von einem Ort zum anderen Ort geschaltet sind. Die Festverbindungen sind auch unter den Begriffen Standleitung und Monopolleitung - Anbieter früher ausschließlich die Deutsche Telekom AG - geläufig. Die Festverbindung hat gegenüber der Wählverbindung den Vorteil, daß sie eine relativ hohe Sicherheit gegen Angriffe von außen bietet und daß die Leitung jederzeit zur Verfügung steht. Es entfallen die Verbindungsaufbauzeiten und die Besetztfälle der Wählleitung. Dafür muß man einen festen monatlichen Mietpreis an die Telekommunikationsfirma zahlen.

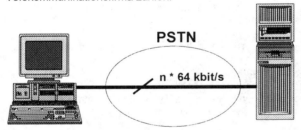

Abb. 2.17 - Digitale Festverbindung über das öffentliche Telefonnetz (PSTN)

Die analoge Festverbindung mit ihrer Übertragungsrate von 16 kbit/s wird hier nicht weiter betrachtet. Die niedrigste Übertragungsrate für eine digitale Festverbindung ist 64 kbit/s, das entspricht einem B-Kanal im ISDN. Diese Verbindung ist auch unter dem Vermarktungsbegriff der Deutschen Telekom AG "D64S" bekannt. Digitale Festverbindungen sind skalierbar in jeweils 64-kbit/s-Schritten bis max. 45 Mbit/s. Eine häufig verwendete Größe sind digitale Festverbindungen mit einer Übertragungsrate von 2 Mbit/s. Ab einer gewissen Anzahl von Festverbindungen n * 64 kbit/s ist es günstiger, eine 2-Mbit/s-Festverbindung zu mieten.

Die Festverbindungen werden mit verschiedenen **Dienstequalitäten** (Quality of Service - QoS) angeboten. Dieser Wert sagt etwas aus über die garantierte Übertragungsqualität, die Verfügbarkeit und die Entstörungszeiten.

2.3.2.2 Datenübertragung im ISDN

Das diensteintegrierende digitale Fernmeldenetz (engl. Integrated Services Digital Network - ISDN) steht für die Zusammenfassung von Telekommunikationsdiensten (Telefon, Telefax, Datenübertragung usw.) in einem Netz. Alle Daten werden über leitungsgebundene, digitale Wahlverbindungen mit einer Übertragungsrate von 64 kbit/s übertragen. Analoge Signale (z. B. Telefon) müssen vor der Einspeisung ins ISDN-Netz digitalisiert werden. Die Daten sind in der Schicht 1 des ISO/OSI-Referenzmodells angesiedelt. Der ISDN-Anschluß besteht immer aus einer gewissen Anzahl von 64-kbit/s-Basiskanälen (B-Kanal) für die Datenübertragung und einem gemeinsamen Steuerkanal (D-Kanal) für den Verbindungsaufbau.

Mit dem ISDN wird dem Nutzer ein breites Spektrum an ISDN-Diensten angeboten. Die Dienste lassen sich grob in zwei Klassen einteilen. Diese sind zum einen Bearer Services (dt. Trägerdienste) und zum anderen Tele Services (dt. Teledienste). Bei den Bearer Services beschränkt sich die Leistung des ISDN auf die Bereitstellung der Trägerfunktion (Schicht 1 bis 3 des ISO/OSI-Referenzmodells). Der Nutzer muß selbst für die entsprechenden Diensteprogramme sorgen. Bei den Tele Services liefert das ISDN den vollständigen Dienst (Schicht 1 bis 7 des ISO/OSI-Referenzmodells). Solche Tele Services sind z. B. 3,1-kHz-Telefonie, 7-kHz-Telefonie, Telefax Gruppe 4 usw.

Bei den Bearer Services für Datenübertragung kann man nochmals unterteilen:

- 64 kbit/s leitungsorientierter Datenübertragungsdienst über den B-Kanal
- 64 kbit/s paketorientierter Datenübertragungsdienst über den B-Kanal
- 9,6 kbit/s paketorientierter Datenübertragungsdienst über den D-Kanal

Bei der Entwicklung der Diensteprogramme für die Bearer Services kann auf eine Softwareschnittstelle, die **Common ISDN Application Programming Interface (CAPI)**, zurückgegriffen werden. Diese Schnittstelle ist plattformunabhängig, und sie unterstützt mehrere D-Kanal-Protokolle, z. B. 1TR6, DSS1. Es gibt zwei Versionen: CAPI V1.1 und CAPI V2.0. Die CAPI Version 1.1 steuerte nur die Verbindungsschicht (Schicht 3). Dies reichte aber für verschiedene Anwendungen nicht aus. Die aktuelle Version heißt CAPI Version 2.0, diese steuert die Schichten 1 bis 3 des ISO/OSI-Referenzmodells. Hierdurch ist es möglich, z. B. Telefaxe der Gruppe 3 zu senden und zu empfangen. Die CAPI ist angesiedelt zwischen Schicht 4 und Schicht 3 des ISO/OSI-Referenzmodells.

Um mit anderen Datennetzen kommunizieren zu können, werden im ISDN verschiedene Emulatoren angeboten. So gibt es Emulatoren für die folgenden Anwendungen:

- LAN-Emulator
  Ein Rechner am ISDN emuliert ein LAN-Endgerät für die Kommunikation mit anderen LAN-Endgeräten.

- Modem-Emulator
  Ein Rechner am ISDN emuliert ein Modem für die Kommunikation mit anderen Modems.

- V.24-Emulator
  Dem Rechner am ISDN wird die Kommunikation mit einer V.24-Schnittstelle (COM-Port) ermöglicht.
- X.25-Emulator
  Dem Rechner am ISDN wird die Kommunikation mit einem X.25-Netz ermöglicht.
- ATM-Emulator
  Dem Rechner am ISDN wird die Kommunikation mit einem ATM-Netz ermöglicht.

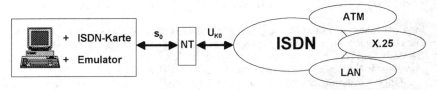

Abb. 2.18 - ISDN-Datenübertragung mit Emulator

Möchte man die bestehende Infrastruktur, also nicht ISDN-fähige Endgeräte, weiter benutzen, so benötigt man einen Terminaladapter (TA). Die Terminaladapter werden zwischen ISDN-Anschlußeinheit (IAE) und der Endeinrichtung geschaltet. Sie versprechen den schnellen Umstieg auf ISDN-Technologie, aber man muß hierbei gewisse Einschränkungen hinnehmen. Die nicht ISDN-fähigen Endgeräte sind für den Einsatz in den entsprechenden Netzen optimiert. Durch eine Kopplung über einen Terminaladapter ist nicht mehr garantiert, daß alle ISDN-Leistungsmerkmale und die Leistungsmerkmale des anderen Netzes genutzt werden können.

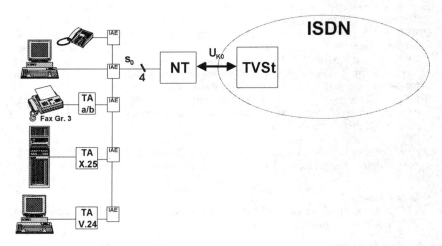

Abb. 2.19 - ISDN-Datenübertragung mit Terminaladapter

Nachfolgend eine kurze Auswahl aus dem Angebot der Terminaladapter für ISDN (siehe auch Abb. 2.19):

- Terminaladapter a/b
  Terminaladapter zum Anschluß von analogen Endeinrichtungen, z. B. Fax Gruppe 3, Telefon

- Terminaladapter V.24
  Terminaladapter zum Anschluß von Endeinrichtungen mit V.24-Schnittstelle (COM-Port)

- Terminaladapter X.20bis/X.21bis
  Terminaladapter zum Anschluß von Endeinrichtungen, die mit der X.20bis/X.21bis-Schnittstelle ausgerüstet sind

- Terminaladapter X.25
  Terminaladapter zum Anschluß von Endeinrichtungen, die mit der X.25-Schnittstelle ausgerüstet sind

- Multischnittstellen-Terminaladapter
  Terminaladapter zum Anschluß von Endeinrichtungen mit unterschiedlichsten Schnittstellen

2.3.2.3 Neue Techniken für die Teilnehmeranschlußleitung

Seit einiger Zeit werden neue Zugangstechniken auf der Teilnehmeranschlußleitung diskutiert. Sicher sind Sie schon mit Abkürzungen wie ADSL, SDSL, CDSL oder HDSL konfrontiert worden. Diese Abkürzungen stehen für neue Zugangstechniken auf der Teilnehmeranschlußleitung und haben alle das Ziel, höhere Übertragungsraten bereitzustellen, als dies mit herkömmlichen Modemtechniken und ISDN der Fall ist. ADSL-Anschlüsse werden ab 1999 von Netzbetreibern angeboten. Der flächendeckende Ausbau wird jedoch erst in 2 bis 3 Jahren erreicht werden.

ADSL-Modems

ADSL steht für **Asymmetric Digital Subscriber Line.** Asymmetrisch deshalb, weil die Übertragungsgeschwindigkeiten von der Zentrale zum Teilnehmer und umgekehrt nicht gleich sein müssen. Diese Technik ist noch sehr neu, wird jedoch als die Zukunftstechnik für Zubringerleitungen (Teilnehmeranschlußleitungen) angesehen. Der Grund ist die hohe Geschwindigkeit, die mit ADSL erreicht werden kann. Die möglichen Datenraten sind:

- Netz (Knoten) zum Teilnehmer   64 kbit/s – 8,192 Mbit/s
- Teilnehmer zum Netz und umgekehrt   16 kbit/s – 768 kbit/s (duplex)

Der Datenverkehr von einer Zentrale zum Teilnehmer wird auch als "Downstream" und vom Teilnehmer zur Zentrale als "Upstream" bezeichnet.

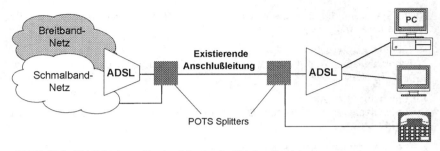

POTS: Plain Old Telephone Service (simple alte Telefondienste)

Abb. 2.20 - ADSL-Konfiguration

Diese hohen Übertragungsraten sind jedoch, wenigstens noch zur Zeit, stark reichweitenabhängig. Die maximale Datenrate von 8,192 Mbit/s wird derzeit nur bis zu einer Entfernung von ca. 1,5 km erreicht. Bei einer Entfernung von 5-6 km kann man zur Zeit realistisch von Datenraten zwischen 1,0 und 1,5 Mbit/s ausgehen. Dies ist immerhin noch ein Mehrfaches, verglichen mit ISDN-Anschlüssen. Die erreichbare Entfernung ist abhängig von den eingesetzten Kabeln, insbesondere von dem Dämpfungsbelag.

Mit der hohen Datenrate will man Video on Demand, Filme, Videospiele, Videokataloge, Internet, Corporate LANs u. v. m. zu den Teilnehmern bringen. Dazu werden insgesamt drei Kanäle bereitgestellt:

- Downstream-Übertragungskanal
- Duplex-Kanal
- Kanal für Telefondienste

Diese Kanäle werden erzeugt, indem man Frequenzmultiplextechnik (FM) und Echocancelertechnik anwendet. Mit der FM wird ein Kanal für Downstream und ein Kanal für Upstream erzeugt. Der Downstream- und Upstream-Kanal kann durch Zeitmultiplextechnik in weitere Kanäle unterteilt werden. Der Upstream- und der Downstream-Kanal überlappen sich. Diese Überlappung kann durch Anwendung von Echocancelern wieder separiert werden. Zusätzlich wird eine 4-kHz-Region im unteren Frequenzband abgesplittet, welche für Telefondienste genutzt wird. Abb. 2.21 illustriert die angewandten Techniken.

Nachdem vor einigen Jahren ADSL praktisch totgesagt war, erlebt es nun einen nicht voraussehbaren Aufschwung. Einer der wesentlichen Gründe dürfte die massive Verbreitung und Nutzung des Internets und der Wunsch nach immer höheren Übertragungsraten sein. ADSL wurde inzwischen von mehr als 30 Telefonnetzbetreibern erfolgreich getestet.

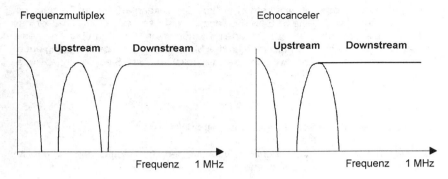

Abb. 2.21 - Erzeugen der ADSL-Kanäle

Consumer Digital Subscriber Line (CDSL)
Diese Modems sollen in Kürze zur Verfügung stehen. Anders als bei ADSL-Modems sollen sie wie ein normales Modem an die Telefonsteckdose angeschlossen werden. Die Datenraten werden dann 1 Mbit/s in Empfangsrichtung und 128 kbit/s in Senderichtung betragen. Im Gegensatz zu ADSL kann keine digitale Zugangsleitung verwendet werden.

EtherLoop
EtherLoop ist eine brandneue Technik. Die maximalen Datenraten von EtherLoop liegen bei 8-9 Mbit/s bei einer Reichweite von ca. 700 m und bei ca. 800 kbit/s bei ca. 7 km. Für Entfernungen von 2-3 km werden Übertragungsraten zwischen 3 und 5 Mbit/s erreicht.

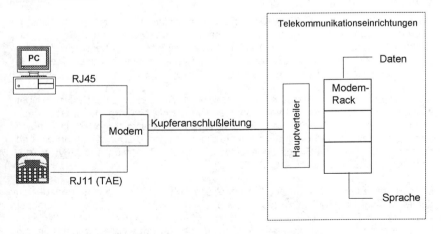

Abb. 2.22 - EtherLoop-Konfiguration

Der Name EtherLoop sagt es eigentlich schon. Die bekannte Ethernet-Technik, ca. 80 % aller LANs sind heute in Ethernet-Technik realisiert, wird praktisch über das LAN hinaus ausgedehnt. Jeder PC, der eine Ethernetkarte hat und über den heute üblichen RJ45-Anschluß verfügt, kann an das Modem ohne jegliche Änderung angeschlossen werden. Telefone werden über die üblichen RJ11-Steckverbinder angeschlossen, siehe Abb. 2.22.

2.3.3 Funktionsweise von Bridges und Repeaters

Wir werden nun die grundlegenden Funktionsweisen von Bridges und Routern im Zusammenhang mit den entsprechenden Protokollen kurz vorstellen.

Wofür werden Repeater benötigt?

Ein Repeater empfängt die ankommenden Signale, regeneriert und verstärkt sie und stellt sie allen Ports zur Verfügung. In der Anfangszeit der LANs wurden Repeater häufiger eingesetzt und speziell zum Erhöhen der Reichweite von Ethernet-Netzen oft benutzt. Heute spielen Repeater nur noch eine untergeordnete Rolle. Auch die maximale Reichweitenerhöhung war höchstens in einer Büroumgebung adäquat. Im Falle eines Ethernet-LANs durften maximal zwei Repeater zwischen zwei Maschinen (Rechnern) eingesetzt werden. Die maximale Reichweite war dann 1500 m. Repeater haben jedoch einen wesentlichen Nachteil. Sie verstärken nicht nur die "gewollten" Signale, sondern alle Leitungsstörungen, und werden deshalb nicht mehr so oft eingesetzt. Wir werden hier nicht weiter auf Repeater eingehen, sondern uns etwas detaillierter mit Bridges beschäftigen. Wir sollten jedoch wissen, daß jeder HUB auch ein Repeater ist. Und HUBs sind, im Gegensatz zu den klassischen "Stand-Alone-Repeaters", weiter auf dem Vormarsch.

Wofür werden Bridges benötigt?

Die Anzahl der Stationen (PCs), die man an ein einzelnes LAN anschließen kann, ist begrenzt. Außerdem teilen sich alle an einem LAN angeschlossenen Benutzer die Bandbreite des LANs, was wiederum einen Engpaß darstellen kann. Ein weiteres Problem ist die begrenzte Reichweite, üblicherweise mehrere hundert Meter zwischen den einzelnen Stationen.

Bridges werden also eingesetzt, um die begrenzte Ausdehnung von LANs zu überwinden, eine größere Anzahl von Benutzern anzuschließen und die Übertragungskapazität von LANs, bezogen auf die einzelnen Benutzer, zu erhöhen. Im einfachsten Fall empfängt eine Bridge alle Pakete eines LANs und übergibt sie an ein oder mehrere andere an die Bridge angeschlossene LANs. Eine mögliche LAN-Struktur, basierend auf Bridges, zeigt Abb. 2.23.

Bridges verbinden LANs auf der Schicht 2 des OSI-Referenzmodells, genauer auf der MAC-Schicht (Medium Access Control), siehe Abb. 2.24. Repeater dagegen verbinden LANs basierend auf der Schicht 1 des OSI-Referenzmodells. Während ein Repeater nur die Signale verstärkt, empfängt eine Bridge Datenpakete an einem Port (Schnittstelle) und gibt sie an einem anderen Port wieder aus. Bedingt durch die unterschiedlichen LAN-Technologien wurden auch die unterschiedlichsten Bridges entwickelt. Manche Eigenschaften einer Bridge sind unabhängig von der LAN-Technologie, andere sind speziell auf eine bestimmte Technologie zugeschnitten.

Bridges haben jedoch auch Nachteile. So gibt es Probleme, wenn Netze mit unterschiedlichen Geschwindigkeiten zu verbinden sind oder die Datenpakete der angeschlossenen Netze eine unterschiedliche Struktur haben. Oder aber, was geschieht mit Prioritäten eines Token-Ring-Netzes, das mit einem Ethernet verbunden wird?

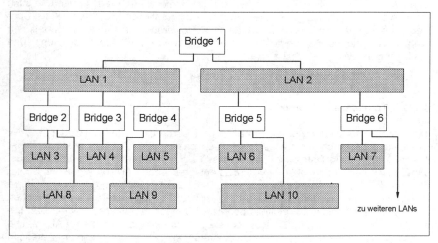

Abb. 2.23 - Verbinden von LANs mit Bridges

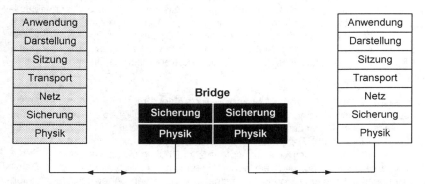

Abb. 2.24 - Bridges verbinden auf dem Data Link Layer (Netzsicherungsschicht)

Interessanterweise wird auch im Zusammenhang mit Bridges von Routing gesprochen. Bridges "routen", wie wir noch sehen werden, den Verkehr nach zwei unterschiedlichen Prinzipien. Dies sind:
- Spanning-Tree-Routing
- Source-Routing

Spanning-Tree-Routing wird angewandt, wenn zwei Ethernets oder ein Ethernet und ein Token-Ring-Netz verbunden werden. Zwischen Token-Ring-LANs wird Source-Routing angewandt. Aus Sicht einer Bridge ist Source-Routing sehr einfach, da alle Aufgaben von den Hosts (Ursprungs-Host und Ziel-Host) erfüllt werden. Source-Routing ist für Bridges, wie wir weiter unten noch sehen werden, transparent.

Bei Anwendung des Spanning-Tree-Routing müssen die Bridges die unterschiedlichen Wege zum Ziel kennen. Sie müssen also die möglichen Pfade lernen und auch in Intervallen updaten. Dazu senden Bridges Konfigurationsnachrichtenpakete (Configuration Bridge Protocol Data Units) aus. Basierend auf diesen Informationen wählen die Bridges den besten/kürzesten (z. B. geringste Anzahl von Hops) und schleifenfreien Weg zum Ziel aus.

2.3.3.1 Transparent Bridges

In diesem Falle werden nur die Pakete zum anderen LAN oder den anderen LANs übermittelt, die auch für dieses bzw. diese bestimmt sind. Dazu wird von einer Bridge lediglich die Data-Link-Layer-Adresse ausgewertet. Abhängig von der Auswertung wird ein Datenpaket dann an das entsprechende LAN weitergeleitet. Dieser Vorgang kann sich mehrmals wiederholen. D. h., das Datenpaket kann über mehrere LANs übertragen werden. Voraussetzung ist natürlich, daß alle LANs die gleichen Schicht-1- und Schicht-2-Protokolle benutzen. Bridges mit dieser Funktionalität bezeichnet man als Learning Bridges, da sie sich merken, an welchem LAN welche Adressen (Stationen) angesiedelt sind. Datenpakete mit unbekannten Adressen werden grundsätzlich weitergereicht. Wie funktioniert dies nun in der Praxis? Dies ist relativ einfach. Abb. 2.25 verdeutlicht den angewandten Mechanismus. Wenn ein Datenpaket an einer bestimmten Schnittstelle der Bridge von dem dort angeschlossenen LAN empfangen wird, trägt die Bridge diese Adresse in eine Adressenliste ein, in unserem Fall Adressenliste 1 (LAN 1) bzw. Adressenliste 2 (LAN 2). Mit der Zeit "weiß" die Bridge, welche Adressen in welchem LAN zu finden sind, und kann somit jederzeit entscheiden, ob sie das Paket und wohin sie das Datenpaket weiterleiten muß.

Transparent Bridges nutzen den Spanning-Tree-Algorithmus (STA) zum Finden eines schleifenfreien Kommunikationspfades zum Ziel. Mit Hilfe des STA wird genau ein schleifenfreier Kommunikationspfad zwischen Ursprung und dem Ziel im Netz ermittelt. Solange keine Topologieänderungen im Netz vorgenommen werden, werden die so ermittelten Kommunikationspfade zum Routing verwendet. Nur wenn die Topologie verändert wird, muß ein neuer "Spanning Tree" ermittelt werden. Damit eine Bridge die Topologieänderungen mitbekommt, werden periodisch Nachrichten zwischen den im Netz befindlichen Bridges ausgetauscht.

Wenn bei diesem Nachrichtenaustausch eine Bridge an einem LAN feststellt (Auswertung der Konfigurationsnachrichtenpakete), daß eine andere Bridge an dem LAN einen kürzeren Weg (weniger Hops) zum Ziel hat, dann stellt sie das Senden dieser Nachrichtenpakete ein, da es ja eine andere Bridge mit einem besseren Weg zum Ziel gibt. Damit gibt es für jedes LAN genau eine dedizierte Bridge für ein Ziel, die fortfährt, Konfigurationsnachrichten zu senden und die alle Nachrichtenpakete für dieses Ziel weiterleitet.

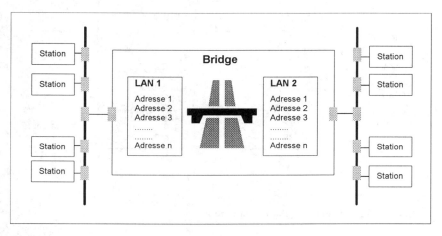

Abb. 2.25 - Learning Bridge

Warum ist es aber für eine Bridge so wichtig, Schleifen zu vermeiden? Dazu sehen wir uns Abb. 2.26 an. Wir wissen, eine Bridge verändert kein Datenpaket, und eine Bridge wird von den angeschlossenen Datenstationen (Rechnern) nicht wahrgenommen. Deshalb ja auch der Name Transparent Bridge. Sie sind aus Sicht der Datenstationen vollkommen transparent. Eine Ausnahme bilden Source Routing Bridges, siehe unter 2.3.3.4. Wenn nun ein Datenpaket, wie in Abb. 2.26 dargestellt, auf LAN 1 erscheint, wird es von beiden Bridges in die Warteschlange aufgenommen, um zum LAN 2 übermittelt zu werden. Wir nehmen nun an, Bridge 1 übermittelt dieses Paket zuerst. Das Paket erscheint im LAN 2 und wird von der Bridge 2 ebenfalls in die Warteschlange für die Übertragung von LAN 2 nach LAN 1 gestellt. Da es von LAN 2 angeboten wird, geht Bridge 2 davon aus, daß die Station X an diesem LAN angeschlossen ist, modifiziert ihre Adressentabellen entsprechend und überträgt das Datenpaket zum LAN 1. Dort wird es von Bridge 1 wahrgenommen, die es wiederum in die Warteschlange stellt und schließlich zum LAN 2 überträgt ... und wenn es zu keinem Crash gekommen ist, so übertragen sie noch heute ...

Das Ganze wird noch schlimmer, wenn mehr als zwei Bridges zwei LANs verbinden. Dann nämlich werden die Datenpakete sogar vervielfacht, bis sich letztendlich die Bridges mit sich selbst beschäftigen und sehr schnell überlastet sind. Um genau dies zu vermeiden, hat man den Spanning-Tree-Algorithmus eingeführt. Übrigens zeigt Abb. 2.23 die typische Baumstruktur, die sich bei Anwendung des Spanning-Tree-Algorithmus ergibt.

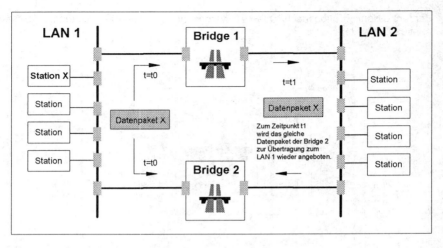

Abb. 2.26 - Schleife in einer LAN-Konfiguration

2.3.3.2 Encapsulating Bridges

Im Falle von Encapsulation (Einkapselung) wird ein Rahmentyp eines Protokolls in dem Datenbereich eines anderen Protokolls übertragen, siehe Abb. 2.27. Sobald der Gesamtrahmen sein Ziel (Destination) erreicht hat, wird der äußere Rahmen entfernt und kann dann ganz normal von der Zielapplikation weiterverarbeitet werden. Diese Technik wird u. a. verwendet, um Token-Ring- oder Ethernetrahmen über eine FDDI-Verbindung zu transportieren. Ein anderer Name, der oft für Encapsulation verwendet wird, ist **"Tunneling"**. Der Nachteil von Encapsulation ist, daß zusätzlicher Protokolloverhead hinzugefügt wird und damit die Nutzdatenrate geringer wird. Trotzdem ist es in vielen Fällen eine ökonomische Lösung. Sehr oft wird TCP/IP (wir kommen später noch auf dieses Protokoll zurück) verwendet, um andere Protokolle "eingekapselt" über ein Netz zu transportieren. Der Grund hierfür ist, daß TCP/IP ein sehr weit verbreitetes Protokoll ist.

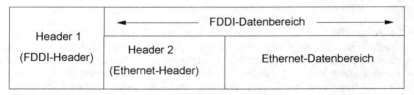

Abb. 2.27 - Tunneling

2.3.3.3 Translation Bridges

Eine Translation Bridge übersetzt, wie der Name schon sagt, eine Adresse, z. B. Ethernet MAC Address, in eine Adresse eines anderen Protokolls, z. B. FDDI. Da die Datenpakete der einzelnen Protokolle unterschiedliche Länge haben, muß entweder die angewandte Rahmenlänge verhandelt werden, oder aber alle an ein LAN angeschlossenen Stationen müssen so konfiguriert werden, daß sie eine bestimmte Rahmenlänge unterstützen. Die unterschiedlichen Rahmenlängen der einzelnen Protokolle sind:

- 1500 (1518) Bytes für ein Ethernet,
- 4 000 Bytes für ein Token-Ring-Netz mit 4 Mbit/s und
- 17 800 Bytes für ein Token-Ring-Netz mit 16 Mbit/s.

Eine Token-Ring-Station, die ein Paket an ein Ethernet-LAN schickt, muß dafür sorgen, daß die Rahmenlänge diejenige eines Ethernets nicht übersteigt.

2.3.3.4 Source Routing Bridges

Source-Routing wurde von IBM eingeführt und wird zur Übertragung von Daten zwischen Token-Ring-Netzen angewandt. In diesem Falle wird das Routing Information Field (RIF) benutzt, um festzustellen, für welche Zieladresse das Paket bestimmt ist. Das RIF ist im Falle von Token-Ring-Netzen Bestandteil des MAC Header.

Wird Source-Routing angewandt, benötigt eine Bridge keine Routing-Tabelle, sondern die Routing-Information ist Bestandteil des zu übermittelnden Paketes, d. h., der Weg, den ein Paket nimmt, ist bereits vorherbestimmt. Wie aber wird der Weg ermittelt, den ein Paket in einem vermaschten Netz nehmen soll? Um den Weg zu einem Ziel zu ermitteln, sendet eine Source Routing Bridge sogenannte Explorer-Pakete auf allen verfügbaren Verbindungen dieser Bridge aus. Diese Pakete werden von allen Bridges erkannt, die Source Routing unterstützen. Jede Bridge, die auf dem Weg zum Ziel passiert wird, wiederholt diesen Vorgang und trägt in einem bestimmten Abschnitt des Explorer-Paketes ihren Namen und die Verbindung (Schnittstelle) ein, an welcher das Paket empfangen wurde.

Erreicht das Paket sein Ziel, so sendet diese Station das Paket mit allen auf dem Weg gesammelten Routing-Informationen zum Ursprung zurück. Wenn mehrere Wege möglich waren, so werden auch mehrere Pakete zum Ursprung übermittelt. Die Ursprungsstation sucht sich dann den besten Weg aus, z. B. den Weg mit den wenigsten Abschnitten (Hops). Maximal sind 7 Hops möglich. Alle Pakete, die dann in Zukunft gesendet werden, enthalten diese Routing-Information und können somit über diesen Weg zugestellt werden.

Source-Routing hat einen entscheidenden Nachteil. Eine Nachricht (Paket) kann nicht zugestellt werden, wenn der einmal ermittelte Weg nicht verfügbar ist (z. B. Leitungsfehler, Hard- oder Softwarefehler eines Gerätes oder Überlastung dieses Weges). Die einzige Möglichkeit in diesem Falle, einen neuen Weg zu finden, ist das erneute Aussenden von Explorer-Paketen. Da die Explorer-Pakete an allen

Schnittstellen, also auf allen Verbindungen ausgesandt werden, kann man sich ohne Schwierigkeiten vorstellen, daß das Netz dadurch nicht gerade entlastet wird. Des weiteren werden optimale Wege, die durch Hinzufügen von neuen Verbindungen (Leitungen) in einem Netz entstehen, nicht automatisch erkannt. Auch wird der optimale Weg erst bekannt, wenn erneut Explorer-Pakete gesendet werden.

2.3.3.5 Router

Wenn wir hier von Routing sprechen, ist die "Wegesuche", d. h. die Suche eines optimalen Kommunikationspfades von einem Ursprung zum Ziel gemeint. Router können als die eigentlichen Bausteine von Wide Area Networks (WAN) angesehen werden.

Router müssen Layer-3-Adressen, also Netzadressen behandeln können, siehe Abb. 2.28. Die Schicht-3-Adressen sind protokollabhängig. Um unterschiedliche Protokolle zu routen, bieten viele Hersteller Multiprotokoll-Router an. So ist es möglich, die unterschiedlichen Schicht-3-Adressenstrukturen zu berücksichtigen.

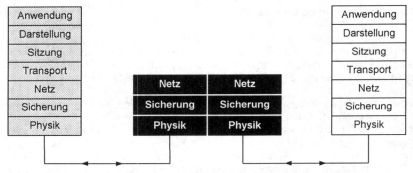

Abb. 2.28 - Router verbinden auf dem Network Layer (Netzschicht)

In der OSI-Terminologie wird auch zwischen Level-1- und Level-2-Routern unterschieden. Level-1-Router stellen Verbindungen innerhalb von Areas her. Level-2-Router verbinden Areas. Eine Area ist eine Anordnung von Netzen und Rechnern, die mittels eines Routers verbunden sind. Werden Areas miteinander verbunden, die gemeinsam verwaltet werden, spricht man von Domain.

Router können im Gegensatz zu Bridges mögliche Wege zum Ziel, basierend auf den unterschiedlichsten Kriterien, evaluieren und den optimalen Weg auswählen. Zur Auswahl des besten Weges können u. a. folgende Kriterien berücksichtigt werden:

- Netzlast insgesamt,
- Verkehrslast auf einer bestimmten Link,
- Tageszeit,
- Anzahl der Hops zum Ziel und
- Kosten eines bestimmten Weges (Route) zum Ziel.

Grundsätzlich werden zwei Arten von Routing unterschieden, nämlich statisches und dynamisches Routing.

2.3.3.6 Statisches Routing

Von statischem Routing spricht man, wenn der Weg zwischen zwei Endsystemen fest vorgegeben ist. Statische Routes (Kommunikationspfade) werden manuell in die Routing-Tabellen eines Routers eingetragen. Der Netzverantwortliche muß die Einträge immer up to date halten. Im Falle eines Fehlers (Unterbrechung) der statischen Route wird dies vom Router lediglich in Form eines Alarms angezeigt, und der Netzverantwortliche muß eine andere Route manuell in die Routing-Tabelle eintragen, wenn eine Ersatzroute verfügbar ist.

2.3.3.7 Dynamisches Routing

In diesem Fall sucht sich der Router selbst, abhängig von den oben erwähnten Kriterien, einen optimalen Kommunikationspfad durch das Netz. Die Wegewahl wird allein durch das Routingprotokoll bestimmt. Dazu muß man wissen, daß die Router untereinander ständig Informationen austauschen, damit sie auch ein aktuelles Abbild des Netzes haben.

Kommt es zu einem Ausfall einer Route, also eines Kommunikationspfades, so sucht sich der Router, basierend auf der Netzinformation, die er gespeichert hat, selbständig einen neuen Weg und überträgt weiter die Datenpakete vom Ursprung zum Ziel. Der Anwender merkt davon nichts, von möglichen Laufzeiterhöhungen der Datenpakete durch das Netz abgesehen. Vorteile des dynamischen Routings sind:

- Automatisches Re-routing im Fehlerfalle.
- Links können hinzugefügt werden und werden durch Austausch von bestimmten Nachrichten anderen Routern bekanntgemacht.
- Auf Überlast kann, abhängig vom eingesetzten Routingprotokoll, reagiert werden.

2.3.3.8 Distance Vector Routing

Distance Vector Routing ist ein dynamisches Routingprotokoll und basiert auf einem "Distance Vector Algorithmus (DVA)". Alle Router eines Netzes werden als gleichwertig betrachtet, unabhängig von ihrer Position im Gesamtnetz. Im Falle von Distance Vector Routing tauschen die Router periodisch, z. B. alle 30 Sekunden im Falle des RIP-Protokolles, Netzinformationen aus, um daraus ein Abbild des Netzes zu generieren. Dabei übermittelt ein Router die Routinginformationen immer bezogen auf sich selbst. Routinginformationen in diesem Zusammenhang sind u. a. die relativen Kosten eines Kommunikationspfades vom Ursprung zum Ziel. Relative Kosten deshalb, weil z. B. die Anzahl von Hops, die eine Nachricht auf dem Weg zum Ziel passiert, als Kostenkriterium herangezogen werden kann. Distance Vector Routing ist leicht zu implementieren, hat jedoch auch einige gravierende Nachteile. Es können Routing-Schleifen entstehen, d. h., eine Nachricht wird im Kreis geroutet. Damit dies nicht für alle Ewigkeit andauert, ist die Anzahl der Hops, die auf dem Weg zum Ziel passiert werden dürfen, auf maximal 16 beschränkt. Der ständige Austausch von Netzinformationen benötigt jedoch eine gewisse Netzkapazität (Bandbreite). Protokolle wie **Interior Gateway Routing Protocol (IGRP)** von CISCO und das **Routing Information Protocol (RIP),** welches im Internet angewandt wird, beruhen auf Distance Vector Routing.

2.3.3.9 Link State Routing

Link State Routing basiert auf einem "Link State Algorithmus (LSA)" und gehört zu den dynamischen Routing-Protokollen. Ein typischer Vertreter von Link State Routing ist das **Open-Shortest-Path-First-(OSPF)Protokoll** oder das **Intermediate-System-to-Intermediate-System-(IS-IS)Protokoll.** Hier generieren die Router ein Netzabbild (Netztopologie), indem sie periodisch Daten zu anderen Routern senden. Die ausgetauschten Nachrichten (Link State Packets) enthalten Angaben darüber, ob Routes (Kommunikationspfade) zu anderen Netzen - an welche ein Router direkt angeschlossen ist - betriebsbereit sind. Die Nachrichten enthalten auch Informationen über die Struktur, in der die Router miteinander verbunden sind. Link State Pakkets werden ca. alle halbe Stunde als Broadcast-Nachricht ausgesandt. Falls sich im Netz jedoch Änderungen benachbarter Router ergeben, wird dies vom Router erkannt, und es werden ebenfalls Link State Packets ausgesandt. Aus den so erhaltenen Informationen generiert sich ein Router ein Netzabbild. Dies ist rechenintensiv. Dadurch steigt zwar die Prozessorlast eines Routers, aber es wird nicht soviel Bandbreite für den Austausch von Routinginformationen benötigt. Und Bandbreite ist im Gegensatz zur Prozessorleistung, deren Preis in den letzten Jahren rapide gefallen ist, nach wie vor sehr teuer.

2.3.4 Routing-Protokolle

Nachdem die zwei unterschiedlichen Arten von Routing behandelt worden sind, stellt sich die Frage, wie ein Router, der dynamisches Routing anwendet, jederzeit einen Ersatzweg zum Ziel findet. Voraussetzung hierfür ist, daß der Router jederzeit ein genaues Abbild des Netzes bzw. Teilnetzes hat.

Routing-Protokolle bestimmen, wie Router Daten untereinander austauschen, welche Daten ausgetauscht werden und wie oft dies geschieht. Routing-Protokolle basieren wiederum auf Routing-Algorithmen (Verfahren und Regeln) zum Ermitteln optimaler Wege zwischen zwei Routern in einem Netz.

Bevor wir nun kurz auf die einzelnen Routing-Protokolle eingehen, die hierfür verwendet werden, müssen wir uns mit dem Begriff "Autonomes System" auseinandersetzen, der in diesem Zusammenhang benutzt wird. Autonomes System steht hier für ein Netz, welches als Einheit verwaltet wird. Dieses Netz wiederum kann sich aus Teilnetzen zusammensetzen. Das entscheidende Kriterium für ein autonomes System ist die Verwaltung des Netzes bzw. der Teilnetze in seiner bzw. ihrer Gesamtheit. Dieser Begriff wird im Zusammenhang mit Internets gebraucht. OSI hat dafür den Ausdruck "Domain" kreiert.

Diese Klassifizierung führt unmittelbar zu den beiden Kategorien von Routing-Protokollen. Dies sind zum einen Protokolle, die innerhalb eines autonomen Systems angewandt und als "Interior Gateway Protocols (IGP)" bezeichnet werden, und solche, die zur Kommunikation zwischen autonomen Systemen angewandt werden. Letztere bezeichnet man als "Exterior Gateway Protocols (EGP)". "Interior" steht für intern bzw. innerhalb und "exterior" für extern bzw. außerhalb. Gateway ist ein Netzübergang von einem Autonomen System (AS) zu einem anderen AS.

In vielen Veröffentlichungen findet man den Ausdruck "Gateway", der oft synonym für einen Router steht. Dies ist auch der Fall bei der Bezeichnung von Routing-Protokollen wie EGP. Genaugenommen ist ein Gateway ein Übergang auf Applikationsebene, also Schicht 7. Aber zu dem Zeitpunkt, als diese Protokollbezeichnungen festgelegt wurden, nahm man es damit noch nicht so genau.

Interior Gateway Protocols sind:
- Routing Information Protocol (RIP)
- Open Shortest Path First (OSPF)
- Interior Gateway Routing Protocol (IGRP) von CISCO, einem Routerhersteller
- Intermediate System to Intermediate System Protocol (IS-IS)

Jeder Rechner (Host) ist im OSI-Jargon ein End System und jeder Router ein Intermediate System.

RIP und OSPF sind Protokolle, die im Internet für IP-Routing genutzt werden.
Exterior Gateway Protocols sind:
- Exterior Gateway Protocol (EGP)
- Border Gateway Protocol (BGP)
- End System to Intermediate System (ES-IS). Dieses Protokoll basiert auf dem OSI-Referenzmodell

EGP und BGP werden im Internet angewandt.

Wir werden nun einige der Routing-Protokolle erklären. Es ist nicht notwendig, alle Details zu wissen. Die Grundprinzipien sollten jedoch verstanden werden.

Routing Information Protocol (RIP)

RIP ist ein Interior Gateway-Protokoll. Datenaustausch erfolgt zwischen den Routern mit Broadcast alle 30 Sekunden mit dem User Datagram Protocol (UDP). Es wird der UDP-Port 520 benutzt. Es sind die Pakettypen "Request" und "Response" spezifiziert, die zum Austausch von Routing-Tabellen (Distance Vector Tables) mit Nachbarroutern benutzt werden. Responsepakete werden außerdem aufgrund eines Requests und im Falle von Änderungen der Routing-Tabellen gesendet. RIP-Datagramme haben eine maximale Größe von 512 Bytes. Der Austausch von Routing-Tabellen, die diese Größe überschreiten, erfolgt in aufeinanderfolgenden UDP-Datagrammen.

Falls ein Router innerhalb von 180 Sekunden keinen Update von einem Ziel bekommen hat, betrachtet er dieses Ziel als nicht erreichbar und nimmt es aus seiner Routing-Tabelle heraus. Letztere Eigenschaft ist zum einen ein Vorteil, denn ein Router nimmt ein Ziel nicht aus seiner Routing-Tabelle heraus, nur weil er das Ziel ein oder zweimal nicht erreicht hat, was in der Praxis möglich ist (kurze Leitungsstörung). Der Nachteil ist, daß, wenn der Kommunikationspfad aber tatsächlich gestört ist, der Router noch für 180 Sekunden seinen Gegenstellen ein Ziel übermittelt, welches nicht mehr erreichbar ist. Das heißt, viele Router können für einen bestimmten Zeitraum ein fehlerhaftes Netzabbild haben. Sie versuchen dann, Datenpakete über einen nicht mehr existierenden Weg zum Ziel zu senden. In dem UDP ist angegeben, wieviel Hops (Übertragungsabschnitte zwischen Routern) von dem Ursprung zum Ziel passiert wurden. Es wird auch angegeben, welche Ziele der Router, der dieses UDP sendet, erreichen kann und wie viele Hops er benötigt, um dieses Ziel zu erreichen. Ziele, die mehr als 16 Hops erfordern, werden ebenfalls als nicht erreichbar angesehen.

Interior Gateway Routing Protocol (IGRP)

IGRP wurde Mitte der 80er Jahre von CISCO entwickelt. Es kann als ein verfeinertes und optimiertes RIP angesehen werden. Es überwindet einige der wesentlichen Nachteile des RIP. U. a. werden Routing-Schleifen verhindert, und es evaluiert mehr Kriterien zum Finden eines optimalen Weges zwischen zwei Routern. Es wird überwiegend zum Routing innerhalb Autonomer Systeme verwendet. IGRP basiert auf dem Distance Vector Algorithmus.

Exterior Gateway Protocol (EGP)

EGP benutzt Punkt-zu-Punkt-Verbindungen, um Erreichbarkeitsinformationen auszutauschen. Dies erfolgt periodisch. Dabei werden "Hello"-Nachrichten ausgetauscht, mit denen festgestellt wird, ob benachbarte Router noch antworten, also erreichbar sind. Die in den Nachrichten übermittelten Entfernungen zu anderen Routern beziehen sich immer auf den Router, der diese Nachricht sendet, also die Entfernung zu sich selbst ist "null", zu den direkten Nachbarn ist "eins" etc.

Border Gateway Protocol (BGP)

BGP ist ein verbessertes EGP. Es enthält zusätzliche Funktionen. Das Hauptanwendungsgebiet ist das Routing zwischen **Autonomen Systemen (AS)**. BGP unterstützt Authentisierung. Dies verhindert nicht berechtigten Zugriff auf einen Router. Routing-Schleifen können mit dem BGP entdeckt werden. Eine virtuelle Verbindung zwischen zwei Routern ermöglicht einen Austausch von Routing-Tabellen. Beim ersten Austausch von Routing-Tabellen werden diese komplett übertragen. In den folgenden Update-Nachrichten werden nur die Änderungen übertragen. Die Update-Nachrichten werden mit TCP übertragen. Dadurch ist ein sicherer Datenaustausch gewährleistet. Zu erwähnen ist noch, daß, obwohl der BGP-Router alle Wege zu einem angeschlossenen Netz in seinen Tabellen speichert, nur die "besten" Wege mit Update-Nachrichten kommuniziert werden.

Open Shortest Path First (OSPF)

OSPF ist ein Interior Gateway-Protokoll und im RFC 1247 und RFC 1583 (Version 2) beschrieben. Es wurde von der Internet Engineering Task Force entwickelt und beruht auf einem Link-State-Algorithmus, der eine schnelle Routenermittlung sicherstellt. Es ist eines der am häufigsten eingesetzten Routing-Protokolle. OSPF ist besonders geeignet, Topologieinformation zwischen Routern auszutauschen, die alle zum gleichen Autonomen System gehören. Bei OSPF kann die Belastung der einzelnen Links, die an einen Router angeschlossen sind, berücksichtigt werden, da OSPF mehrere Wege (Links) zu einem Ziel verwalten kann. Bei der Wegewahl kann der IP-Servicetyp, engl. IP Type of Service (TOS), berücksichtigt werden. Eine Modifikation der Routing-Tabellen ist nur mit entsprechender Berechtigung (Authentisierung) möglich. Last but not least können Routing-Schleifen im Netz verhindert werden. OSPF-Netze sind in Areas aufgeteilt, siehe Abb. 2.29.

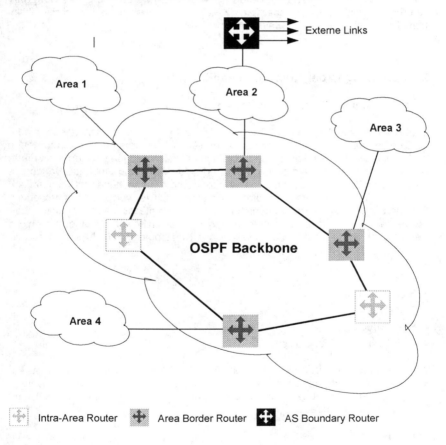

Abb. 2.29 - Struktur eines OSPF-Netzes

Das kleinste OSPF-Netz besteht aus einer Area, die dann zugleich das Backbone darstellt. Der Bildung von Areas können geographische oder administrative Gesichtspunkte zugrunde liegen. Alle Router in einer Area haben das Topologieabbild der Area in Tabellen gespeichert. Diese Tabellen werden durch Austausch von Link-Statusinformationen der Router einer Area generiert. Diese Router werden als "Intra-Area Router" bezeichnet. Sie haben keine Informationen über Netztopologien außerhalb ihrer Area, sondern lediglich darüber, über welche Area Border Router sie bestimmte Ziele erreichen.

"Area Border Router" sind Router, die Areas, miteinander verbinden. Diese Router führen Tabellen über die Netztopologien aller Areas, an die sie angeschlossen sind. Dazu tauschen sie mit den betroffenen Routern Link-Statusinformationen aus.

Verbindungen mit anderen Autonomen Systemen (AS) werden über **"AS Boundary Router"** hergestellt. Diese tauschen mit Routern in anderen AS Erreichbarkeitsinformationen mit Exterior Gateway-Protokollen aus.

2.4 Grundlagen der Netzwerktechnik

2.4.1 Netzarchitekturen/Netztopologien

Ein LAN sollte die Anschaltung unterschiedlicher Systeme ermöglichen, eine niedrige Bitfehlerrate aufweisen und eine hohe Fehlertoleranz haben. Es sollte ferner den angeschlossenen Systemen eine hohe Bandbreite zur Verfügung stellen, eine große räumliche Ausdehnung ermöglichen sowie die zur Verfügung stehende Bandbreite optimal den Benutzern bereitstellen. Weiter sollten einige hundert Stationen anschließbar und administrierbar sein. Um diesen, sich teilweise widersprechenden Anforderungen gerecht zu werden, haben sich verschiedene Netztopologien herausgebildet, die die einzelnen Anforderungen unterschiedlich gut unterstützen. Im wesentlichen werden heute vier physikalische Netztopologien für LANs unterschieden.

Dies sind:

- Bus-Topologie
- Ring-Topologie
- Stern-Topologie
- HUB-basierende Topologien

Wenn wir hier von Topologien sprechen, sind physikalische Strukturen gemeint. Auf die logischen Strukturen kommen wir später zurück. Soviel sei nur gleich am Anfang gesagt: Es ist ohne weiteres möglich, auf einem physikalischen Bus logisch eine Ring-Topologie aufzusetzen.

Bus-Topologie

Die Bus-Topologie basiert auf einem gemeinsamen Bus, an den alle Netzknoten angebunden sind. Dies ist in Abb. 2.30 dargestellt. Die Ausdehnung eines Busses ist abhängig von dem benutzten Medium (Koaxialkabel, Twisted Pairs, Optical Fibre, drahtlos). Die physikalische Ausdehnung eines Bussystems kann durch Einsatz von Routern oder Bridges vergrößert werden. Der wesentliche Nachteil eines Bussystems ist, daß bei einem Fehler, wie z. B. Kabelbruch, das komplette Netz negativ beeinflußt wird oder total ausfällt. Eine Bus-Topologie hat auch erhebliche Nachteile hinsichtlich der nachträglichen Änderung der Anzahl der Netzknoten. Eine wesentliche Eigenschaft eines LAN ist die maximale Übertragungsrate. Sie wird weniger von der Netzstruktur, sondern vielmehr durch die Auswahl des Übertragungsmediums bestimmt.

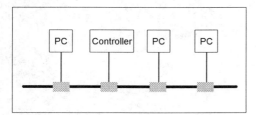

Abb. 2.30 - Bus-Topologie

Ring-Topologie

Im Falle einer Ringstruktur werden die einzelnen Netzknoten, wie der Name es schon ausdrückt, durch einen geschlossenen Ring miteinander verbunden. Die Ringstruktur ist in Abb. 2.31 dargestellt.

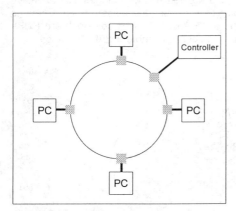

Abb. 2.31- Ring-Topologie

Stern-Topologie

Der wesentliche Vorteil einer Stern-Topologie ist die einfache Planung und die einfache Erweiterbarkeit des Netzes. Der gravierendste Nachteil ist, daß, sobald ein Modul bzw. der zentrale Netzknoten ausfällt, dies auf das komplette Netz zurückwirkt. Deshalb ist in vielen Fällen eine Redundanz der zentralen Einrichtungen erforderlich. Die Stern-Topologie zeigt Abb. 2.32.

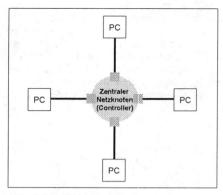

Abb. 2.32 - Stern-Topologie

HUB-basierende Topologie

Hiermit sind intelligente HUBs gemeint. In der Literatur findet man auch häufig den Begriff "Smart HUB". Daneben ist noch der Ausdruck Konzentrator gebräuchlich. Die auf einem HUB basierende Topologie ist, betrachtet man die Verkabelung, praktisch mit der Sternkonfiguration identisch. Der HUB stellt die Verbindungen zwischen den einzelnen Arbeitsplatzrechnern her. Der HUB übernimmt jedoch auch Repeater-, Bridging-, Routing- und Vermittlungsfunktionen. Die jeweils benötigten Funktionen sind in der Regel als Module realisiert und können einfach "eingesteckt" werden. Moderne Netze mit einigen hundert oder tausend angeschlossenen Workstations basieren auf einer HUB-Topologie, siehe auch Abb. 2.33. Ein oder mehrere HUBs als Kernstück eines LAN ermöglichen so die Integration anderer LAN-Topologien.

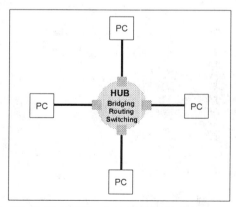

Abb. 2.33 - HUB-basierende Topologie

Auf die Definition eines HUB und die Unterscheidungsmerkmale von HUB-Realisierungen kommen wir später noch einmal zurück. Wesentliches Merkmal intelligenter HUBs ist die Vermittlungsfunktion (LAN-Switch). So können mehrere LANs oder LAN-Segmente verbunden werden.

Zu erwähnen wäre hier noch, daß in letzter Zeit auch eine Entwicklung festzustellen ist, daß viele Router-Hersteller, wie z. B. CISCO und Bay Networks, mehr und mehr ihre Router in Richtung Konzentratoren entwickeln. Diese neuen Router unterstützen unterschiedlichste Netze, d. h., sie haben Einschübe für FDDI, Ethernet, Token Ring und andere.

Eine HUB-basierende Netzstruktur vereinfacht außerdem das LAN-Management. Da in einem HUB die Informationen aller angeschlossenen Stationen zentral verfügbar sind, können fast alle Details des gesamten Netzsegmentes und der einzelnen Stationen einfach abgerufen werden. Für diesen Zweck werden besondere Einschubkarten für Netzmanagement für die HUBs angeboten.

2.4.2 Grundsätzliche LAN-Zugriffsverfahren

Ein LAN wird von den angeschlossenen Stationen meist gleichzeitig benötigt. Deshalb müssen der Zugriff, die Zeit bis zum Zugriff und die zur Verfügung gestellte Übertragungskapazität nach bestimmten Prinzipien geregelt werden. Die zur Verfügung stehende Bandbreite sollte dabei möglichst gut genutzt werden.

Im wesentlichen gibt es zwei Verfahren, Daten in einem LAN zu übertragen. Dies sind das Token-Prinzip und das Contention Resolution-Prinzip. Bei den **Token-Prinzipien** kann eine Station nur dann übertragen, wenn sie im Besitz des Tokens (bestimmtes Bitmuster) ist. Das Token wird nach einem bestimmten Prinzip von Station zu Station weitergereicht. Der Zugriff auf das Übertragungsmedium ist eindeutig geregelt.

Im Falle des **Contention Resolution-Prinzips** sendet jede Station, wenn sie "denkt", daß das Übertragungsmedium frei ist. Es kann zu simultanem Senden von Stationen kommen. Eine Kollision auf dem Übertragungsmedium ist die Folge. Keine der sendenden Stationen kann ihre Übertragung erfolgreich beenden. Um dies zu vermeiden, wurden spezielle Mechanismen zur Kollisionsaufhebung entwickelt.

2.4.3 IEEE-Standards

LAN- bzw. MAN-Standards werden von dem sogenannten 802-Komitee des **IEEE** (Institute of Electrical and Electronics Engineers) definiert. Die Definition umfaßt die Schichten 1 und 2. Es gibt eine ganze Standardserie für LANs. Diese Serie, oft auch Standardfamilie genannt, beinhaltet folgende Schicht-1- und Schicht-2-Standards im LAN- bzw. MAN-Bereich:

IEEE 802.1   beschreibt die komplette 802-Standardfamilie, geht auf übergreifende allgemeine Aufgaben von 802-LANs inklusive deren Beziehungen zu dem OSI-Referenzmodell ein.

IEEE 802.2	ist für die Schicht 2 (Data Link Layer oder Sicherungsschicht) relevant.
IEEE 802.3	ist ein Bussystem, das als Zugriffsmethode CSMA/CD benutzt.
IEEE 802.4	ist ein Bussystem, das Token Passing als Zugriffsmethode benutzt (Token Bus).
IEEE 802.5	ist ein Ringsystem, das Token Passing als Zugriffsmethode benutzt (Token Ring).
IEEE 802.6	Distributed Queue Dual Bus (DQDB)
IEEE 802.7	RF Broadband LANs
IEEE 802.8	Optical Fibre LANs
IEEE 802.9	Integrated Voice and Data
IEEE 802.10	LAN/MAN Interoperabilität und sicherer Datenaustausch
IEEE 802.11	Wireless LANs (drahtlose LANs)
IEEE 802.12	100 Mbit/s switched LAN (100VGAnyLAN)
IEEE 802.13	nicht benutzt
IEEE 802.14	100 Mbit/s LAN mit CSMA-Zugriffsmethode (Fast Ethernet)

Abb. 2.34 zeigt, wie die einzelnen Standards zueinander in Beziehung stehen. In dieser Abbildung sind nicht alle Standards dargestellt. Sie soll lediglich einen Überblick geben und die Beziehung zwischen den einzelnen Standards deutlich machen.

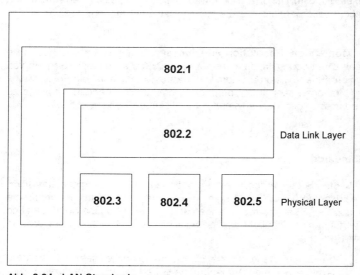

Abb. 2.34 - LAN-Standards

Im Falle von IEEE-802-LANs ist der Data Link Layer noch einmal unterteilt in einen **MAC-Sublayer** (Medium Access Control) und einen LLC-Sublayer (Logical Link Control), siehe Abb. 2.35. Der MAC-Sublayer regelt für jedes der 802.X-LANs den Zugriff auf das Übertragungsmedium und die Zuteilung von Übertragungskapazität auf die einzelnen Stationen.

Logical Link Control regelt den Zugriff von höheren Protokollen auf die Schicht 2. Dies ist notwendig, da mehrere höhere Schichten sich die Schicht 2 teilen. Die drei wesentlichen LLC-Typen sind:

LLC-Type 1: Dies ist ein Datagramm-Service (verbindungslose Übertragung). Die Information wird vom Data Link Layer (Schicht 2) nur soweit möglich beim Empfänger abgeliefert. Der Sender wird nicht benachrichtigt, wenn die Daten beim Empfänger nicht abgeliefert werden konnten. Dies muß in den höheren Schichten, z. B. im Application Layer, realisiert werden.

LLC-Type 2: Dies ist eine verbindungsorientierte Übertragung. Die übertragenen Datenpakete werden vom Sender explizit bestätigt und im Fehlerfalle (fehlendes Datenpaket oder fehlerhaftes Datenpaket) erneut übertragen. Flußsteuerung ist ebenfalls Bestandteil der LLC-Type 2. Das HDLC-Protokoll ist ein oft benutztes Protokoll, welches die erforderliche Funktionalität bereitstellen kann.

LLC-Type 3: Hierbei handelt es sich um einen Zwitter der beiden vorgenannten Typen. Es wird ein Datagramm-Service bereitgestellt (verbindungslos). Alle Datagramme müssen jedoch vom Empfänger bestätigt werden.

2.4.4 Aufbau eines 802.3-LANs

In Abb. 2.35 ist der grundsätzliche Aufbau dargestellt. Die OSI-Schichten 1 und 2 sind weiter unterteilt. Allen LANs ist der Standard 802.2 gemeinsam, also der Aufbau von Schicht-2-Rahmen und die Schicht-2-Steuerung, siehe Abb. 2.36 und Abb. 2.37. Die LANs unterscheiden sich jedoch hinsichtlich der benutzten Zugriffsverfahren. Die Aufgaben der Schicht 2 sind die Rahmenbildung, Reihenfolgekontrolle und Flußkontrolle. Eine Schicht 3 (Vermittlungsschicht) wird nicht benötigt, da alle angeschlossenen Stationen im LAN alle anderen Stationen "mithören", d. h., alle Signale stehen an den angeschlossenen Stationen zur Verfügung. Die Unterschicht Logical Link Control stellt allen Applikationen eine definierte und einheitliche Schnittstelle für logische Verbindungen bereit, sie ist bis auf ein paar Ausnahmen mit der HDLC-Prozedur identisch.

Die Schnittstelle zwischen der MAC-Unterschicht der physikalischen Schicht beinhaltet alle Signale für Rahmenbildung und Kollisionsauflösung. Deshalb müßte man eigentlich einen Teil der MAC-Schicht zur Schicht 1 zählen, gestrichelte Linie in Abb. 2.35.

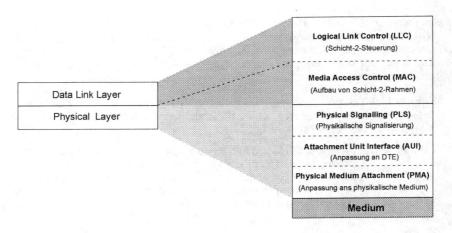

Abb. 2.35 - Unterteilung der OSI-Schichten 1 und 2 eines 802.3-LANs

2.4.4.1 Ethernet und 802.3-LAN

Das **Ethernet** wurde 1980 als Ethernet Version 1 vorgestellt und von DEC-Intel-Xerox entwickelt. Dieses Ethernet war später die Grundlage für das 802.3-LAN von IEEE, das 1990 als ISO-Standard publiziert wurde. Gleich vorab, ein Ethernet-LAN und 802.3-LAN haben etwas unterschiedliche Header. Beide LANs werden von der Hardware (Netzkarten) gleichermaßen unterstützt und können auf einem Kabel koexistieren. Seit 1990 wird Ethernet-Equipment praktisch nur noch nach dem 802.3-Standard produziert. Trotzdem spricht man umgangssprachlich von "Ethernet". Dieser Standard wird periodisch überarbeitet, um immer auf dem neuesten Stand zu sein. Zur Zeit arbeitet man an einem Gigabit-Ethernet-Standard.

Im Folgenden werden wir uns im wesentlichen auf das 802.3-LAN konzentrieren und nur auf wesentliche Unterschiede zum Ethernet-LAN eingehen. Dabei sollte man stets daran denken, daß in vielen Artikeln beide Ausdrücke synonym gebraucht werden.

Die Topologie eines Ethernets entspricht einem Bussystem. Die physikalische Verkabelung kann jedoch sternförmig erfolgen. Sternkoppler bilden dann den logischen Bus des Ethernets auf einen physikalischen Stern ab. Lastverteilung und Strukturierung großer Netze erfolgen mit Hilfe von Bridges und Routern.

2.4.4.2 Rahmenformate

Ein Ethernet-LAN und ein 802.3-LAN haben unterschiedliche Rahmenformate. Die Rahmenformate sind in den Abb. 2.36 und Abb. 2.37 dargestellt. Das Feld Preamble benutzt der Empfänger, um sich aufzusynchronisieren. Das Feld SFD hat das Bitmuster 10101011 und kennzeichnet den Rahmenbeginn. Im Feld Destination ist die

Zieladresse angegeben. Es ist wie das Feld Source (Ursprungsadresse) in der Regel 6 Bytes lang. Es ist zwar auch möglich, 2-Byte-Adressen zu benutzen, doch wird davon selten Gebrauch gemacht. In einem LAN kann man auf keinen Fall 2-Byte-Adressen und 6-Byte-Adressen mixen.

Das Feld Protocol gibt im Falle eines Ethernet-LANs das verwendete Protokoll an. Dieses Feld ist im 802.3-Rahmen nicht vorhanden, statt dessen finden wir hier das Feld Length. Dieses gibt die Anzahl der Oktette (Bytes) im LLC-Datenfeld an. Dann folgen im 802.3-Rahmen das DSAP-Feld (Destination Service Access Point) und das SSAP-Feld (Source Service Access Point). Das CTL-Feld (Control-Feld) ist zwei Bytes lang, wenn die Rahmen Sequenznummern enthalten. In allen anderen Fällen ist es ein Byte lang. Beide Rahmen werden mit dem FCS-Feld (Frame Check Sequence) abgeschlossen. In diesem Feld wird das Ergebnis der CRC-Prüfung (Cyclic Redundancy Check) übertragen. Diese Prüfung wird mit Hilfe eines Generatorpolynoms durchgeführt, beginnend mit dem ersten Adreßfeld und inklusive des PAD-Feldes bzw. Datenfeldes. PAD-Bytes werden dann eingefügt, wenn die minimale Rahmenlänge sonst nicht erreicht würde.

Die maximale Rahmenlänge eines 802.3-LANs ist 1518 Oktette. Die minimale Rahmenlänge ist 64 Oktette (512 Bits).

Preamble	Destination	Source	Protocol	Data	FCS
8 Bytes	6 Bytes	6 Bytes	2 Bytes	n Bytes	4 Bytes
(Vorspann)	(Ziel)	(Ursprung)	(Protokoll)	(Daten)	(Prüfsumme)

Abb. 2.36 - Ethernet-Rahmen

Preamble	SFD	Destination	Source	Length	Logical Link Control			FCS
					DSAP	SSAP	CTL	Data and PAD Field	
8 Bytes	1 Byte	6 Bytes	6 Bytes	2 Bytes	1 Byte	1 Byte	1 (2) Byte	n Bytes	4 Bytes
(Vorspann)	(Rahmenanfang)	(Ziel)	(Ursprung)	(Länge)	(Schicht-2-Steuerung)			(Datenfeld, Füll-Bytes)	(Prüfsumme)

Abb. 2.37 - 802.3-Rahmen (MAC-Rahmenformat)

2.4.4.3 LAN-Adressen

Hierzu ist zwischen zwei Adressenformaten zu unterscheiden, nämlich einem 16-Bit-Adressenformat und einem 48-Bit-Adressenformat. Das erste Bit der Adresse wird benutzt, um anzuzeigen, ob es sich um eine **Individualadresse** oder um eine **Gruppenadresse** handelt. Wenn das erste Bit auf "0" gesetzt ist, so handelt es sich um eine Individualadresse, im anderen Fall, erstes Bit auf "1", um eine Gruppenadresse. Wird das 48-Bit-Adressenformat benutzt, so wird das zweite Bit benutzt, um zwischen einer lokal administrierten oder einer global (universal) administrierten Adresse zu unterscheiden. Global administrierte Adressen haben das zweite Bit auf "0" gesetzt, und lokal administrierte Adressen haben das zweite Bit auf "1" gesetzt.

Global administriert bedeutet, Hersteller von Controller-Chips können sich von IEEE, die die Adressen verwalten, Adressenblöcke kaufen. Ein Adressenblock ist eine feste Bitkombination der ersten drei Adreßbytes. Die restlichen 3 Bytes können von dem Hersteller beliebig vergeben werden. D. h., ein Adreßblock sind 2^{24} = 16 777 216 Adressen. Diese Adressen sind dann weltweit eindeutig. Da aber niemand gezwungen werden sollte, Adressen bei IEEE einzukaufen, wurde das Bit (global/lokal) eingeführt. Wenn das Bit (lokal) gesetzt ist, heißt dies in der Praxis, daß der Network-Controller/Manager für die Verwaltung der Adressen in seinem Netz zuständig ist. Er muß darauf achten, daß keine Adreßkollisionen (Mehrfachvergabe einer Adresse) vorkommen. Sobald dieses privat/lokal administrierte Netz mit einem anderen Netz verbunden wird, sind Adreßprobleme meist die Folge. In der Praxis werden überwiegend Adressen verwendet, die von IEEE vergeben (eingekauft) wurden und damit weltweit eindeutig sind. Die beiden Adressenformate zeigt Abb. 2.38.

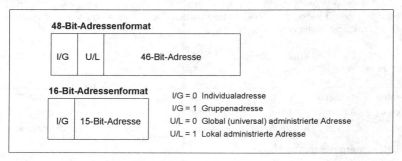

Abb. 2.38 - Adressenformate

Eine Individualadresse bezieht sich direkt auf eine bestimmte Station in einem Netz. Eine Gruppenadresse kann entweder eine

- Multicast-Gruppenadresse oder
- Broadcast-Adresse

sein. Eine **Multicast-Gruppenadresse** kennzeichnet eine Gruppe von Stationen, die entsprechend von Konventionen, die in höheren Schichten festgelegt sind, logisch zusammengehören. Eine **Broadcast-Adresse** bezieht sich auf alle Stationen in einem gegebenen LAN. Die Broadcast-Adresse wird durch lauter "1" repräsentiert (alle Bits auf "1" gesetzt). Dies gilt sowohl für 16-Bit-Adressen als auch für 48-Bit-Adressen, wobei man in der Praxis eigentlich nur noch 48-Bit-Adressen antrifft. Alle an einem LAN angeschlossenen Stationen müssen in der Lage sein, diese Broadcast-Adresse zu erkennen. Es ist nicht notwendig, daß sie die Adresse generieren können.

Ab jetzt werden wir, nachdem die Unterschiede zwischen einem Ethernet-LAN und einem 802.3-LAN behandelt worden sind, wie meist in der Literatur üblich, IEEE-802.3-LAN und Ethernet synonym benutzen.

2.4.4.4 Zugriffsverfahren

Ethernet-LANs arbeiten mit dem **CSMA/CD-Verfahren**. CSMA/CD steht für "Carrier Sense Multiple Access with Collision Detection". Diese Abkürzung steht für die Art des Zugriffes eines Systems auf das LAN. Der Zugriff funktioniert folgendermaßen:

Carrier Sense bedeutet soviel wie, eine an das Netz angeschlossene Station überträgt erst Daten, wenn sie festgestellt hat, daß das Medium (Netz) idle (frei) ist, d. h. keine andere Station Daten überträgt. **Multiple Access** bedeutet, die angeschlossenen Stationen teilen sich das gleiche Medium. **Collision Detection** heißt, eine Station überwacht das Medium ständig (auch während der eigenen Übertragung). So kann eine Station feststellen, wenn eine Kollision auftritt. Wenn eine Kollision auftritt, stellt die Station sofort das Senden ein und fährt fort, die Aktivitäten auf dem Netz zu überwachen. Damit jede Station einmal zum Senden kommt, gibt es ein ausgeklügeltes Verfahren, wann eine Station wieder auf das Netz zugreifen kann, nachdem sie z. B. ein Datenpaket erfolgreich gesendet hat, und wann eine Station wieder zugreifen darf, nachdem eine Kollision aufgetreten ist. So wird eine bestimmte Fairneß des Zugriffes sichergestellt. Nun kann man sich natürlich fragen, wie es zu einem simultanen Zugriff auf das Netz kommen kann, wenn jede Station vor dem Senden überprüft, ob das Netz idle ist. In der Praxis muß der Zugriff nicht hundertprozentig simultan sein, um zu einer Kollision zu führen. Hier spielt die räumliche Entfernung zwischen den einzelnen Stationen (Signallaufzeit) eine Rolle. Es kann also sein, daß eine Station feststellt, daß das Netz frei (idle) ist, aber trotzdem eine andere Station schon den Sendevorgang begonnen hat. Hier spielt die ganz normale Laufzeit der Signale auf dem Netz (Kabel) die entscheidende Rolle. Je geringer die räumliche Ausdehnung eines Netzes ist, desto unwahrscheinlicher ist das Auftreten von Kollisionen.

2.4.5 LAN-Realisierungen auf Ethernetbasis

Es gibt unterschiedliche Realisierungen von Ethernet-LANs. Die einzelnen Realisierungen unterscheiden sich im wesentlichen durch das verwendete Kabel und die Anschlußtechnik. Abb. 2.39 zeigt die derzeit gängigen Übertragungsmedien für 10-Mbit/s-Ethernetsysteme.

Die einzelnen Übertragungsmedien zeigen von links nach rechts auch die zeitliche Abfolge. Das älteste und heute kaum mehr für Neuinstallationen eingesetzte Medium ist **10Base5**. Es gibt aber wohl noch eine installierte Basis.

Medium Access Control (MAC)			
(Zugriffssteuerung auf das Übertragungsmedium)			
10Base5	10Base2	10BaseT	10BaseF
Thick Coax	Thin Coax	Twisted Pairs	Fibre Optic
(Dickes Koax-Kabel)	(Dünnes Koax-Kabel)	(Verseilte Doppeladern)	(Lichtwellenleiter)

Abb. 2.39 - Übertragungsmedien für Ethernet

2.4.5.1 10Base5

Das bis vor wenigen Jahren noch am meisten verbreitete LAN war 10Base5. Diese Notation ist die abgekürzte Schreibweise für ein Ethernet-LAN mit einer Übertragungsrate von **10** = 10 Mbit/s, **Base** = Basisbandverfahren und einer Segmentlänge von maximal **5** = 500 m. Es ist gemeinhin auch als "Thick Ethernet" bekannt, da es mit dickem 50-Ohm-Koaxialkabel, RG 8, realisiert wird. Dieses Kabel kann nur Bitraten bis 10 Mbit/s übertragen. Es sollte deshalb auf keinen Fall mehr für Neuinstallationen verwendet werden.

Der Anschluß der Stationen erfolgt mit einem 15-Pin-D-Connector, welcher als **Attachment Unit Interface (AUI)** bezeichnet wird. Das AUI-Kabel darf eine maximale Länge von 50 m haben. Einzelne Segmente können mit Repeater miteinander verbunden werden. Repeater werden benutzt, um die Ausdehnung eines Ethernet-LANs zu vergrößern. Zwei LAN-Segmente können mit Repeater direkt miteinander verbunden werden oder mit einer Intersegment Link, wobei zwei Paare von Repeater-Einheiten, oft auch als Half Repeater bezeichnet, verwendet werden. In einem LAN dürfen maximal 4 Repeater im Pfad zwischen irgendwelchen Stationen im Netz vorkommen.

Die Kenngrößen eines 10Base5-LANs sind:

10Base5

Parameter	Wert
Topologie	Bus
Übertragungsrate	10 Mbit/s
Max. Segmentlänge	500 m
Kabeltyp	50-Ohm-Kabel (dickes Koaxialkabel)
Steckertechnik	DB-15 AUI
Max. Anzahl Stationen pro Segment	100 (MAU)
Max. Länge	2500 m

2.4.5.2 10Base2

10Base2 ist die abgekürzte Schreibweise für ein Ethernet-LAN mit einer Übertragungsrate von 10 Mbit/s, Basisbandverfahren und einer Segmentlänge von maximal 185 m. 10Base2 ist auch als "Thin Ethernet" oder "Cheapernet" bekannt. Als Kabel wird ein dünnes RG-58-Koaxialkabel benutzt. Dieses Kabel hat einen Durchmesser von 0,19 Zoll (ca. 0,5 cm). Das Kabel wird mit sogenannten BNC-T-Adaptern mit den Stationen verbunden, wie in Abb. 2.40 dargestellt. Cheapernet-Transceiver sind nicht mehr gebräuchlich.

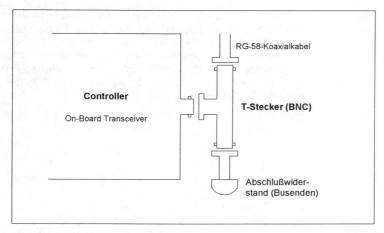

Abb. 2.40 - Cheapernet-Anschlußtechnik

Der minimale Abstand, der zwischen zwei Stationen eingehalten werden muß, beträgt 0,5 m. Ferner dürfen zwischen zwei Stationen maximal 4 Repeater eingesetzt werden. Die Kenngrößen eines 10Base2-LANs sind:

10Base2

Parameter	Wert
Topologie	Bus
Übertragungsrate	10 Mbit/s
Max. Segmentlänge	185 m
Kabeltyp	50-Ohm-Kabel (RG-58)
Steckertechnik	BNC
Max. Anzahl Stationen pro Segment	30 (MAU)
Max. Länge	900 m

2.4.5.3 10BaseT

Die heute gebräuchlichste Form eines Ethernet ist **10BaseT**. 10BaseT wurde 1986 auf geschirmten Kabeln eingeführt. Dieser Kabeltyp wird als **STP** (Shielded Twisted Pairs) bezeichnet. 1987 wurde diese Technologie dann auch auf **UTP** eingeführt. Hier werden die 10 Mbit/s über ungeschirmte Leitungen übertragen. Diese ungeschirmten Leitungen werden als UTP (Unshielded Twisted Pairs) bezeichnet. 10BaseT-Netzrealisierungen beruhen auf einem hierarchischen HUB-Prinzip. Der HUB ist gleichzeitig Verstärker und Konzentrator, er empfängt die Signale, verstärkt (regeneriert) sie und gibt sie auf allen HUB-Ports wieder aus. Die Ausdehnung eines 10BaseT bei Benutzung von Glasfaserkabeln zur Verbindung von einzelnen Segmenten kann bis zu 10 km betragen. Die Segmentlänge darf in diesem Falle nur etwa 100 m betragen. Physikalisch entsprechen 10BaseT-Realisierungen einer Stern-

Topologie, logisch sind sie als Bus realisiert. Der Vorteil von 10BaseT-Realisierungen gegenüber physikalischen Bus-Topologien liegt auf der Hand. Ein Kabelfehler, z. B. Kabelbruch, wirkt sich nur noch auf eine einzige Station aus. Der logische Bus ist dennoch voll funktionsfähig, siehe Abb. 2.41. Man darf jedoch nicht übersehen, daß mit der Zentralisierung im HUB der HUB selbst zum ausfallkritischen Teil eines LANs geworden ist. Deshalb werden HUBs oft teilweise redundant aufgebaut, z. B. durch Duplizierung der Stromversorgung.

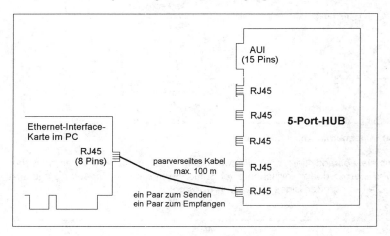

2.41 - Anschalten eines PCs an einen HUB

10BaseT-LANs können mit UTP-Kabel realisiert werden. Es werden RJ45-Verbindungen (Stecker und Dosen) benutzt. RJ45-Verbindungen werden auch für ISDN-Geräte (Telefone etc.) verwendet. Die Kenngrößen eines 10BaseT-LANs sind:

10BaseT

Parameter	Wert
Topologie	physikalisch --> Stern, logisch --> Bus
Übertragungsrate	10 Mbit/s
Max. Segmentlänge	100 m
Kabeltyp	ungeschirmtes, paarverseiltes Kabel (UTP)
Steckertechnik	RJ45
Max. Anzahl Stationen pro Segment	1 (HUB-Realisierung)

2.4.6 Token Passing

Es gibt 2 IEEE-Standards für Token-Passing-LANs. Dies sind:
- Token Bus: IEEE 802.4
- Token Ring: IEEE 802.5

FDDI benutzt ebenfalls ein Token-Verfahren. FDDI wird von ANSI herausgegeben und gepflegt.

2.4.6.1 Token Ring

Token-Ring-LANs implementieren eine logische Ring-Topologie auf einem physikalischen Stern, siehe Abb. 2.42. Damit verursacht auch ein einzelner Kabelfehler bei einem Ring keinen Totalausfall eines Netzes mehr. Das am weitesten verbreitete LAN mit Ring-Topologie ist das Token-Ring-LAN. Token-Ring-LANs haben eine Übertragungsrate von 4 Mbit/s oder 16 Mbit/s. In einem Token-Ring-LAN wird der "HUB" als MAU (Multistation Access Unit) bezeichnet.

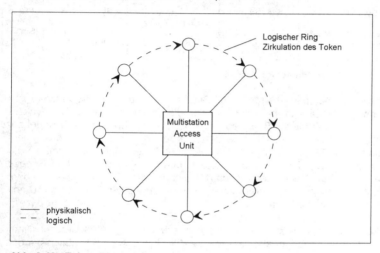

Abb. 2.42 - Token-Ring-LAN

In einem Token-Ring-LAN muß eine Station, die senden will, das "Frei-Token" vom Ring nehmen und kann dann vom Hören-Modus (Listening Mode) in den Senden-Modus übergehen. Dazu muß natürlich das Frei-Token auf dem Ring verfügbar sein. Das Frei-Token wird durch ein bestimmtes Bitmuster realisiert und rotiert ständig auf dem Ring. Ist das Token frei, kann es von einer Datenstation belegt werden, und diese Datenstation kann ihre Nutzdaten an das Token anhängen.

Eine Station, die das **Frei-Token** besitzt, kann Daten übertragen. Damit die eigene Sendung nicht gestört wird, sendet die Station ein **Belegt-Token** (Bitmuster). Solange das Frei-Token nicht auf dem Ring verfügbar ist, darf keine Station ihren Zustand wechseln, d. h., alle anderen Stationen bleiben im Listening-Mode. Eine Station muß das Token nach einer bestimmten Zeitspanne oder nach Beendigung einer Übertragung abgeben. Sobald das von der sendenden Station erzeugte Belegt-Token wieder bei ihr eintrifft, wird es von ihr absorbiert (alle von ihr gesendeten Daten werden vom Ring genommen) und ein Frei-Token erzeugt. Das Frei-Token wird an die nächste(n) Station(en) weitergereicht.

Das Token-Ring-Rahmenformat zeigt Abb. 2.43. In dieser Abbildung stellen die ersten drei Bytes das Token dar. Mit dem Byte Access wird eine Prioritätensteuerung für freie Token realisiert. Das Byte Frame gibt an, ob es sich um einen Steuerrahmen oder um ein Datenpaket handelt. Destination und Source kennen wir bereits. Hier werden die Ziel- und die Ursprungsadresse eingetragen. Dann folgt das eigentliche Nutzdatenfeld. Mit 4 Bytes wird die Frame-Check-Sequenz gebildet. End ist die Kennzeichnung für das Ende des Informationspaketes. Im Feld Status wird angegeben, ob das Paket von der Empfängerstation akzeptiert wurde. Falls das Statusbyte unverändert zurückkommt, zeigt dies an, daß die Empfängerstation nicht aktiv war.

Start	Access	Frame	Destination	Source	Daten	FCS	End	Status
1 Byte	1 Byte	1 Byte	6 Bytes	2 Bytes	variable Länge	4 Bytes	1 Byte	1 Byte
(Start)	(Zugriffspriorität)	(Rahmentyp)	(Ziel)	(Ursprung)		(Prüfsumme)	(Ende)	(Status)

Abb. 2.43 - Token-Ring-Rahmenformat

Die maximale Rahmenlänge beträgt 4500 Oktette bei einer Übertragungsrate von 4 Mbit/s und 18000 Oktette bei einer Übertragungsrate von 16 Mbit/s. Token-Ring-LANs benötigten anfangs STP-Kabel. Inzwischen können auch UTP-Kabel zur Realisierung von Token-Ring-LANs eingesetzt werden. An ein Token-Ring-Segment könnten bis zu 260 Stationen angeschaltet werden. Sollen mehr Stationen an ein Netzwerk angeschlossen werden, so kann dies über zwischengeschaltete Bridges realisiert werden. Ohne Verstärker können Kabellängen bis 800 m realisiert werden. Sind größere Entfernungen zu überbrücken, bieten sich Lichtwellenleiter an. Damit können bis zu 200 km überbrückt werden.

Typische Störungen auf einem Token-Ring-Netz sind Fehler, deren Ursache Jitter (Phasenverschiebung des Signals) ist. Dieser Fehler tritt fast ausschließlich bei der 16-Mbit/s-Variante auf und ganz besonders dann, wenn UTP-Kabel benutzt wird. Die Spezifikation von IBM sieht nach wie vor STP-Kabel für Token-Ring-LANs vor. Neuere Chipsätze für Token Ring sind jedoch in der Lage, diesen Jitter zu eliminieren.

Ein anderes Problem, welches im Zusammenhang mit Token-Ring-LANs auftritt, ist **"Beaconing"**. Beaconing kann mit Leuchtfeuer übersetzt werden. Dieses Signal wird von einer Station gesendet, die an den Token Ring angeschaltet ist, wenn sie keine gültigen Tokens bzw. Frames mehr empfängt. Die Station versucht dann, sich wieder an den Ring anzuschalten. Dazu startet sie den "Ring-Contention-Prozeß". Schlägt die Anschaltung an den Ring fehl, so sendet die Station ein bestimmtes Signal (Beacon) in Richtung der nächsten Station (downstream). Das Signal beinhaltet die Adresse der sendenden Station und die Adresse der nächsten Station (upstream). Mit diesen zwei Adressen kann der Fehler lokalisiert werden. Nach neueren Untersuchungen ist die am häufigsten auftretende Fehlerursache (> 90 %) in Token-Ring-LANs die Anschaltung von Stationen mit der falschen Geschwindigkeit, wenn man also z. B. eine 4-Mbit/s-Station an einen 16-Mbit/s-Ring anschaltet. Inzwischen gibt es erste Bausteine, die vor der Anschaltung an den Ring die Geschwindigkeit überprüfen, um genau diesen Fehler zu vermeiden.

Mit STP-Kabeln wird bei der 4-Mbit/s-Variante eine Ausdehnung von 250 m, mit UTP-Kabeln ca. 150 m erreicht. Für die 16-Mbit/s-Variante werden ca. 150 m mit STP- und ca. 100 m mit UTP-Kabeln erreicht.

Kenngrößen eines Token-Ring-LANs

Parameter	Wert
Bruttodatenrate	4 bzw. 16 Mbit/s
Max. erreichbare Nettodatenrate	0,8 bis 0,85 der Bruttodatenrate
Zugriffsverfahren	Token Passing, deterministisch
Max. Rahmengröße	4,5 bzw. 18 kBytes
Max. Anzahl Stationen	260 bzw. 188
Max. Entfernung zum Rechner	150 m (Dämpfung < 26 dB)

2.4.6.2 Token Bus

Es wird das gleiche Zugriffsprinzip wie bei Token Ring (Token Passing) verwendet. Das LAN ist physikalisch als Bus realisiert. Darauf wird logisch ein Ring abgebildet. Token-Bus-Netze sind relativ selten.

2.4.7 High-Speed-MANs und -LANs

Die meisten werden sich die Frage stellen, wofür werden Hochgeschwindigkeits-LANs und -MANs benötigt. Sie werden benötigt für Computer Aided Manufacturing (computerunterstützte Produktion), Computer Aided Design (computerunterstütztes Design/Konstruktion) und andere moderne Entwicklungs- und Produktionsverfahren. Andere Anwendungsfelder, die hohe Übertragungsraten benötigen, sind Multimedia und ganz speziell Multimedia-Video-Konferenzen. Wir werden High-Speed-MANs und -LANs nur kurz behandeln; ganz können wir jedoch nicht darauf verzichten, da diese Standards bei der Zusammenschaltung kommerzieller Netze eine gewisse Rolle spielen.

2.4.7.1 IEEE 802.6 (Metropolitan Area Network)

Dieser Standard wurde geschaffen, um High-Speed-Verbindungen innerhalb von geographischen Gebieten mit einer größeren Ausdehnung bereitzustellen. Die Ausdehnung eines MANs liegt in der Größenordnung von 50 - 200 km. Die Spezifikation wird als "Distributed Queue Dual Bus" (DQDB), siehe auch Abb. 2.44, bezeichnet. Die max. Übertragungsrate ist 155 Mbit/s. Implementierungen mit Übertragungsraten von 2 Mbit/s, 34 Mbit/s, 45 Mbit/s etc. sind ohne weiteres möglich. Die DQDB-Schicht, welche in etwa der MAC-Schicht bei LANs entspricht, bietet jedoch mehr

Dienste. Neben verbindungslosen Diensten werden verbindungsorientierte und isochrone Dienste, z. B. für Sprachübermittlung oder Video mit konstanter Bitrate, bereitgestellt. Erstere über sogenannte "Queue Arbitradet (QA) Functions" und letztere über "Pre-Arbitradet (PA) Functions". Da isochrone Dienste zeitkritisch sind, müssen genügend Slots im voraus reserviert werden, damit die Zeitkriterien eingehalten werden können. QA-Slots werden mittels einer verteilten Warteschlange vergeben, während PA-Slots bereits in der Verbindungsaufbauphase reserviert (vorbelegt) werden. Diese stehen dann nicht mehr für QA-Zugriffe zur Verfügung.

Wesentlicher Vorteil eines DQDB-MANs ist die Kompatibilität mit den Übertragungsraten und Zellgrößen des Breitband-ISDN. Ein Hauptanwendungszweck ist, hohe Übertragungsraten zur LAN-LAN-Kopplung bereitzustellen.

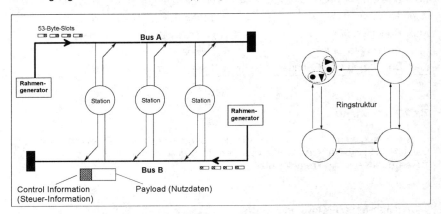

Abb. 2.44 - 802.6-Dual-Bus-MAN (Offener Bus und Ringstruktur)

Eine Ringstruktur kann sehr einfach erreicht werden, indem man den Anfang und das Ende der beiden Bussysteme im gleichen Knoten unterbringt.

Die **DQDB-Topologie** besteht aus zwei gegenläufig betriebenen Bussen. Daten werden in 53-Byte-Slots übertragen. Davon sind 5 Bytes allgemeine Steuerinformation, siehe Abb. 2.45. Von den verbleibenden 48 Bytes werden noch einmal 4 Bytes für Steuerzwecke jedes einzelnen Paketes benutzt, da die LLC-Rahmen größer sind als ein QA-Slot. Damit muß jeder LLC-Rahmen segmentiert und nach der Übertragung wieder neu zusammengesetzt werden. Hierfür werden vorgenannte 4 Bytes benötigt. Somit verbleiben für die reine Nutzdatenübertragung pro Slot 44 Bytes.

Um auf den Bus zuzugreifen, unterhält der Bus-Controller für jede Übertragungsrichtung einen Zähler. Der Zähler wird erhöht für jeden Slot-Request, der vom Ziel kommt, und wird erniedrigt für jeden freien Slot in Richtung Ziel. Sobald der Zähler, wenn er an einer Station ankommt, Null ist, kann die Station den nächsten freien Slot zur Übertragung nutzen. Somit hat jede Station (Node) jederzeit die Information über den aktuellen Netzzustand. Abb. 2.46 verdeutlicht die Reservierung eines Slots auf dem Bus.

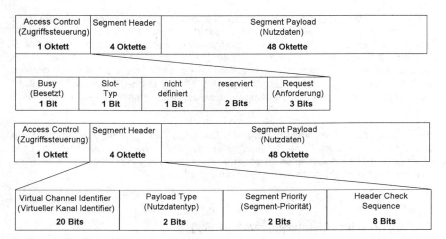

Abb. 2.45 - 802.6-Rahmenformate

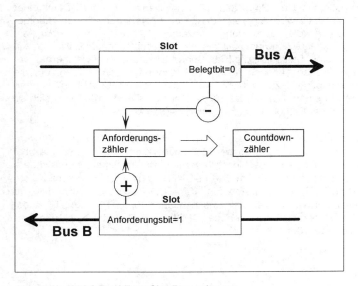

Abb. 2.46 - 802.6 Dual Bus: Slot-Reservierung

Wenn z. B. der Knoten 10 einen Slot auf Bus A reservieren will (in die Warteschlange stellen), so setzt er das Request-Bit (Anforderungsbit) in der entgegengesetzten Richtung, also auf Bus B auf **"1"**. D. h., jeder Knoten, der vor dem Knoten 10 kommt (Knoten 9, 8, ...), weiß nun, daß ein Knoten, der nach ihm kommt, bereits ein Slot zur Übertragung in die Warteschlange gestellt hat. Dies bedeutet, der Knoten 9 muß warten, bis der Knoten 10 seine Daten in einem Slot übertragen hat. Knoten 9 muß nun nur noch zählen, wie viele freie Slots auf Bus A "vorbeikommen". Die Differenz in dem Anforderungszähler entspricht der Anzahl von Knoten/Stationen, die noch vor ihm in der Warteschlange stehen. Wenn nun der Knoten ein Datenpaket zur Übertragung auf den Bus geben will, so überträgt er den gegenwärtigen Wert des Anforderungszählers in einen Countdown-Zähler. Der Countdown-Zähler wird nun seinerseits jedesmal um 1 verringert, wenn auf Bus A ein freier Slot (Belegtbit = 0) erkannt wird. Sobald der Countdown-Zähler den Wert **"0"** erreicht, weiß der Knoten, daß er nun mit der Übertragung an der Reihe ist, und überträgt seine Daten im nächsten Slot.

Abschließend sei noch erwähnt, daß die Dual-Bus-Topologie fehlertolerant ist, da praktisch jeder Knoten in der Lage ist, im Falle eines Ausfalls eines Knotens oder einer Leitungsstörung Rahmen zu generieren. Dies ist ein weiterer Vorteil. Eine Prioritätssteuerung ist ebenfalls Bestandteil der Spezifikation.

2.4.7.2 FDDI (Fibre Distributed Data Interface)

Dieser Standard wurde von ANSI entwickelt. Er beruht auf dem Token-Passing-Prinzip und setzt auf einem Dual-Ring-Netz mit Lichtwellenleitern auf. **FDDI** mit einer Bandbreite von 100 Mbit/s wird zur Verbindung von LANs innerhalb von Stadtgebieten benutzt. Auch die Verbindung einzelner LAN-Segmente über ein FDDI-Backbone (höhere Geschwindigkeit als die angeschlossenen LANs) ist ein häufiger Anwendungsfall. Stationen, die High-Speed-Links und Ausfallsicherheit benötigen (Class-A-Stationen), können auch direkt angeschlossen werden, um die 100-Mbit/s-Übertragungsrate zu nutzen. Im Falle von Kabelfehlern können **Class-A-Stationen** in einem Class-A-Netz (primärer und sekundärer Ring) sich so umkonfigurieren, daß der Betrieb aufrechterhalten werden kann.

Die maximale Entfernung zwischen zwei aktiven FDDI-Knoten ist 2 km bei Verwendung von Multimodefasern und 10 km bei Monomodefasern. Es können maximal 500 Stationen (Attachments) angeschlossen werden. Die maximal überbrückbare Entfernung liegt im Bereich von 100 km. Die FDDI-Topologie ist ein gegenläufig rotierender Token-Passing-Ring, siehe Abb. 2.47. Die FDDI-Technologie wurde zuerst für Lichtwellenleiter entwickelt. Sie ist inzwischen auch für UTP- und STP-Kabel verfügbar (Copper Distributed Data Interface, CDDI). Die max. überbrückbare Entfernung beträgt dann ca. 100 m.

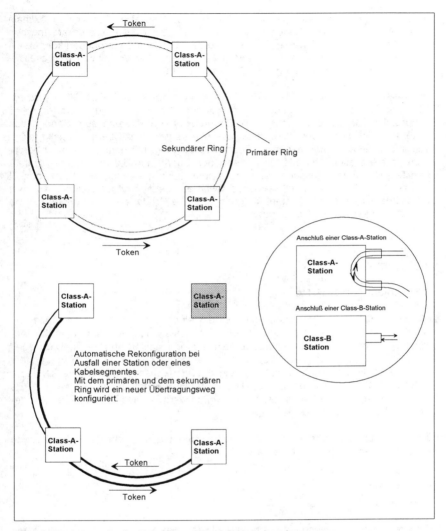

Abb. 2.47 - **Automatische Rekonfiguration bei Unterbrechungen**

2.4.7.3 100-Mbit/s-LANs

100BaseT, auch als **Fast Ethernet** bezeichnet, kann als eine 100-Mbit/s-Version des derzeitigen 802.3-Standards angesehen werden. Der Zugriff wird mit CSMA/CD realisiert. Damit bleibt der MAC-Sublayer unverändert. Wie der Name schon aussagt, werden "Twisted Pairs", also normale paarverseilte Kabel, als Übertragungsmedium benutzt. Werden UTP benutzt, so beträgt die maximale Entfernung zwischen einem HUB und einer Station 100 m. Ein 100BaseT-Netz kann eine maximale Ausdehnung von 210 m haben. Sind größere Distanzen zu überbrücken, müssen Repeater oder besser Bridges eingesetzt werden. Größere Entfernungen können mit Lichtwellenleiter-Links überbrückt werden. Ein wesentlicher Vorteil von 100BaseT ist die gleichzeitige Unterstützung von 10 Mbit/s und 100 Mbit/s.

100VG-AnyLAN baut nicht auf dem 802.3-Standard auf. Statt CSMA/CD wird ein "Demand Priority Protocol" benutzt, d. h., vor jeder Datenübertragung überträgt eine sendewillige Station eine Request-To-Send-Query (Anforderung zum Senden von Daten) an den HUB. Der HUB seinerseits überträgt, sofern Übertragungskapazität vorhanden, eine "Acknowledge-To-Send" (Bestätigung, mit dem Senden zu beginnen) an die Station. Der HUB regelt also den Zugriff und die Priorität des Datentransfers der angeschlossenen Stationen. Damit kann die verfügbare Netzkapazität zu nahezu 100 % ausgenutzt werden. Es werden vier Adernpaare anstatt der zwei bei 100BaseT benötigt. VG steht übrigens für Voice Grade, was soviel bedeutet wie für Sprachübertragungen geeignet.

2.5 Netztypen

2.5.1 Client-Server-Netze

Als Server dient im einfachsten Falle ein einzelner Rechner. Dieser verwaltet die Netzressourcen und stellt sie den **Clients** (Arbeitsstationen) zur Verfügung. Die Anwenderprogramme werden zentral auf dem Server installiert und gepflegt; er regelt die gemeinsame Nutzung von Programmen und Daten, auf die die Clients zugreifen. In größeren Netzen können mehr als ein Server existieren (Multi-Server-System), siehe Abb. 2.48. Ein Client-Server-Netz ist relativ einfach zu implementieren. Es kann entsprechend den Anforderungen erweitert werden. Dies ist, verglichen mit der Groß-EDV, ein entscheidender Vorteil.

Wenn mehrere Server in einem Netz installiert sind, gibt es in der Regel für folgende Aufgabenbereiche dedizierte Server:

- Fileserver
- Printserver
- Kommunikationsserver

Was geschieht nun, wenn ein Client einen Dienst des Servers nutzen will, z. B. ein Textverarbeitungsprogramm? Auf die Anforderung des Clients, das Textverarbeitungsprogramm zu nutzen, schickt der Server alle notwendigen Programme bzw. Programmteile zum Client. Diese werden in den Arbeitsspeicher des Clients geladen und stehen dann lokal zur Ausführung zur Verfügung. Dies kann überprüft werden, wenn ein spezielles Programm, wie z. B. InfoSpy, gestartet wird. Dieses Windowsprogramm zeigt unter anderem an, welche Module auf welchem Rechner geladen sind. Wenn, wie oben erwähnt, ein Textverarbeitungsprogramm geladen worden ist, wird auf dem Client das Textverarbeitungsmodul angezeigt, nicht aber auf dem Server. Im Falle eines Client-Server-Systems müssen jedoch nicht unbedingt alle Programme auf dem Server installiert werden. Es ist ohne weiteres möglich, Windows lokal zu installieren und die Anwendungsprogramme auf dem Server. Bei großen Netzen wird man schon aus Gründen der Programmpflege (neue Versionen, Updates) die meisten Programme zentral auf dem Server installieren.

Die Verwaltung von Zugriffsrechten eines Client-Server-Systems ist unproblematisch. Der Zugriff auf Kataloge, Dateien und Programme wird zentral auf dem Server geregelt. Dabei stehen sehr fein abgestufte Mechanismen zur Verfügung. Zugriffsrechte entsprechend einer bestimmten Unternehmensstruktur lassen sich elegant realisieren.

Gängige Client-Server-Betriebssysteme sind:
- OS/2 LAN Server von IBM
- Windows NT von Microsoft
- Novell Netware von Novell

Client-Server-Betriebssysteme stellen zusätzlich oft auch Peer-to-Peer-Funktionalität bereit. Zusammenfassend kann man sagen: Client-Server-Architekturen stellen die Rechnerleistung eines gesamten Netzes der Arbeitsstation zur Verfügung.

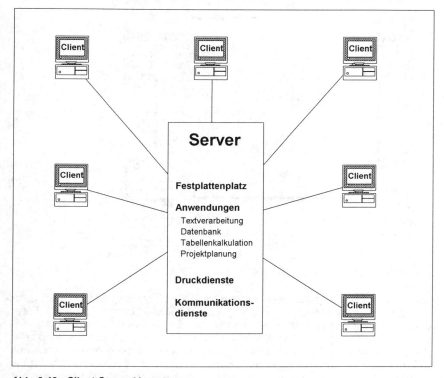

Abb. 2.48 - Client-Server-Vernetzung

2.5.2 Peer-to-Peer-Netze

Bei einer **Peer-to-Peer-Vernetzung** ist jeder Rechner, der ans Netz angeschlossen ist und über Plattenspeicher verfügt, ein potentieller Server. Jeder Rechner in einem Peer-to-Peer-Netzwerk kann seine Ressourcen (Festplattenplatz, Anwenderprogramme, an ihn angeschlossene Drucker, CDs) zur Nutzung durch andere am Netzwerk angeschlossene Stationen freigeben. Eine Station, die freigegebene Ressourcen auf einem anderen Rechner anfordert, ist in diesem Fall ein Client. Umgekehrt fungiert sie als Server, wenn eine andere Station bei ihr Ressourcen anfordert. Bei modernen Peer-to-Peer-Netzen ist wie bei Client-Server-Systemen auch eine abgestufte Freigabe von Ressourcen (abhängig vom Benutzernamen, Paßwort etc.) möglich. Peer-to-Peer-Vernetzung ist besonders für kleine Netze interessant, da dann die Ressourcen auf verschiedene Rechner verteilt werden können und kein Hochleistungsrechner erforderlich ist. Auf der anderen Seite sollte nicht verkannt werden, daß ressourcenintensive Anwendungen/Abfragen von "Clients" die "normale" Arbeit an dieser Station negativ beeinflussen können. Abb. 2.49 zeigt ein Peer-to-Peer-Netzwerk.

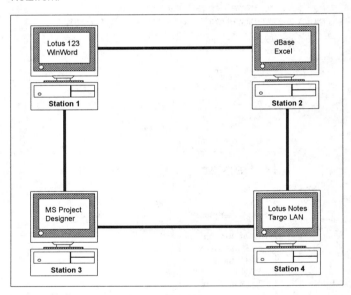

Abb. 2.49 - Peer-to-Peer-Netzwerk

Da typischerweise in einem Peer-to-Peer-Netz die einzelnen Stationen zum ganz normalen Arbeiten genutzt werden, ist Vorsicht geboten beim Abschalten dieser Stationen. Es könnte ja noch jemand anderes auf dem eigenen Rechner gerade eingelogt sein. Dies ist bei Client-Server-Systemen unkritisch, da der Server in aller Regel im 24-Stunden-Dauerbetrieb läuft oder zumindest während der Arbeitszeit voll funktionsfähig ist. Auch der heute so beliebte Abschaltmodus von Festplatten ist bei Peer-to-Peer-Netzen nicht ganz unkritisch. Manche Netzwerkbetriebssysteme für Peer-to-Peer-Netze haben damit einige Probleme.

Im Gegensatz zu einem Client-Server-System werden die Daten direkt zwischen den einzelnen Arbeitsstationen ausgetauscht. So holt sich beispielsweise Arbeitsstation 1 eine Datei direkt von der Arbeitsstation 3. In einem Client-Server-System würde die Arbeitsstation 1 die Datei in einem bestimmten Dateibereich auf dem Server ablegen und die Arbeitsstation 3 könnte sich die Datei dann von dort abholen. Mit Groupware, z. B. Lotus Notes, können die Dateien natürlich auch direkt an den Empfänger gesandt werden. Trotzdem ist bei jeder Aktion der Server involviert.

Ein Arbeitsplatz kann, wie wir gesehen haben, als Server und Client eingerichtet werden. Bei größeren Netzen (>10 Knoten) empfiehlt es sich, nicht alle Arbeitsplätze so einzurichten. Statt dessen sollten einzelne Stationen als dedizierte Server eingerichtet werden. In der Praxis bedeutet dies, daß so mit der Zeit ein Client-Server-Netzwerk mit bestimmten Arbeitsgruppen entsteht, die Peer-to-Peer-Funktionalität zusätzlich nutzen. Eine weitere Unterteilung bei großen Netzen in Fileserver, Printserver und Kommunikationsserver ist in aller Regel nicht nur sinnvoll, sondern unumgänglich.

Abschließend können wir deshalb festhalten, daß die "Glaubenskriege" zwischen Client-Server-Anhängern und Peer-to-Peer-Anhängern unsinnig sind. Für kleine Netze mit einigen wenigen Stationen wird man auch in der Zukunft keinen eigenen Rechner als dedizierten Server abstellen. Somit wird auf ein Peer-to-Peer-Netzwerk zurückgegriffen werden. Große Netze werden auch in Zukunft als Client-Server-Netzwerke realisiert werden. Dies schließt jedoch auf keinen Fall die zusätzliche Realisierung von Peer-to-Peer-Netzen für bestimmte Arbeitsgruppen aus. Gängige Peer-to-Peer-Betriebssysteme sind:

- Windows für Workgroups und Windows95 von Microsoft
- LANTASTIC von Artisoft
- Personal Netware von Novell

Artisoft hat seit Release 6.0 die Funktionalität seines Netzbetriebssystems erweitert. Mit der "Universal-Client"-Technologie von Artisoft kann ein Netz nun als Peer-to-Peer-Netz, als dediziertes Servernetz oder als eine Kombination von beiden konfiguriert werden.

2.6 Netzwerkschnittstellen

Netzwerkschnittstellen stellen die Verbindung zwischen einem Computer (PC, Workstation) und dem Netzwerk, z. B. Ethernet, Token Ring, FDDI, DFUE, her. Damit ein Computer mit anderen Computern über ein Netzwerk kommunizieren kann, ist ein Adapter (Netzwerkkarte) notwendig. Zusätzlich sind für die einzelnen Protokolle, die unterstützt werden sollen (TCP/IP, NetBIOS, IPX etc.), Treiber notwendig, die die Verbindung zwischen der Anwendungssoftware und dem Netzwerk herstellen. Wenn zwei Computer in einem Netzwerk miteinander kommunizieren wollen, müssen sie das gleiche Protokoll unterstützen. Dies heißt, hat ein Computer A, der mit Computer B kommunizieren will, das Protokoll TCP/IP eingestellt, so muß auch der Computer B das Protokoll TCP/IP unterstützen. Selbstverständlich ist es möglich, daß ein Computer mehrere Protokolle unterstützt. Voraussetzung hierfür ist, daß die entsprechenden Treiber auch installiert sind. Abb. 2.50 zeigt einen Windows95-Rechner, der verschiedene Protokolle installiert hat. In diesem Fall sind dies NetBEUI, IPX/SPX und TCP/IP. Diese Protokolle können für das angeschlossene LAN und auch für die Datenfernübertragung (DFÜ) genutzt werden.

Jeder Computer, der an ein Netzwerk angeschlossen wird, benötigt eine Netzwerkkarte (Netzwerkadapter), einen Netzwerktreiber, welcher die Netzwerkkarte steuert, sowie einen oder mehrere Protokolltreiber (NetBEUI, TCP/IP etc.), welche die Verbindung zu den höheren Schichten und den Netzwerktreibern herstellen.

Netzwerktreiber und **Protokolltreiber** müssen als gemeinsamer Treiber oder als zwei separate Softwaretreiber realisiert sein. Im ersteren Fall spricht man auch von monolitischen Stacks. Da letztere nur als sogenannte Realmode-Treiber zur Verfügung stehen, sollten, wenn immer möglich, getrennte Treiber installiert werden.

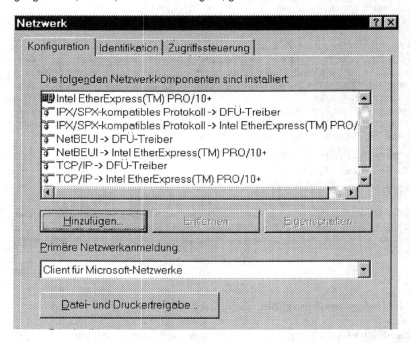

Abb. 2.50 - Konfiguration eines PCs, der unterschiedliche Protokolle unterstützt

2.6.1 NetBEUI

NetBEUI steht für "NetBIOS Extended User Interface" und ist, wie der Name schon sagt, eine gegenüber NetBIOS erweiterte Benutzerschnittstelle. Es kann als ein Transportprotokoll gesehen werden, welches auf NetBIOS aufbaut. Da dieses Protokoll über <u>keine</u> Routingeigenschaften verfügt, kann es nur in einem Netzwerksegment verwendet werden bzw. in LAN-Segmenten, die über Bridges miteinander verbunden sind. Dieses Protokoll wird von praktisch allen gängigen Betriebssystemen wie Windows for Workgroups, LAN Manager, Windows NT Server u. a. unterstützt. Eingeführt wurde NetBEUI 1985 von IBM.

Der Vorteil von NetBEUI ist die hohe Performance (hoher Datendurchsatz, da wenig Overhead) innerhalb von LAN-Segmenten bis maximal 200 Stationen. Deshalb ist es sinnvoll NetBEUI immer als Default-Protokoll zu installieren und als zusätzliches Protokoll z. B. TCP/IP oder IPX/SPX. NetBEUI wird dann automatisch innerhalb eines LAN-Segmentes benutzt und TCP/IP oder ein anderes Protokoll als Protokoll zur Kommunikation außerhalb eines LAN-Segmentes.

2.6.2 NetBIOS

NetBIOS steht für "Network Basic Input/Output System". NetBIOS ist eine der wichtigsten Schnittstellen, wenn man sich die PC-Entwicklung ansieht. NetBIOS ist eine IBM-Entwicklung und hat Funktionsanteile der OSI-Schichten 2 bis 5. NetBIOS ist hardwareunabhängig und wurde mit dem IBM-PC-Netz eingeführt. Es kann somit in Ethernet-Netzen, Token-Ring-Netzen etc. eingesetzt werden. NetBIOS ist nicht routingfähig. Mit NetBIOS hatte IBM gleichzeitig einen Quasi-Standard zwischen einem Betriebssystem (DOS) und einem Netz festgelegt. NetBIOS realisiert Teile der Schicht 2 des OSI-Referenzmodells und stellt Funktionen der Schichten 2-5 bereit, siehe Abb. 2.51.

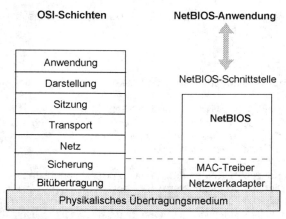

MAC: Medium Access Control

Abb. 2.51 - NetBIOS im Vergleich zu den OSI-Schichten

NetBIOS unterstützt symbolische Namen, d. h., Anwendungsprogramme können über symbolische Namen und nicht nur über Netzadressen miteinander kommunizieren.

Es wird über ein Application Programming Interface (API) angesprochen und stellt Funktionen für

- allgemeine Steuerungsfunktionen (Rücksetzen des Adapters, Status des Adapters etc.),
- Sitzungssteuerung,
- Unterstützung symbolischer Namen,
- Unterstützung von Datagramm-Services und
- Datenübermittlung innerhalb einer Sitzung

zur Verfügung.

Die Schicht 2 unterstützt verbindungsorientierte und verbindungslose Dienste. Bei verbindungslosen Diensten spricht man in diesem Zusammenhang auch von einem User Datagram Service.

Interessant ist sicherlich, daß die Schicht 3 lediglich als "Nullschicht" implementiert wurde. Dies ist auch der Grund, weshalb das Protokoll nicht routingfähig ist. Dies war zum Zeitpunkt der Entwicklung (1984) noch nicht so aktuell, wie dies heute der Fall ist. Auch die Anzahl symbolischer Namen, die von NetBIOS unterstützt werden, ist limitiert.

Die Transportschicht (OSI-Schicht 4) stellt Punkt-zu-Punkt-Verbindungen her. Das Herstellen von logischen Verbindungen zwischen zwei Ressourcen mit Hilfe von symbolischen Namen wird von NetBIOS unterstützt (OSI-Schicht 5).

NetBIOS wurde später überwiegend durch NetBEUI ersetzt. NetBEUI ist kompatibel mit NetBIOS.

2.6.3 Network Driver Interface Specification Support (NDIS)

NDIS ist eine Programmierschnittstelle zwischen der MAC-Schicht und darauf aufsetzenden Protokollen. NDIS ist der Microsoft-Standard für die Entwicklung von Treibern. Es ist protokollunabhängig, da das Protokoll praktisch eingekapselt wird. NDIS-Treiber ab der Version 3.1 sind dynamisch ladbar.

Das NDIS zugrundeliegende Konzept beruht darauf, daß eine protokollunabhängige Software Daten verarbeitet, die sie von einem Netzwerkadapter erhält. Es werden unterschiedliche Hardwareplattformen unterstützt. Dabei können die Daten von unterschiedlichen Netzwerkprotokollen stammen. Es können unterschiedliche Netzkarten und Protokollstacks parallel betrieben werden. Damit ein Netzkartentreiber jedoch weiß, welche Protokolle verarbeitet werden müssen, muß er entsprechende Informationen erhalten. Diese Informationen werden in einer Datei "Protocol.ini" abgelegt. Basierend auf dieser Beschreibung wird ein Protokollstack eingerichtet, der die in der Datei aufgeführten Protokolle unterstützt.

NDIS wird auch für Remote Access verwendet. Eine ISDN-PC-Karte mit NDIS-Schnittstelle verhält sich wie eine Netzwerkkarte, so daß netzwerkorientierte TCP/IP-Verbindungen hergestellt werden können.

2.6.4 Open Data Link Interface (ODI)

Das Open Data Link Interface (ODI) wurde von Novell und Apple Computer spezifiziert. **ODI** ist eine standardisierte Schnittstelle, die es ermöglicht, mit einem Netzwerktreiber mehrere Protokolle zu unterstützen. ODI gehört zur Schicht 2.

2.7 TCP/IP-Protokollfamilie

TCP/IP ist der Name für eine Protokollfamilie, der für mehr als 100 Kommunikationsprotokolle steht. TCP/IP wird in dem Internet benutzt und hat dadurch eine enorme Verbreitung erfahren. Das Transmission Control Protocol (TCP) ist das Transportprotokoll (Schicht 4), und das Internetprotokoll (IP) ist das Netzprotokoll (Schicht 3). Während IP nur den ungesicherten Transport von Daten zur Verfügung stellt, erbringt TCP den gesicherten (zuverlässigen) Datentransport. TCP/IP wurde insbesondere in den letzten Jahren zu einem sehr populären Kommunikationsprotokoll. Man kann sagen, daß es praktisch von allen Herstellern von Kommunikationssoftware unterstützt wird; es ist sehr oft der kleinste gemeinsame Nenner, auf dem viele Anwendungen aufsetzen. TCP/IP wird aber nicht nur in WANs eingesetzt. Es ist genauso populär als Datenübertragungsprotokoll in LANs. Die Lage von TCP/IP im Vergleich mit dem OSI-Modell zeigt Abb. 2.52.

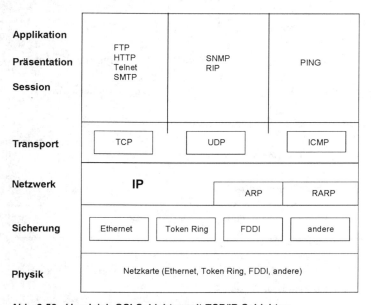

Abb. 2.52 - Vergleich OSI-Schichten mit TCP/IP-Schichten

2.7.1 Internet Protocol (IP)/IP Routing

Das Internet Protocol (IP) ist die unterste Schicht in einem Internet. Das IP ist im RFC 791 definiert. Auf dem IP setzt das Transmission Control Protocol (TCP) auf. Auf diesem wiederum die eigentlichen Applikationen.

2.7.1.1 IPv4-Datagramm

Das Internet Protocol, gegenwärtig ist noch fast ausschließlich IPv4 anzutreffen, stellt einen verbindungslosen Datenübermittlungsdienst zur Verfügung. Verbindungslos bedeutet, jedes Datenpaket wird für sich behandelt, also unabhängig von allen anderen Paketen durch das Netz gelenkt. Jedes einzelne Paket kann einen anderen Weg von der Quelle (Sender) zum Ziel (Empfänger) nehmen. Die Datenpakete werden Datagramm oder auch IP-Datagramm genannt. Die Pakete können im Netz verlorengehen, z. B. wenn die Netzressourcen erschöpft sind. Dies muß bei der Entwicklung von Anwendungen beachtet werden. Die allgemeine Struktur eines Datagrammes ist folgende:

Datagramm-Header	Datagramm-Data

Wenden wir uns nun dem detaillierten Aufbau eines Datagrammes zu. Dazu sehen wir uns die Abb. 2.53 an.

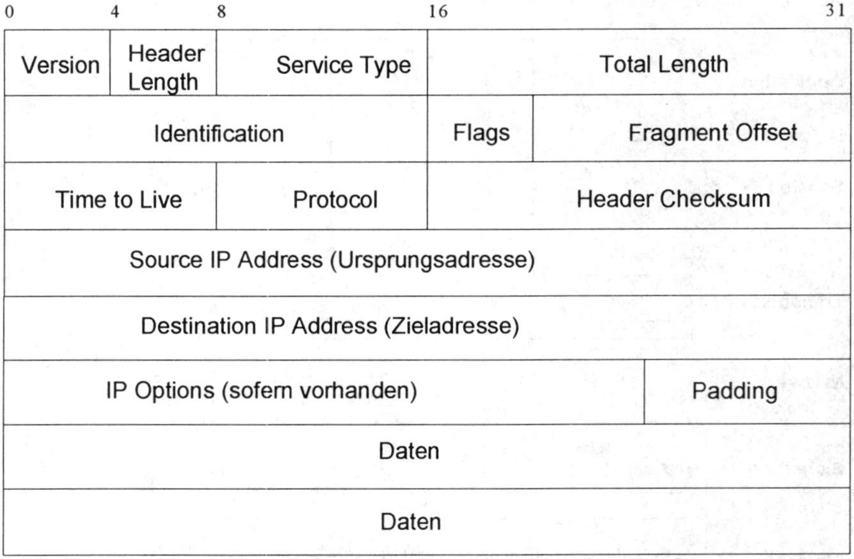

0	4	8	16	31
Version	Header Length	Service Type	Total Length	
Identification			Flags	Fragment Offset
Time to Live		Protocol	Header Checksum	
Source IP Address (Ursprungsadresse)				
Destination IP Address (Zieladresse)				
IP Options (sofern vorhanden)				Padding
Daten				
Daten				

Abb. 2.53 - Format des IP-Headers, Version 4

Die ersten vier Bits kennzeichnen die **Version** des IP-Protokolls und werden benutzt, um sicherzustellen, daß alle Gateways und der Empfänger (Zielrechner) eine kompatible Version des IP-Protokolls benutzen. Kann ein Gateway oder der Empfänger die angegebene Version nicht unterstützen, wird das Datagramm zurückgewiesen, also nicht verarbeitet. Gegenwärtig ist die IP-Version 4 im Einsatz.

Die **Header Length** gibt die Anzahl der 32-Bit-Worte des gesamten Headers an. Die meisten Felder des Headers haben eine feste Länge. Ausnahmen sind das Padding-Feld und das IP-Options-Feld. Der am meisten genutzte Header, der keine Optionen und kein Padding-Feld hat, ist genau 20 Oktette lang und hat somit eine Header Length von 5.

Service Type ist weiter unterteilt in:

Precedence, ein 3-Bit-Feld, gibt die Priorität an, mit der ein Datagramm behandelt werden sollte. Der eigentliche Sinn dieses Feldes ist es, ein Mittel zu haben, um Kontrolldaten, auch im Falle hoher Netzlast, durch das Netz zu bringen. Die Parameter D, T und R spezifizieren die Anforderungen an die Übertragung selbst. Ist der Parameter D gesetzt, wird eine niedrige Verzögerung angefordert. T gesetzt bedeutet, es wird Wert auf hohen Datendurchsatz gelegt. Wird hingegen R gesetzt, ist die Zuverlässigkeit der Übertragung das wesentliche Kriterium. Die letzten beiden Bits sind gegenwärtig Reserve und werden nicht benutzt.

Total Length gibt die Länge des gesamten IP-Datagrammes in Oktetten, sprich in Bytes, an. Das Total Length Field hat eine Länge von 16 Bytes. Dies ergibt eine maximale Länge von 65 535 Oktetten für ein Datagramm. Die maximale Länge von Datagrammen ist in der Praxis bestimmt durch die Netze, die auf dem Weg von der Quelle zum Ziel passiert werden. Wir erinnern uns, daß z. B. die maximale Länge eines Ethernet-Rahmens 1500 Bytes ist. Wenn nun auf dem Weg vom Ursprung zum Ziel ein Netz benutzt wird, welches nur 680 Oktette als maximale Länge unterstützt, so muß der ursprüngliche Rahmen fragmentiert (in mehrere Teilrahmen zerlegt) werden und am Ende wieder richtig zusammengesetzt werden, siehe Abb. 2.54.

Datagramm-Header	680 Oktette	680 Oktette	120 Oktette

Fragment 1 (Offset = 0)

Fragment-Header	680 Oktette

Fragment 2 (Offset = 680)

Fragment-Header	680 Oktette

Fragment 3 (Offset = 1360)

Fragment-Header	120 Oktette

Abb. 2.54 - Fragmentierung von IP-Datagrammen

Dies ist Sache der Router (Gateways) an den Netzübergängen und geschieht automatisch. Gateways müssen immer die maximalen Rahmenlängen der Netze unterstützen, an die sie angeschaltet sind. Jedes Internet muß mindestens eine Datagramm-Länge von 576 Oktetten unterstützen. Ist ein Datagramm erst einmal fragmentiert, wird die Fragmentierung, auch wenn Netze benutzt werden, die größere Rahmen unterstützen, nicht wieder aufgehoben. Die einzelnen Fragmente werden erst vom Ziel-Host wieder zusammengesetzt (re-assembled). Die einzelnen Fragmente werden unabhängig voneinander geroutet. Der Fragment-Header entspricht, bis auf ein Bit im Flag-Feld, exakt dem Datagramm- Header. Das Bit im Flag-Feld zeigt an, ob es sich um das letzte Fragment des Datagrammes handelt oder ob noch mehr Fragmente dieses Datagrammes kommen (unterwegs sind). Dies ist wichtig für den Ziel-Host. Nur so weiß er, wann er alle Fragmente eines Datagrammes erhalten hat.

Identification ist ein 16-Bit-Feld. Es enthält einen eindeutigen Wert, mit dem jedes Datagramm identifiziert werden kann. Flags steuern die Fragmentierung, siehe zusätzliche Erläuterungen zu Total Length Field. Die nächsten 13 Bits werden als Fragment Offset bezeichnet. Sie werden benutzt, um die einzelnen Datenfragmente wieder in der richtigen Reihenfolge zusammensetzen zu können, siehe auch Erläuterungen zu Total Length Field.

Time to Live gibt die maximale Lebensdauer eines Datagrammes in einem Internet an. Immer wenn ein Datagramm ein Gateway oder Host durchläuft, wird das Time to Live Field entsprechend herabgesetzt. Ist die maximale Zeitdauer überschritten, wird das Datagramm verworfen. In diesem Falle wird eine entsprechende Fehlernachricht an den Sender des Datagrammes übertragen.

Protocol gibt das Datenformat an, in dem die Daten in dem Datagramm (Datenfeld) codiert wurden. **Header Checksum** sichert die Integrität der Header-Daten.

Source IP Address gibt die IP-Adresse des Senders (Quelle) an, und **Destination IP Address** gibt die IP-Adresse des Empfängers (Ziel) an. **IP Options** ist integraler Bestandteil jedes Datagrammes. Es kann jedoch leer sein. Das IP-Options-Feld ist weiter unterteilt in:

- Copy
- Option Class
- Option Number

Mit **Copy** wird die Fragmentierung gesteuert. Ist das Copy-Feld auf "1" gesetzt, so wird das IP-Options-Feld in alle Fragmente kopiert. Mit zwei weiteren Bits wird die **Option Class** (Klasse, Bedeutung einer Option) bestimmt. Die Bedeutung ist wie folgt:

0   Datagramm oder Netzsteuerung
1   Reserviert
2   Debugging und Messungen
3   Reserviert

Die letzten fünf Bits schließlich bestimmen mögliche Optionen wie z. B. die Anwendung von Source Routing (der Routing-Pfad wird vom Ursprung zum Ziel fest vorgegeben) oder auch bestimmte Sicherheitsanforderungen.

2.7.1.2 IPv6-Datagramm

Durch die rasante Zunahme der Internet-Teilnehmer wurde eine neue Adressenstruktur erforderlich. In Abb. 2.55 ist das Format des IPv6-Headers abgebildet. Wie man leicht erkennen kann, wurde mit der neuen Adressierung auch der Header grundsätzlich überarbeitet. Dieser wurde für die Nutzung von 128 Bits langen Adressen optimiert.

Die einzelnen Elemente des Headers werden nun kurz erläutert. Wer an der gesamten Spezifikation interessiert ist, sollte sich den RFC 1883 besorgen.

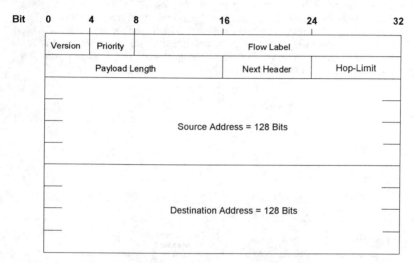

Abb. 2.55 - Format des IP-Headers, Version 6

Nun zu den Erläuterungen der einzelnen Header-Elemente.

Version gibt die 4 Bits lange Versionsnummer des Internet Protocol an. Im Falle der Version 6 also eine "6".

Priority ist ein 4 Bits langer Prioritätswert. Dieser Wert wird von der Datenquelle gesetzt und gibt die Priorität eines Paketes relativ zu anderen Paketen von der gleichen Datenquelle an. Die Prioritätswerte 0-7 sind für Datenverkehr vorgesehen, für den die Datenquelle eine Flußsteuerung durchführt, z. B. TCP-Verkehr. Die Werte 8-15 sind für Datenverkehr mit Realzeit-Eigenschaften, z. B. Audio-Übertragung, vorgesehen.

Das **Flow Label** (28 Bits) kann von einer Datenquelle benutzt werden, um Pakete zu markieren, die eine spezielle Behandlung erfahren sollen. Router im Netz können dann die Pakete (Datagramme) erkennen und sie gesondert behandeln. Spezielle Behandlung in diesem Sinne wären eine bestimmte Servicequalität oder bestimmte Realzeitanforderungen eines Dienstes.

Payload Length gibt die Anzahl der Oktette an, die dem IPv6-Header folgen. **Next Header** identifiziert den Header-Typ, der dem IPv6-Header unmittelbar folgt. Es werden dieselben Werte wie im IPv4-Protokollfeld benutzt. **Hop-Limit** wird durch jeden Knoten um "1" dekrementiert, der das Paket weitervermittelt. Sobald der Wert "0" erreicht ist, wird das Paket von einem Knoten nicht mehr behandelt.

Source Address ist die 128 Bits lange Ursprungsadresse, und **Destination Address** ist die 128 Bits lange Zieladresse.

Inzwischen gibt es erste Router und HUBs, die die neue Adressierung unterstützen, obwohl sie formal noch nicht vollständig abgeschlossen ist. Es ist aber anzunehmen, daß es keine wesentlichen Änderungen mehr geben wird. In der nächsten Zeit werden in den Netzen die Protokollversionen IPv4 und IPv6 nebeneinander existieren. Es muß also möglich sein, über Netze/Netzabschnitte, die nur IPv4 unterstützen, IPv6-Datagramme zu übertragen. Für den Transport von IPv6-Paketen über IPv4-Routernetze kommt der in Abb. 2.56 gezeigte Mechanismus zum Einsatz:

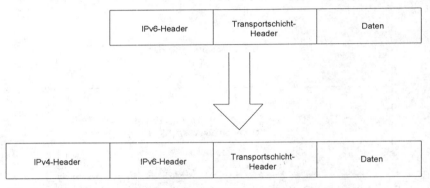

Abb. 2.56 - Transport von IPv6-Paketen über IPv4-Netze

Der Übergang von IPv4 auf IPv6 wird fließend stattfinden. IETF hat dazu das Migrationspapier "The Simple IP Version Six Transition (SIT)" herausgegeben, was sinngemäß "Der einfache Übergang auf Version 6" bedeutet. In diesem Papier werden die wesentlichen Kriterien des Übergangs von IPv4 auf IPv6 dargestellt. Wer an weiteren Details, wie der Übergang technisch zu realisieren ist, interessiert ist, dem sei hierzu der RFC 1933 "Transition Mechanisms for IPv6 Host and Routers" empfohlen.

2.7.1.3 IP Routing

IP Routing sucht in einem Internet einen Weg vom Ursprung bis zum Ziel. Dabei werden zwei Arten unterschieden, nämlich Direct Routing und Indirect Routing. Von Direct Routing spricht man, wenn zwei Maschinen an dem gleichen physikalischen Netz angeschlossen sind. Von Indirect Routing spricht man, wenn der Ziel-Host sich nicht im gleichen Netz befindet und ein IP-Datagramm über Gateways (Routers) zu dem Ziel-Host übertragen werden muß. Ein Host kann aus dem Netzteil der

IP-Adresse erkennen, ob der Ziel-Host am gleichen oder an einem anderen Netz angeschlossen ist. Wenn ein Host ein Datagramm an einen am gleichen Netz angeschlossenen Host absendet, wird dies nie über Gateways geroutet. Alle anderen Datagramme werden über Gateways geroutet. Das letzte Gateway, an dem der Ziel-Host angeschlossen ist, liefert dann das Datagramm an den entsprechenden Host ab.

IP Routing ist tabellengesteuert (Table Driven). Alle an einer Verbindung beteiligten Maschinen (Hosts, Gateways) haben IP-Tabellen implementiert. Um ein IP-Datagramm routen zu können, reicht es aus, wenn alle beteiligten Maschinen nur die Netzadresse speichern. Die komplette IP-Adresse wird nicht benötigt. IP-Routing-Tabellen sind einfach aufgebaut. Sie enthalten paarweise einen Wert für das Zielnetz und einen Wert für das nächste Gateway (Router) auf dem Weg zu diesem Zielnetz, siehe Abb. 2.57.

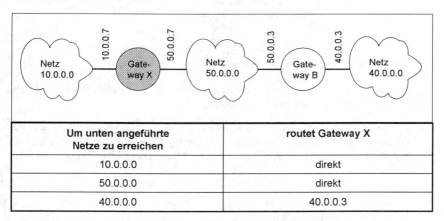

Um unten angeführte Netze zu erreichen	routet Gateway X
10.0.0.0	direkt
50.0.0.0	direkt
40.0.0.0	40.0.0.3

Abb. 2.57 - Kleines Netz mit IP-Routing-Tabelle für Gateway X

IP Routing erfolgt abschnittsweise. Weder der Ursprungs-Host noch ein Gateway kennt den kompletten Weg zum Ziel. Es ist klar, daß ein Host oder Gateway nicht alle Netze und die entsprechenden Routes zu allen anderen Netzen in der IP-Routing-Tabelle eingetragen hat. Normalerweise enthalten die IP-Routing-Tabellen der Gateways Einträge für alle Routes, die oft benötigt werden. Für alle anderen Routes gibt es ein **"Default Gateway"**. D. h., für alle Netze, für die kein Eintrag in der Tabelle existiert, werden die Datagramme zu diesem Gateway geroutet.

Ein Gateway, das ein IP-Datagramm absetzen will, wird also zuerst nachsehen, ob der Ziel-Host am gleichen physikalischen Netz angeschlossen ist. Wenn nicht, wird es nachsehen, ob ein Eintrag für das Zielnetz vorhanden ist. Ist dies auch nicht der Fall, wird es das Datagramm zu einem Default Gateway senden.

Bis jetzt haben wir uns nur damit beschäftigt, wie wir ein Datagramm senden können. Was geschieht nun auf der Empfangsseite? Wie weiß der Ziel-Host, daß ein Datagramm für ihn bestimmt ist? Um dies festzustellen, vergleicht er die Zieladresse (Destination Address) mit seiner eigenen. Stimmen die beiden Adressen überein, ist das Datagramm für ihn bestimmt, und die IP-Software liefert es an die entsprechende Applikation ab. Grundsätzlich trifft dies auch für Gateways zu, da bestimmte Nachrichten für Steuer- bzw. Kontrollzwecke als Ziel auch ein Gateway haben können.

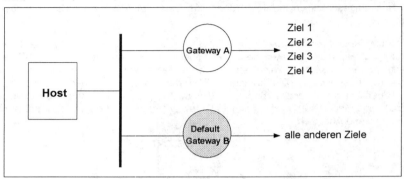

Abb. 2.58 - Routing über Default Gateway

Alle anderen Datagramme werden von der IP-Software behandelt, die das nächste Gateway bestimmt, und entsprechend weitergeleitet.

So weit so gut. Jetzt müssen wir nur noch ein kleines Problem lösen. Wir haben im Zusammenhang mit Ethernet gesehen, daß ein Rechner, z. B. an einem Ethernet-Netz, nur seine "eingebrannte" 48-Bit-Adresse kennt. Dazu schauen wir uns Abb. 2.59 an.

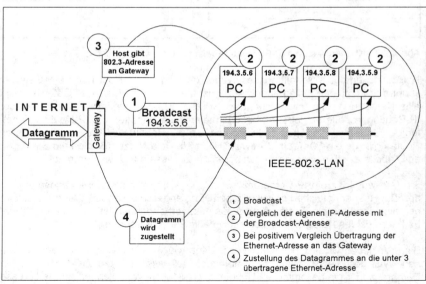

Abb. 2.59 - Address Resolution Protocol

Kommt an dem Gateway eine IP-Adresse an, so kann sie nicht zugestellt werden, weil die Zustellung des Datagrammes im LAN nur funktioniert, wenn das Gateway die Ethernet-Adresse kennt. Wenn wir von dem Fall ausgehen, daß ein Host bei der Konfiguration auch seine IP-Adresse eingetragen bekommt, so wird der Host, wenn das Gateway die IP-Adresse mit Broadcast aussendet, seine eigene IP-Adresse durch einen simplen Vergleich erkennen. In diesem Fall antwortet dieser Host mit seiner eigenen Ethernet-Adresse dem Gateway. Das Datagramm kann nun zugestellt werden. Zusätzlich trägt das Gateway nun die vom Host zurückgemeldete Ethernet-Adresse in eine Liste ein. Damit muß es beim nächsten Datagramm keine Broadcasts mehr aussenden, sondern kann das Datagramm sofort zustellen, da die zur IP-Adresse gehörende Ethernet-Adresse dem Gateway bekannt ist. Dieses Verfahren wird als **"Address Resolution Protocol (ARP)"** bezeichnet.

2.7.2 Internet Control Message Protocol (ICMP)

ICMP ist ein Teil des IP-Protokolls, der Bestandteil jeder IP-Implementierung sein muß und benutzt wird, um Steuerungsnachrichten zwischen Gateways und Hosts auszutauschen. Mit ICMP werden Fehler von den an einer Verbindung beteiligten Systemen gemeldet. ICMP hat keine Mechanismenfehler zu korrigieren. Dies muß vom Nachrichtenursprung aus geschehen.

ICMP-Nachrichten sind in IP-Nachrichten eingekapselt, siehe Abb. 2.60. Damit gelten für sie alle Einschränkungen, die auch für IP-Nachrichten gelten (keine höhere Priorität, Datenpakete können verlorengehen usw.).

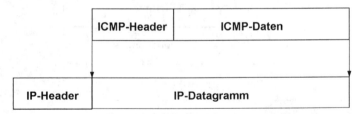

Abb. 2.60 - Übertragen von ICMP-Daten mit IP-Datagramm

Es existieren unterschiedliche Nachrichtenformate für die unterschiedlichen ICMP-Nachrichtentypen. Die in Tab. 2.6 enthaltenen ICMP-Nachrichtentypen sind festgelegt.

Lediglich die drei ersten Felder einer ICMP-Nachricht sind immer gleich. Sonst richtet sich das Format nach der Aufgabe, die mit einer ICMP-Nachricht erfüllt werden soll. Beispielhaft werden wir uns den Nachrichtentyp für Echo Request, Echo Reply und Time Exceeded ansehen.

Die Formate Echo Request und Echo Reply sind gleich. Das Typfeld gibt an, ob es sich um eine Echoanforderung (Typ = 8) oder aber um eine Antwort auf eine Echoanforderung handelt (Typ = 0). Das Feld "Code" enthält zusätzliche Informationen entsprechend einem Nachrichtentyp. Die Felder "Identifier" und "Sequenznummer" werden benötigt, um die Beziehung zwischen einer Anforderung und der zugehörigen Antwort herzustellen. Bei einer Antwort (Echo Reply) auf ein Echo Request enthält das Feld "Daten" die Daten, die mit Echo Request übermittelt wurden.

Typ	ICMP-Nachrichtentypen
0	Echo Reply (Antwort auf Echo Request)
3	Destination Unreachable (Ziel nicht erreichbar)
4	Source Quench (Anforderung an Ursprung, Datenrate zu reduzieren)
5	Redirect (Anforderung, eine Route zu ändern)
8	Echo Request (Anforderung, auf "PING" zu reagieren)
11	Time Exceeded (die "Lebenszeit" eines Datagrammes ist abgelaufen)
12	Parameter-Problem
13	Timestamp Request (Anforderung, einen Zeitstempel zu übermitteln)
14	Timestamp Reply (Antwort auf Timestamp Request)
17	Address Mask Request (Anforderung, Adreßmaske zu senden)
18	Address Mask Reply (Antwort auf Address Mask Request)

Tab. 2.6 - ICMP-Nachrichtentypen

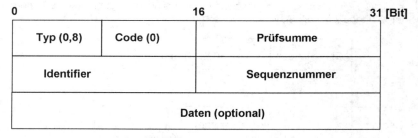

Abb. 2.61 - ICMP Echo Request- bzw. Echo Reply-Nachrichtenformat

Eine ICMP-Nachricht, die einen Fehler übermittelt, enthält den kompletten Header und die ersten 64 Bits des Datagrammes, das den Fehler verursachte. Ein Beispiel hierfür ist das Nachrichtenformat von "Time Exceeded". Diese Nachricht wird gesendet, wenn aufgrund von Kreisrouting der Hop Count (Hop-Zähler) den Wert "0" erreicht oder das erste Fragment eines Datagrammes bereits den Zielhost erreicht hat, dann aber weitere Fragmente nicht ankommen. In letzterem Falle führt dies zu einem Time-Out.

Im Typfeld wird der Nachrichtentyp codiert (11 für Time Exceeded) und im Codefeld der Grund. Dabei bedeutet ein Code "0", daß der Hop Count den Wert "0" erreicht hat, und ein Code "1", daß ein Time-Out aufgetreten ist, während auf weitere Fragmente eines Datagrammes gewartet wurde.

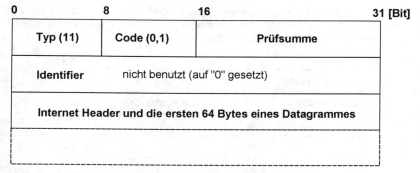

Abb. 2.62 - ICMP Time Exceeded-Nachrichtenformat

Detailinformationen zu dem Internet Control Message Protocol sind in den RFC 777 und RFC 792 zu finden. Die Adresse ist http://ds.internic.net/rfc/rfc777.txt bzw. http://ds.internic.net/rfc/rfc792.

2.7.3 User Datagram Protocol (UDP)

UDP stellt einen **"Best Effort-Service"** bereit, d. h., die Ablieferung der Daten am Ziel wird nicht garantiert. Dies gilt auch für die Reihenfolge der Datenpakete, den Verlust von Datenpaketen oder eine Duplizierung von Datenpaketen. Dies ist Sache der höheren Schichten. Der Durchsatz von UDP ist höher als der von TCP.

UDP nutzt den zugrundeliegenden Transportmechanismus von IP. Die Struktur des UDP-Datagrammes ist aus Abb. 2.63 ersichtlich. Die theoretische maximale Datagramm-Größe ist 65 535 Bytes, da das Feld "Nachrichtenlänge" ein 2-Byte-Feld ist. In der Praxis existieren eine Anzahl von Beschränkungen (API, TCP/IP-Implementierung). Da alle Hosts in der Lage sein müssen, IP-Datagramme mit bis zu 576 Bytes zu verarbeiten, ist in vielen Implementierungen die maximale IP-Datagrammgröße auf 576 Bytes eingestellt.

Protokollports

Protokollports sind Softwareports und werden zur Interprozeßkommunikation genutzt. Angesprochen werden diese Softwareports mit einer Ganzzahl (Integer). Sie können vereinfacht als eine Warteschlange angesehen werden, wo die Daten abgeliefert werden. Mit Hilfe dieser Softwareports können einzelne Ziele innerhalb eines Hosts unterschieden werden. Die Softwareports werden durch das lokale Betriebssystem gesteuert, welches den Anwendungen den Protokollport und eine Protokollportnummer zuweist.

UDP-Header

Der UDP-Header hat eine Länge von 8 Bytes. Die ersten beiden Bytes enthalten den Ursprungsport, engl. Source Port. Die nächsten Bytes identifizieren den Zielport (Protokollportnummer) des Zielhosts. Das Feld "Nachrichtenlänge" gibt die Größe eines UDP-Datagrammes inklusive dem Datagramm-Header von 8 Bytes an. Die Nutzung des Feldes Prüfsumme, engl. Checksum, ist optional. Falls es nicht genutzt wird, sollte es einfach auf "0" gesetzt werden.

0	16	32 [Bit]
UDP-Ursprungsport		UDP-Zielport
UDP-Nachrichtenlänge		UDP-Prüfsumme
Daten		
Daten		
Daten		

Abb. 2.63 - UDP-Datagramm

Ein UDP-Datagramm wird normalerweise am Zielport abgeliefert, sprich in die Warteschlange eingestellt. Falls die Warteschlange voll ist, wird das Datagramm einfach ignoriert. In diesem Falle wird keine Fehlernachricht erzeugt. Falls der Zielport nicht erreicht werden kann, wird eine "ICMP Port Unreachable" zum Ursprung übermittelt.

2.7.4 Transmission Control Protocol (TCP)

Wie wir gesehen haben, stellt das IP-Protokoll nur einen unzuverlässigen Datenübermittlungsdienst zur Verfügung, d. h., Daten, mit Ausnahme der Header-Informationen, können verlorengehen oder nicht in der richtigen Reihenfolge abgeliefert werden. IP ist direkt abhängig von der Qualität der zugrundeliegenden physikalischen Verbindung. Deshalb ist es notwendig, ein weiteres Protokoll, welches auf dem IP-Protokoll aufsetzt, einzuführen, welches einen zuverlässigen Datentransport zur Verfügung stellt. Die grundsätzliche Wirkungsweise zeigt die Abb. 2.52. **TCP** unterstützt die unterschiedlichsten Netze (LANs, Standleitungen, X.25 oder auch vermittelte Netze). Es stellt einen zuverlässigen Datentransport bereit, welcher die korrekte Reihenfolge sicherstellt, Duplikate von Datenpaketen verhindert und fehlerhafte Datenpakete erkennt. Letztere werden erneut übertragen.

Im Gegensatz zu IP ist TCP ein verbindungsorientiertes End-to-End-Protokoll. Im OSI-Referenzmodell entspricht es der Ebene 4. Das TCP ist im RFC 791 definiert und stellt folgende Funktionen zur Verfügung:

- Verbindungsaufbau
- Fehlerkontrolle
- Ende-zu-Ende-Flußkontrolle
- Synchronisation
- Multiplexen von Verbindungen der Anwendungsschicht
- Statusinformatione

Das Simple Mail Transfer Protocol (SMTP) und File Transfer Protocol (FTP) sind Anwendungen, die auf TCP aufsetzen, siehe auch Abb. 2.52.

Applikationsprozesse übergeben die Daten an TCP. Die Daten werden von TCP segmentiert. TCP ruft dann IP auf, das sie mit den schon erwähnten IP-Datagrammen in Richtung Ziel weitertransportiert. Im Ziel findet der umgekehrte Prozeß statt.

Die Dateneinheiten des TCP-Protokolls werden als Segmente bezeichnet. Ein TCP-Segment hat den in Abb. 2.64 dargestellten Aufbau.

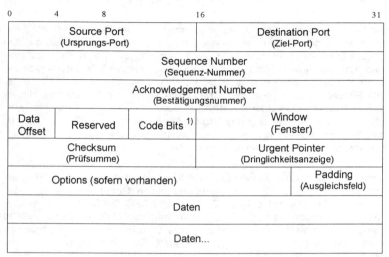

1) In dem Feld Code Bits stehen 6 Bits zur Verfügung, um den Inhalt des TCP-Segmentes näher zu bestimmen. Das erste Bit, wenn gesetzt, gibt zum Beispiel an, ob der Urgent Pointer gültig und gesetzt ist.

Abb. 2.64 - TCP-Segment-Format

Wir werden nun die Felder eines TCP-Segmentes kurz erklären.

Source Port gibt die Port-Nummer der Anwendung des Ursprungs-Hosts an. **Destination Port** gibt die Port-Nummer der Anwendung des Zielhosts an. **Sequence Number** gibt die Byte-Nummer an, ab der, bezogen auf den Gesamtdatenstrom, die Übertragung mit diesem Segment fortgesetzt wird. **Acknowledgement Number** gibt die Byte-Nummer an, die der Ursprungs-Host als nächstes erwartet. **Data Offset** gibt die Header-Länge des TCP-Segmentes an. Mit **Code Bits** wird der Inhalt des Segmentes wie folgt näher spezifiziert:

Die Bedeutung der Code Bits, 6 Bits (von links nach rechts), ist wie folgt:

URG: Urgent Pointer gesetzt (der Eintrag im Urgent-Pointer-Feld muß beachtet werden).
ACK: Acknowledgement gesetzt (der Eintrag im Acknowledgement-Feld muß beachtet werden).
PSH: Push Function (die Daten werden unmittelbar gesendet, es werden keine weiteren Daten mehr angesammelt).
RST: Reset the Connection (die Verbindung wird zurückgesetzt).

SYN: Synchronize Sequence Numbers (eine Verbindung wird als aufgebaut betrachtet, wenn die Sequenznummern in beiden Richtungen synchronisiert sind).

FIN: No More Data from Sender (der Sender hat alle Daten übertragen). Das FIN-Bit wird benutzt, um eine TCP/IP-Verbindung zu schließen.

Die Funktionen werden immer dann ausgeführt, wenn das entsprechende Bit gesetzt, also "1" ist.

Im **Window** wird die Größe des Puffers angegeben, den der Host gegenwärtig frei hat. Der Empfänger gibt hier an, bis zu welcher Byte-Nummer er, bezogen auf den gegenwärtigen Datenstrom, Platz hat, Daten zu empfangen. Damit kann auf elegante Weise die maximale Größe des nächsten zu sendenden TCP-Segmentes variiert werden. Wenn der Empfänger z. B. stark belastet ist, wird er die Puffergröße, die er dem Sender mitteilt, reduzieren. **Checksum** enthält die Prüfsumme, die sicherstellt, daß sowohl der Header als auch die Daten einwandfrei übertragen wurden. Sind der **Urgent Pointer** und das **Urgent Bit** im Feld **Code Bits** gesetzt, so wird dieses Segment vor allen anderen Segmenten bearbeitet. Dies ist notwendig, um auf Fehlerzustände schnell reagieren zu können.

Hiermit wollen wir die Ausführungen über TCP/IP abschließen. Es ist klar, daß wir hier nur die wesentlichsten Punkte kurz anreißen konnten. Dem interessierten Leser empfehlen wir, die Original-RFCs (RFC 791 für IP und RFC 793 für TCP) zu studieren. Der Spezifikationsumfang beider Protokolle beträgt ca. 90 Seiten. Abschließend sei noch angemerkt, daß neben TCP auch für die Schicht 4 ein verbindungsloses Datenübertragungsprotokoll existiert, das als User Datagram Protocol (UDP) bezeichnet wird.

2.8 Novell-Protokolle

2.8.1 Internet Packet Exchange (IPX)

IPX-Adressierungsschema

IPX wurde von Novell entwickelt und basiert auf dem von Xerox entwickelten "Xerox Network System (XNS)" Internet Datagram Protocol (IDP). Es hat zum Ziel, Interoperabilität in Netware-Netzen zu ermöglichen, und stellt zusammen mit den MAC-Protokollen Adressierungsmechanismen zur Verfügung. Diese Adressierungsinformationen werden von NetWare-Routern ausgewertet und ermöglichen es, Datenpakete in Netzen zu routen. Eine **IPX-Adresse** besteht aus den drei folgenden Abschnitten:

- Netzwerknummer (4 Bytes, 8 Hexziffern)
- Knotennummer (6 Bytes, 12 Hexziffern)
- Socketnummer (2 Bytes, 4 Hexziffern)

Die Netzwerknummer wird für Internetwork-Routing benutzt. Jedes Netzsegment bekommt eine eindeutige Netzwerknummer. Die Hexzahlen "0" und "FFFFFFFFF" sind für spezielle Zwecke reserviert.

Die Knotennummer bestimmt eindeutig eine Endeinrichtung in einem IPX-Netzwerk. Sie wird aus der Adresse der Endeinrichtung, z. B. Ethernet-Hardwareadresse, gebildet. Die Knotennummern müssen nur innerhalb eines Netzwerks eindeutig sein, um im Gesamtnetz eindeutig eine Endeinrichtung zu identifizieren, da zusätzlich die Netzwerknummer berücksichtigt wird. Die Socketnummer wird zur Identifikation eines Prozesses innerhalb eines Knotens verwendet. Ein Prozeß innerhalb eines Knotens kann z. B. der Routingprozeß auf Basis des RIP sein.

IPX gehört zur OSI-Schicht 3 und wird zum Routen von Datenpaketen im Netware-Netz benutzt. Das Routing basiert auf der IPX-Zieladresse (IPX Destination Address). IPX stellt einen verbindungslosen Dienst nach dem "Best Effort-Prinzip" bereit, d h., die Ablieferung der Datenpakete im Ziel wird nicht garantiert. Ist eine Bestätigung erforderlich, daß Datenpakete am Ziel abgeliefert werden, inklusive Einhalten der Sequenz und ohne Duplikation von Datenpaketen, so wird dies durch Protokolle oberhalb der Schicht 3 bewerkstelligt. IPX kann mit "NetWare Loadable Moduls" entsprechend den Anforderungen der Anwender konfiguriert werden. Viele am Markt erhältliche Multiprotokoll-Router unterstützen IPX. Die Struktur von IPX-Paketen ist in Abb. 2.65 dargestellt. Ein IPX-Paket hat eine minimale Länge von 30 Bytes und normalerweise eine maximale Länge von 576 Bytes. Das IPX-Protokoll selbst kann Datenpakete bis maximal 65 435 Bytes unterstützen. Die maximale Länge eines Datenpaketes wird von dem zugrundeliegenden Medium vorgegeben. Ethernet-II-Pakete haben z. B. eine Länge von 1500 Bytes.

Check-summe	Paket-länge	Transport-steuerung	Paket-typ	Ziel-netz	Ziel-knoten	Ziel-socket	Ur-sprungs-netz	Ur-sprungs-knoten	Ur-sprungs-socket	Header höherer Protokolle	Daten
2 Bytes	2 Bytes	1 Byte	1 Byte	4 Bytes	6 Bytes	2 Bytes	4 Bytes	6 Bytes	2 Bytes		

Abb. 2.65 - IPX-Paketstruktur

Die meisten Bytefelder in Abb. 2.65 sind selbsterklärend. Auf die Felder Transportsteuerung, engl. Transport Control, und Pakettyp, engl. Packet Type, werden wir kurz eingehen. Der Wert in dem Feld "Transportsteuerung" gibt an, wie viele Hops ein IPX-Paket maximal haben darf, bevor es verworfen wird. Mit einem Byte ist der Maximalwert "16". D. h., wenn das IPX-Paket 16 Router passiert hat, wird es verworfen. Dies ist ein typischer Wert von auf RIP basierenden IPX-Routern. Ein Ursprungsknoten, der das Paket sendet, setzt den Wert des Transportsteuerfeldes immer auf "0". Jeder Router, der das IPX-Paket weiterroutet, zählt den Wert des Transportsteuerfeldes um "1" hoch. Das Feld "Pakettyp" kennzeichnet den Service, den das Paket benötigt bzw. anbietet. Dies kann z. B. ein SPX-Paket für sequentielle Datenübertragung sein, welches dann im Pakettypfeld mit dem Hexwert von "05" gekennzeichnet wird. Ein Paket, das Routinginformation entsprechend RIP transportiert, hätte im Pakettypfeld den Hexeintrag "01". Eine kleine Auswahl der Hexcodierungen findet sich in Tab. 2.7.

Eine Zielknotenadresse mit allen sechs Bytes auf "FF" gesetzt, führt dazu, daß ein Paket zu allen Knoten (Stationen) im Zielnetz gesendet wird (Broadcasting). Noch ein Wort zu "Sockets". Sockets kennzeichnen einen Prozeß innerhalb eines Knotens. Beispiel eines Sockets, der in einer Netwareumgebung immer die gleiche Adresse hat, ist ein Netware File Server.

Service	Pakettyp	Hexcodierung
Netware Link Service Protocol	NLSP	00
Routing Information Protocol	RIP	01
Service Advertising Protocol	SAP	04
Sequenced Packet Exchange	SPX	05
Netware Core Protocol	NCP	11
NetBIOS	NetBIOS	14

Tab. 2.7 - Services und ihre Hexcodierung im Pakettypfeld

Socketprozesse	Socketnummer in Hex
Netware Core Protocol (NCP)	451
Service Advertising Protocol (SAP)	452
Routing Information Protocol (RIP)	453
Novell NetBIOS	455
Netware Link Services Protocol (NLSP)	

Tab. 2.8 - Socketprozesse und ihre Hexcodierung

Das in Abb. 2.65 dargestellte IPX-Paket ist wiederum in ein MAC-Protokoll eingebettet. Damit ergibt sich folgendes Bild:

MAC Header	IPX-Datenpaket	MAC Trailer

Abb. 2.66 - Einbetten eines IPX-Datenpaketes in ein MAC-Envelope

Netware Protokollstack

Ein vereinfachter Protokollstack, der die wesentlichen Netware-Protokolle enthält, ist in Abb. 2.67 dargestellt.

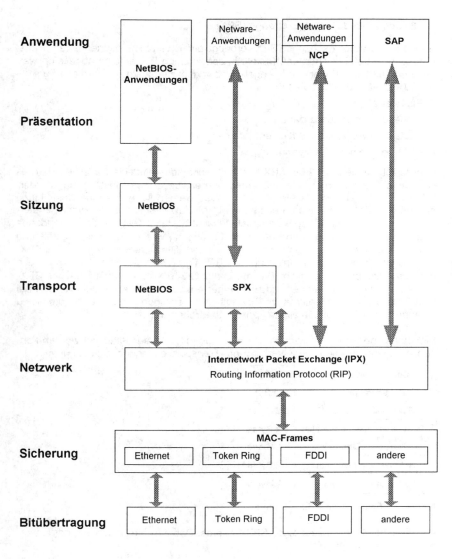

Abb. 2.67 - Netware-Protokollstack

2.8.2 Sequenced Packet Exchange (SPX)

Sequenced Packet Exchange (SPX) erbringt einen verbindungsorientierten Transportdienst. Es stellt sicher, daß Pakete in der richtigen Reihenfolge abgeliefert werden und daß keine Pakete verlorengehen bzw. dupliziert werden. Für diese Funktionen sind zusätzliche 12 Bytes für

- Flußsteuerung,
- Einhalten der Sequenz der Datenpakete,
- Austausch von Acknowledgement-Information und
- Identifikation der SPX-Verbindung

erforderlich, siehe Abb. 2.68. **SPX** bestätigt nicht jedes einzelne Paket, sondern es kann eine Anzahl von Paketen gesendet werden, bevor eine Bestätigung erforderlich ist. Die Anzahl der Pakete, die übertragen werden kann, bis eine Bestätigung erforderlich wird, ist in einem Fenster, engl. Window, festgelegt. Bei einer Fenstergröße von "8" können bis zu 8 Datenpakete nicht bestätigt sein, bevor die sendende Station aufhört zu senden und auf eine Bestätigung wartet. Mit einer Bestätigung werden dann alle Datenpakete auf einmal quittiert. Die Datenpakete bei einer SPX-Übertragung konnten ursprünglich nur 576 Bytes groß sein. Mit SPX II sind nun auch größere Datenpakete möglich. Die maximale Größe wird beim Aufbau der SPX-Verbindung zwischen Sender und Empfänger ausgehandelt. Außerdem werden bei SPX II nur die wirklich fehlerhaften Datenpakete übertragen und nicht alle, die bis zu einer negativen Quittung in einem Fenster übertragen wurden.

SPX hat keine Routingfunktionen. Bevor Daten mit SPX ausgetauscht werden können, muß eine dedizierte SPX-Verbindung (Transportverbindung) aufgebaut sein.

Connection Control	1 Byte
Data Stream Type	1 Byte
Source Connection ID	2 Bytes
Destination Connection ID	2 Bytes
Sequence Number	2 Bytes
Acknowledge Number	2 Bytes
Allocation Number	2 Bytes

Abb. 2.68 - Struktur eines SPX-Paketes

Abb. 2.68 zeigt die Struktur eines **SPX-Paketes.** Dabei ist die Bedeutung der einzelnen Felder wie folgt:

Connection Control gibt an, ob es sich um ein Systempaket oder ein Anwendungsdatenpaket handelt. Data Stream Type gibt den Datentyp an. Im Feld Source Connection ID wird eine Identifikationsnummer angegeben, die den lokalen Endpunkt der Transportverbindung kennzeichnet. Im Feld Destination Connection ID wird eine Identifikationsnummer angegeben, die den entfernten, engl. remote, Endpunkt der Transportverbindung kennzeichnet. Sequence Number ist die Sequenznummer von Datenpaketen jeweils einer Übertragungsrichtung. Acknowledge Number gibt immer die Nummer des Datenpaketes an, welches als nächstes vom Empfänger erwartet wird. Allocation Number wird zur Flußsteuerung verwendet.

2.8.3 Netware Core Protocol (NCP)

Das Netware Core Protocol gehört zur Anwendungsschicht und bestimmt die Funktion eines Datenpaketes (Datei lesen, Datei schreiben, Login etc.).

2.8.4 Service Advertising Protocol (SAP)

Server in einem NetWare-Netz machen ihre Services und IPX-Adressen mit dem Service Advertising Protocol (SAP) bekannt. Die Informationen, die mit diesen Broadcast-Nachrichten übermittelt werden, werden in Tabellen von NetWare-Routern bzw. Servern gespeichert. Server übermitteln Broadcast-Nachrichten immer nur lokal, d. h. zu Stationen, die an den gleichen LAN-Segmenten angeschlossen sind.

3 Planung, Aufbau, Konfiguration

3.1 Netzwerktechnik

3.1.1 Kabeltypen und Verkabelungskonzepte

3.1.1.1 Kabeltypen, Kabelkategorien

IBM hatte bereits relativ früh ein Verkabelungssystem, das zuerst IBM-intern, später jedoch auch allgemein benutzt wurde. IBM hat dazu die Kabel in **Typen** unterteilt. Dies sind:

- **Typ 1:** Geschirmte paarverseilte Kabel mit einem zusätzlichen Schirm für das gesamte Kabel. Es wird für LANs bis 16 Mbit/s benutzt.
- **Typ 2:** Dieser Typ entspricht Typ 1. Zusätzlich gibt es vier Adernpaare ohne individuellen Schirm für Telefonverbindungen.
- **Typ 3:** Ungeschirmte Kabel mit zwei, drei oder vier Adernpaaren. Eingesetzt wird dieser Kabeltyp für LANs bis 4 Mbit/s und Telefonverbindungen.
- **Typ 5:** Lichtwellenleiter mit zwei 100/140 micron Glasfasern. Er wird für Token-Ring-LANs benutzt, wenn größere Entfernungen zu überbrücken sind.
- **Typ 6:** Geschirmtes sternverseiltes Kabel mit einem zusätzlichen Schirm für das gesamte Kabel. Einsatz für LANs bis 16 Mbit/s.

Abschließend, da mehr und mehr relevant, wurden die **Kabelkategorien** entsprechend der Electronic Industries Association (EIA) und Telecommunications Industries Association (TIA) wie folgt unterteilt:

- **Kategorie 1:** Kann für Sprachkommunikation eingesetzt werden und ist nicht für LANs geeignet.
- **Kategorie 2:** Geeignet für ISDN und LANs bis maximal 1 MHz

Kategorie 3: Geeignet für LANs bis maximal 16 MHz
Kategorie 4: Geeignet für LANs bis maximal 20 MHz
Kategorie 5: Geeignet für LANs bis maximal 100 MHz
Kategorie 6: Geeignet für LANs bis maximal 600 MHz

Ein Kabel einer höheren Kategorie unterstützt selbstverständlich auch die Anwendungen der niedrigeren Kategorie.

3.1.1.2 Verkabelungskonzepte

Wir wollen hier nicht auf alle möglichen Verkabelungskonzepte eingehen, sondern lediglich heute angewandte Konzepte kurz andiskutieren. Das Stichwort im Zusammenhang mit Verkabelung ist **"Strukturierte Verkabelungssysteme"**. Was bedeutet dies? Strukturierte Verkabelung bedeutet, daß die verwendeten Kabeltypen, Verteiler und Anschlußeinheiten für Primär-, Sekundär- und Tertiärbereich unternehmensweit festgelegt sind und die Vorgaben bei jeder Installation eingehalten werden. Die Investitionen in ein Kabelsystem und insbesondere der Betrieb und die Wartung eines Kabelsystems sind enorm. Deshalb ist es in diesem Bereich besonders wichtig, standardisierte Elemente einzusetzen, da nur dadurch ein gewisser Investitionsschutz erreicht werden kann. Zusätzlich sollte darauf geachtet werden, daß die Planung eines Kabelsystems eine Systemintegration von Daten, Sprache und Video ermöglicht und nicht für jede Anwendung ein separates Kabelnetz aufgebaut wird, wie dies in der Vergangenheit üblich war.

Im wesentlichen werden heute im Backbone-Bereich Lichtwellenleiter und im Teilnehmerbereich nach wie vor Kupferkabel eingesetzt. Bei der Verkabelung eines LANs werden drei Bereiche unterschieden:

Primärbereich: Verkabelung des Backbones bzw. zentraler Komponenten (zwischen Gebäuden)

Sekundärbereich: Verkabelung von den Versorgungsschwerpunkten zum zentralen Systembereich (zwischen zentralem Verteiler und Etagenverteilern)

Tertiärbereich: Verkabelung der Stationen bis hin zu den Versorgungsschwerpunkten (Etagenverteiler zu den einzelnen Stationen). In diesem Bereich werden meist passive Komponenten eingesetzt.

Der Tertiärbereich wird mit UTP-Kabeln, in selteneren Fällen mit STP-Kabeln versorgt. Als Anschlußdosen kommen Dosen mit RJ45-Buchsen zum Einsatz. In den Versorgungsschwerpunkten erfolgt der Übergang von Kupferkabeln, welche für den Tertiärbereich verwendet werden, auf Lichtwellenleiter, die im Sekundärbereich, zumindest bei neuen Planungen, angewandt werden sollten. Die Anbindung an andere LANs oder an das Wide Area Network (WAN) erfolgt über Router. Der Kabeltyp, speziell für die WAN-Anbindung, hängt von der Geschwindigkeit der Datenübertragung ab. Die grundsätzliche Struktur ist in Abb. 3.1 dargestellt.

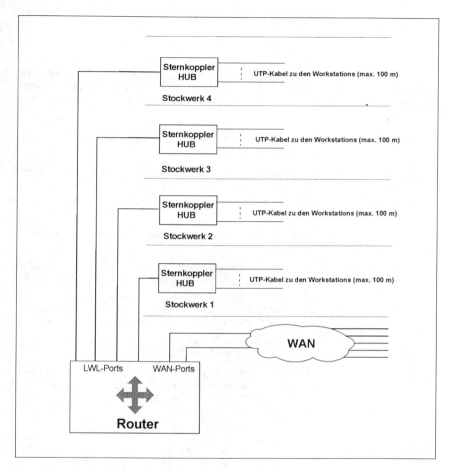

Abb. 3.1 - Strukturierte Verkabelung

Sofern der Einsatz von Verteilern (Patch Panels) notwendig ist, um manuell Eingänge mit Ausgängen zu verbinden, empfiehlt es sich, farbige Patchkabel zu verwenden. So können unterschiedliche Farben Abteilungen kennzeichnen, z. B. "Rot" für die Entwicklungsabteilung, "Grün" für die Buchhaltung usw., oder jedem Stockwerk wird eine bestimmte Farbe zugeordnet. Dies fördert die Übersichtlichkeit und hilft Fehler zu vermeiden.

3.2 Netzwerkbetriebssysteme

3.2.1 Microsoft Windows NT-Server

Die nachfolgenden Kapitel beziehen sich auf das z. Z. aktuelle Betriebssystem Microsoft Windows NT, Version 4.0, im Folgenden nur noch als **Windows NT** bezeichnet. Auf die Windows NT-Versionen 3.1, 3.5 und 3.51 wird hier nicht mehr explizit eingegangen.

In der Tab. 3.1 ist kurz dargestellt, wie sich das Betriebssystem Windows bzw. Windows NT aus anderen Betriebssystemen entwickelt hat.

1969	Betriebssystem UNIX wird von den Bell-Laboratorien entwickelt.
1973	Erstes Betriebssystem mit einer grafischen Benutzeroberfläche wird von der Firma Xerox entwickelt.
1975	Bill Gates schreibt für den Heimcomputer "Altair" die Programmiersprache BASIC.
1981	IBM kauft von Bill Gates das Betriebssystem PC-DOS für die erste Generation von PCs von IBM zu. Der erste PC von IBM war ausgestattet mit einem INTEL 8086-Prozessor.
1983	Windows 1.0, die erste grafische Benutzeroberfläche wird vorgestellt. Beginn der gemeinsamen Entwicklung des Betriebssystems OS 2 von Microsoft und IBM.
1984	Die Version MS-DOS 3.1 wird von Microsoft ausgeliefert.
1987	Microsoft liefert die neue Version MS-DOS 3.3 aus. Microsoft und IBM beenden ihre Zusammenarbeit. Microsoft plant die Entwicklung von Windows NT. IBM stellt sein Betriebssystem OS 2 vor, dies kann sich aber wegen mangelnder Anwendungsprogramme nicht durchsetzen.
1988	Microsoft stellt die Version Windows 2.0 vor.
1990	Microsoft stellt die Version Windows 3.0 vor. Die ersten Markterfolge stellen sich ein. Erstmalig beherrscht diese Technik das Multitasking.
1991	Microsoft stellt die Version Windows 3.1 vor. IBM stellt OS 2 Version 2 vor.
1993	Microsoft stellt die Version Windows NT 3.1 vor. Gegenüber der normalen Windows-Version ist dieses Betriebssystem u. a. multiprozessorfähig und enthält für die Netzwerkeinbindung benötigte Schnittstellen.
1994	Microsoft stellt die Version Windows NT 3.5 vor.
1995	Microsoft stellt die neuen Betriebssystemversionen Windows95 und Windows NT 3.51 vor.
1996	Microsoft stellt die Version Windows NT 4.0 vor.
1998	Microsoft stellt das Betriebssystem Windows98 vor.

Tab. 3.1 - Entwicklungsstufen von Microsoftbetriebssystemen

Mit dem Betriebssystem Windows NT stellte Microsoft eine Betriebssystemlösung vor, die nicht mehr auf MS-DOS basierte. Die wichtigsten Leistungsmerkmale von Windows NT sind:

- **multitasking**
  Mehrere Programme können gleichzeitig ausgeführt werden.
- **volle 32-Bit-Architektur**
  Unterstützung von 32-Bit-Prozessoren
- **rückwärtskompatibel**
  DOS- und Windows-Programme von früheren Versionen sind lauffähig auf der neuen Version, sogar OS/2-Anwendungen werden unterstützt.
- **portierbar**
  Windows NT läuft auf unterschiedlichen Plattformen.
- **skalierbar**
  Rechner, auf denen Windows NT läuft, sind aufrüstbar.
- **modular**
  Windows NT ist modular programmiert worden mit einer objektorientierten Programmiersprache.
- **mehrprozessorfähig**
  Windows NT unterstützt Mehrprozessorcomputer
- **distribute-computingfähig**
  Windows NT kann mit verteilten Rechnersystemen zusammenarbeiten, d. h., Windows NT kann Aufgaben an andere Rechner im Netz abgeben.

Von der Software Windows NT 3.1 bis 3.51 gab es jeweils die Varianten Workstation, Server und Advanced Server. Mit der Software Windows NT 4.0 gibt es nur noch die Varianten Workstation und Server. Die Variante Server unterscheidet sich gegenüber der Variante Workstation dadurch, daß hier weitere Programmmodule, z. B. WWW-Server, erweiterte Benutzerverwaltung, integriert wurden und daß die Hardwareunterstützung größer ist, z. B. unterstützt Windows NT in der Server-Variante Mehrprozessorsysteme bis 8 Prozessoren gegenüber 2 Prozessoren bei der Workstation-Variante.

Die neue Version von Windows NT, Windows 2000, früher unter dem Namen Windows NT 5.0 bekannt, soll Ende 1999 herauskommen. Dabei sollen die folgenden Neuerungen integriert sein:

- symmetric multiprocessing - größere Anzahl von Prozessoren beim Mehrprozessorbetrieb
- Bilden von Rechnercluster
- verbesserte Netzwerkverwaltung

Windows 2000 soll in vier Varianten, drei Servervarianten und eine Variante für Workstations, angeboten werden.

3.2.1.1 Installation und Konfiguration

Windows NT kann auf den folgenden Hardwareplattformen installiert werden:
- INTEL CISC-Prozessoren der 80X86-Reihe
- Digital Equipment RISC-Prozessoren der Alpha-Baureihe
- MIPS RISC-Prozessoren der R4000-Baureihe

Die nachfolgend beschriebene Installation bezieht sich auf eine Hardwareumgebung mit INTEL CISC-Prozessoren (ab 486-Prozessor). Der Rechner sollte mindestens über einen RAM-Speicher von 16 MByte verfügen, wobei hier gilt, je mehr Leistung, desto mehr Speicher wird benötigt. Die Installation von Windows NT erfolgt im Normalfall von einer CD-ROM (Windows NT-Server-CD-ROM), sie kann auch über das Netzwerk erfolgen, dann sind die Verzeichnisse I386 und DRVLIB freizugeben.

Vor Beginn der Installation sollte man sich zur Sicherheit die Daten der Hardware, der Programme und der Netzwerkumgebung notieren. Zur Ermittlung liegt auf der Installations-CD, unter den Verzeichnissen SUPPORT\HQTOOL und SUPPORT\SCSITOOL, ein Hilfsprogramm bei.

Windows NT sollte auf einer Festplattenpartition installiert werden, die mindestens 300 MByte groß ist. Grundsätzlich gibt es zwei Möglichkeiten, Windows NT auf einem Computer zu installieren:

1. Installation ohne Bootdisketten bei einem Rechner mit installiertem Betriebssystem (z. B. DOS oder Windows)

    Diese Installation bietet sich an, wenn bereits ein Betriebssystem auf dem Rechner installiert ist. Es sollte der CD-ROM-Treiber installiert sein. Die Installation wird gestartet, indem das Programm "WINNT.exe" oder "WINNT32", je nach Plattform, mit dem Parameter "/b" aus dem CD-ROM-Verzeichnis "I386" ausgeführt wird.

2. Installation mit Bootdisketten bei einem Rechner ohne installiertes Betriebssystem

    Diese Installation ist erforderlich, wenn kein Betriebssystem auf dem Rechner installiert ist. Man benötigt 3 frisch formatierte 3,5-Zoll-HD-Disketten. Die Installation wird gestartet, indem das Programm "WINNT.exe" oder "WINNT32", je nach Plattform, mit dem Parameter "/ox" aus dem CD-ROM-Verzeichnis "I386" ausgeführt wird.

In beiden Fällen erscheint zuerst das Installationsmenü von Windows NT. Nachfolgend wird nur auf den Fall 2 eingegangen.

Nach dem Neustart des Computers mit den Installationsdisketten, folgt ein Textbildschirm, der die Installationsschritte vorgibt. An dieser Stelle beginnt die wirkliche Installation von Windows NT. Es werden jetzt alle Hardwareadapter erkannt. Diese Hardwareerkennung kann einige Zeit in Anspruch nehmen, wo sich scheinbar nichts tut. Möchte man nicht erkannte Hardwareadapter installieren, so kann man diese mit der Treiberdiskette des Herstellers nachträglich installieren. Sollte es bei der Installation von SCSI-Laufwerken zu Problemen führen, so liegt dies meist an den veralteten SCSI-Treibern. Abhilfe kann hier durch Installation von neuen Treibern erfolgen. Anschließend untersucht das Installationsprogramm den Computer nach eventuell vorhandenen alten Versionen von Windows NT. Ist eine alte Version von Windows NT auf dem Computer, dann ist es nicht möglich, eine Neuinstallation von Windows NT auf diesem Computer durchzuführen, sondern nur ein Update, wenn man das vorhandene Verzeichnis weiterverwendet. Deshalb muß man das Verzeichnis ggf. vorher löschen. Danach folgt eine Liste der angeschlossenen Hardware (Maus, Tastatur usw.). Sollten hier noch Diskrepanzen bestehen zwischen der angeschlossenen Hardware und der aufgelisteten Hardware, so sind jetzt die Änderungen durchzuführen.

Der textbasierende Teil der Installation ist jetzt abgeschlossen, der Computer neu gestartet, und die weitere Installation erfolgt jetzt wieder unter einer grafischen Benutzeroberfläche. In der Windows NT-Version 4 wird die weitere Installation mit einem Installationsassistenten unterstützt. In den Vorgängerversionen wurde die Installation mit einer Abfolge von Dialogboxen unterstützt. Bei der Installation von Windows NT-Servern können folgende drei Servertypen installiert werden:

- primärer Domänen-Controller
- Sicherungs-Domänen-Controller
- alleinstehender Server

Die Installation wird fortgesetzt. Zum Schluß folgt die Installation einer Vielzahl von Zubehörprogrammen, z. B. Bildschirmschoner, die einzeln angewählt werden können. Dann erfolgt die Installation von Netzwerkkomponenten, danach müssen dann noch Datum und Uhrzeit eingestellt werden.

Von Windows NT wird angeboten, eine Notfalldiskette zu erstellen. Dieses Angebot sollte man annehmen, denn diese beinhaltet die wichtigsten Informationen über die Konfiguration, um eine spätere Reparatur eines beschädigten Windows NT-Systems zu ermöglichen. Mit Erstellung der Rettungsdiskette und einem Neustart des Rechners ist die Installation abgeschlossen. Die nachträgliche Installation von Komponenten oder das Ändern von installierten Komponenten ist über die Systemsteuerung möglich.

3.2.1.2 Serveranbindung

Bei der Installation muß für den Computer ein Name vergeben werden. Sofern dieser Rechner Teil des Netzwerkes ist, muß der Name ggf. vom Netzwerkadministrator abgefragt werden. Der eingegebene Name muß im Netzwerk eindeutig sein und darf höchstens aus 15 Zeichen bestehen. Die Verwendung von Leerzeichen sollte man hier vermeiden, obwohl deren Eingabe möglich ist.

Mit der Lizenz des Servers, müssen auch noch für die Clients, die auf den Server zugreifen, Lizenzen erworben werden, diese heißen Client Access Licence (CAL). Dabei kann man die Lizenzen für eine gewisse Anzahl von Client-Arbeitsplätzen oder für eine gewisse Anzahl von Client-Zugriffen erwerben.

Bei der Erstinstallation von Windows NT wird nur das Konto (Account) des Administrators eingerichtet. Man sollte zuerst dessen Paßwort ändern und sicher verwahren. Geht dieses Paßwort verloren, so kann an dem System keine weitere Änderung mehr vorgenommen werden, und das System muß neu installiert werden. Bei der Installation erkennt Windows NT selbständig die installierte Netzwerkkarte. Sollte es Probleme geben, so sollten ggf. die mit der Karte vom Hersteller ausgelieferten Treiber installiert werden.

Windows NT unterstützt die folgenden Netzwerkprotokolle:
- TCP/IP
- NWLink IPX/SPX-kompatible
- NetBEUI
- AppleTalk
- DLC

Bei der TCP/IP-Konfiguration kann der zuständige Domain Name Server (DNS) oder eine Folge von Domain Name Servern angegeben werden. Unter Windows NT 4.0 bietet Microsoft einen DNS-Server unter einer grafischen Oberfläche an. Nach der Auswahl der Protokolle müssen die auf diesem Rechner nutzbaren Dienste, z. B. TCP/IP-Druckdienste, ausgewählt werden.

3.2.1.3 Server- und Systemverwaltung

Jeder Nutzer eines Windows NT-Systems erhält ein **Benutzerkonto,** das vom Systemverwalter eingerichtet wird. Alle Benutzerkonten werden auf der sogenannten Domäne abgelegt und administriert. Meldet sich einer der Benutzer des Netzwerks, das zu dieser Domäne gehört, an einem Computer des Netzwerks an, dann fragt der Computer die Berechtigungen des Benutzers von der Domäne ab.

Der Benutzer wird über den **Benutzermanager** eingerichtet. In der Version für den Windows NT-Server erfolgt die Benutzerverwaltung über den Benutzermanager für Domänen. Dies geschieht über den Menüpunkt Benutzermanager - Neuer Benutzer oder Benutzer - Kopieren.

Für Windows NT-Server müssen in der nachfolgenden Oberfläche die folgenden Daten eingegeben werden:

- **Benutzername**
  Hiermit erfolgt die Anmeldung in der Windows NT-Umgebung.
- **Vollständiger Name**
  Vollständiger Name des Benutzers
- **Beschreibung**
  Ergänzende Information über den Benutzer
- **Kennwort**
  Hier wird das Kennwort für diesen Benutzer eingegeben. Dieses muß zur Anmeldung des Benutzers verwendet werden. Es können noch festgelegte Regeln für die Administration des Kennwortes, z. B. Benutzer kann Kennwort nicht ändern oder Benutzer muß beim ersten Anmelden sein Kennwort ändern, eingestellt werden.

In einem weiteren Feld kann das Konto deaktiviert werden. Dies ist sinnvoll, wenn Benutzer ausscheiden oder um neue Benutzer zu einem festgelegten Zeitpunkt aktivieren zu können.

Über sechs Ikons (Gruppen, Profil, Zeiten, Anmelden an, Konto, RAS) können weitere Einstellungen für den Nutzer vorgenommen werden. Über das Ikon Gruppen kann für den Benutzer die Gruppenmitgliedschaft festgelegt werden. Über das Ikon Profil können für den Benutzer das Benutzerprofil, das Anmeldeskript und das Basisverzeichnis festgelegt werden. Das Benutzerprofil ist die Arbeitsumgebung, unter der dieser Benutzer arbeitet, wenn er sich eingelogt hat. Es kann eine dauerhaft vorgegebene oder eine individuell durch den Benutzer änderbare Arbeitsumgebung geben. Das Anmeldeskript dient dazu, daß der Benutzer bestimmte Programme zu Anfang seiner Sitzung gestartet bekommt. Das Basisverzeichnis ist das Verzeichnis, das dem Benutzer zur Ablage seiner Daten dient. Über das Ikon RAS (Remote Access Service) können Einstellungen für einen Fernzugang, z. B. über ISDN, für den Kunden eingestellt werden. Über das Ikon Zeiten können für den Benutzer auch die Zeiten festgelegt werden, unter denen dem Benutzer der Zugang zum Netz gestattet wird. Über das Ikon Anmelden an kann der Administrator festlegen, von welchen Stationen der Benutzer sich anmelden darf. Über das Ikon Konto legt man fest, ob es sich beim Benutzerkonto um ein globales oder lokales Konto handelt, und den Ablauf des Kontos.

Windows NT bietet die Möglichkeit, auf Ressourcen zuzugreifen, die zu anderen Domänen gehören. Hierzu muß zwischen den beiden Domänen ein Vertrauensverhältnis aufgebaut sein, d. h., der ersten Domäne ist es gestattet, auf Ressourcen von der zweiten Domäne zuzugreifen, es findet keine Überprüfung der Zugreifenden aus der ersten Domäne durch die zweite mehr statt. Die zweite Domäne geht davon aus, daß die Überprüfung der Berechtigung des Benutzers in der ersten Domäne schon stattfand. Der Benutzer muß also nicht mehr in der zweiten Domäne eingerichtet werden. Dieses Vertrauensverhältnis ist gerichtet, d. h., freigegebene Benutzer oder Gruppen der Domäne eins dürfen auf Ressourcen der Domäne zwei zugreifen. Umgekehrt ist es ohne Freigabe der Domäne nicht möglich.

Generell können große Netzwerke grob nach den folgenden vier Netzwerkstrukturen unterteilt werden:

- **Single Domain Model** (dt. Einzeldomänenmodell)
  Hier gibt es nur einen Server für die Domänenverwaltung. Es können max. ca. 20 000 Benutzerkonten eingerichtet werden.

- **Master Domain Model** (dt. Hauptdomänenmodell)
  Hier gibt es mehrere Domänen, aber es existiert nur ein Server für die Domänenverwaltung. Es können max. ca. 20 000 Benutzerkonten eingerichtet werden.

- **Multiple Master Domain Model** (dt. Mehrfachhauptdomänenmodell)
  Hier gibt es mehrere Domänen, und es existieren mehrere Server für die Domänenverwaltung. Es können je nach Anzahl der Server für Domänenverwaltung max. 100 000 Benutzerkonten eingerichtet werden.

- **Complete Trust Model** (dt. vollständiges Vertrauensmodell)
  Hier verwalten alle Domänen ihre lokalen Benutzerkonten selbst, aber jede Domäne hat Vertrauensverhältnisse zu jeder anderen Domäne. Hier können jeweils ca. 20 000 Benutzerkonten eingerichtet werden.

Windows NT ermöglicht es, daß die folgenden Einzelberechtigungen auf Dateien und Verzeichnisse vergeben werden können:

R = read (lesen)
W = write (schreiben)
X = execute (ausführen)
D = delete (löschen)
P = change permissions (Berechtigung ändern)
O = take ownership (Besitz übernehmen)

Dies kann pro Benutzer oder Gruppe eingestellt werden.

3.2.1.4 Festplatten- und Druckerverwaltung

Man sollte auf der Festplatte eines Windows NT-Servers die Festplattenpartitionen im Format NTFS und nicht in FAT formatieren. Dies bringt u. a. die folgenden Vorteile mit sich:

- Verzeichnisse werden automatisch sortiert
- unterstützt Groß- und Kleinschreibung bei Datennamen
- bessere Platzausnutzung der Festplatte
- schnellerer Zugriff

Möchte man Änderungen an den Einstellungen der Festplatte, z. B. Partitionsgröße, so kann dies durch den Festplattenmanager von Windows NT durchgeführt werden. Der Festplattenmanager unterstützt den Anwender auch beim Datenschutz, z. B. durch Einrichten einer Spiegelplatte.

Ein Drucker wird unter dem Ordner Drucker eingerichtet. Nach Öffnen dieses Ordners wird angezeigt, welche Drucker schon installiert sind. Unter dem Punkt Neuer Drucker startet ein Assistent, der bei der Installation des neuen Druckers behilflich ist. Es kann jetzt eine Neuinstallation eines Druckers oder die Verbindung zu einem anderen Drucker im Netz erfolgen. Nachfolgend sind verschiedene Angaben über den neuen Drucker oder den Netzdrucker nötig. Mit einem Doppelklick auf den installierten Drucker und unter dem Menü Drucker Eigenschaften können weitere druckerspezifische Einstellungen vorgenommen werden:

- Druckzeiten einstellen
- Prioritäten des Druckers einstellen
- Drucker im Netz zur Verfügung stellen
- Druckerpools können eingerichtet werden
- Anschlüsse einstellen

- Trennseiten definieren
- Druckerberechtigungen administrieren

Windows NT ermöglicht es, daß DOS-Programme an einen unter Windows NT angeschlossenen Drucker ausdrucken können. Gleiches gilt für Netzdrucker, die mit AppleTalk-Protokoll, DLC-Protokoll und LPR-Protokoll angeschlossen sind.

3.2.1.5 Sicherheit und Rechte

Windows NT erfüllt den amerikanischen Sicherheitsstandard TCSEC in der Klasse C2 und den europäischen Sicherheitsstandard ITSEC in der Klasse F-C2/E3.

Das Login in Windows NT erfolgt durch die Tastenkombination Strg+Alt+Entf, dies verhindert den Einsatz von Programmen, die das Kennwort während der Eingabe ausspionieren. Der Benutzer gibt einen Benutzernamen ein und wird danach noch vom System nach seinem Paßwort gefragt, dessen Eingabe erfolgt nicht sichtbar. Die Übermittlung des Kennwortes zur Verwaltungsdomäne durch das Netz erfolgt verschlüsselt.

Unter dem Menü Richtlinien für Konten können unterschiedlichste Vorgaben für die Kennworteingabe durch den Benutzer eingestellt werden, z. B. minimale Kennwortlänge usw. Die Vorgaben gelten dann für den ganzen Computer oder für die ganze Domäne.

Der Administrator kann verschiedenste Aktionen des Benutzers oder von Gruppen mitprotokollieren, z. B. An- und Abmeldung im Positivfall oder im Negativfall. Die Daten werden in drei Dateien gesammelt und zur Auswertung zur Verfügung gestellt. Der Administrator kann auch Zugriffe auf Verzeichnisse, Drucker usw. mitprotokollieren.

3.2.2 Novell Netware

Das Netzwerkbetriebssystem Netware 4.11 ist seit Ende 1996 als Teil eines Moduls im Lieferumfang des Produktes IntranetWare von Novell enthalten. 1998 brachte Novell mit Netware5 die neueste Version des Netzwerkbetriebssystems auf den Markt. Aufgrund der großen Verbreitung von Netware 4.x soll in diesem Abschnitt die Leistungsfähigkeit von Novell Netware 4.11 aufgezeigt werden, zumal wesentliche Features der Version 5 schon in Netware 4.11 enthalten sind.

Folgende Ziele verfolgt Novell Netware 4.11:

- möglichst einfache Verwaltung des Datenbestandes
- auf Anforderung sind die gespeicherten Daten schnellstmöglich bereitzustellen
- ein Höchstmaß an Sicherheit für gespeicherte Daten

3.2.2.1 Offene Architektur

Durch die Öffnung der Systemarchitektur bei Novell Netware 4.11 kann auf neue Entwicklungen und Standards schnell reagiert werden, da die Systemschnittstellen bei Novell Netware 4.11 offengelegt sind. Durch die Öffnung der Systemarchitektur kann der Benutzer weitestgehend selbst entscheiden, mit welchen Komponenten seine Netzwerklösung zu realisieren ist.

Freie Wahl des Betriebssystems

Novell Netware 4.11 unterstützt die Workstation-Betriebssysteme OS/2, DOS, Mac, UNIX sowie Windows 3.x, Windows für Workgroups, Windows95 und Windows NT. So kann z. B. ein Benutzer das zu installierende Betriebssystem einer Workstation nahezu frei wählen. Die dazu benötigten Treiber und Anpassungen für die Client-Software werden von dem Produkt IntranetWare, das Novell Netware 4.11 beinhaltet, mitgeliefert.

Gleichzeitige Unterstützung mehrerer Protokolle

Auf allen Netware-Servern läuft das von Novell entwickelte Protokoll IPX. Da dieses Protokoll fast ausschließlich nur Netware benutzt, bei größeren Netzwerk-Systemen jedoch das Protokoll TCP/IP verwendet wird, wäre eine Kommunikation mit anderen Servern in diesem Netzwerk nicht möglich. Deshalb unterstützt Novell Netware 4.11 zusätzlich alle gängigen Protokoll-Standards wie z. B. TCP/IP, OSI, AppleTalk.

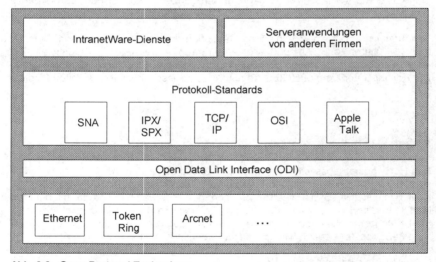

Abb. 3.2 - Open Protocol Technology

Mit dieser Open Protocol Technology (OPT) wird eine Protokollunabhängigkeit der Netzwerk-Server erreicht. Diese Unterstützung von mehreren Protokoll-Stapeln im Netzwerk-Server kann aufgrund des Open Data Link Interface (ODI), welches Bestandteil von Novell Netware 4.11 ist, über eine einzige Netzwerkkarte erfolgen.

ODI realisiert die gleichzeitige Nutzung mehrerer Protokolle, sowohl auf Seiten des Netzwerk-Servers als auch bei den Workstations. Dadurch können z. B. DOS- und UNIX-Workstations mit Hilfe des gleichen Protokolls miteinander kommunizieren. Mit ODI wird die Unabhängigkeit der Netzwerkkarten vom Novell-eigenen Übertragungsprotokoll IPX ermöglicht, um Verbindungen zwischen verschiedenen Netzwerk-Systemen herzustellen.

Offenlegung der Systemschnittstellen

Um u. a. neue Client/Server-Applikationen entwickeln zu können, müssen die API-Schnittstellen offengelegt sein. Sind die Systemschnittstellen klar definiert, können auch andere Firmen neue Client/Server-Applikationen entwickeln und anbieten. Novell orientierte sich bei der Realisierung der Systemschnittstellen an festgelegten Standards. Die von Novell Netware 4.11 verwendeten API-Schnittstellen sind von Novell offengelegt.

3.2.2.2 Netware Directory Services (NDS)

Die logische Struktur des Netzwerkes wird mit allen im Netzwerk vorhandenen Ressourcen (Benutzer, Netzwerk-Server, Drucker ect.) durch die **Netware Directory Services (NDS)** baumförmig verwaltet. Dadurch müssen Änderungen, z. B. das Hinzufügen eines neuen Benutzers, nicht mehr separat für jeden Netzwerk-Server im Netzwerk durchgeführt werden, da diese Änderungen für das gesamte Netzwerk mit allen Netzwerk-Servern im NDS-Verzeichnisbaum Gültigkeit haben.

Von den NDS werden sämtliche relevante Änderungen im Netzwerk (z. B. Einstellungen eines Benutzers werden geändert) automatisch auf allen davon betroffenen Netzwerk-Servern vorgenommen. Die Netware Directory Services gehören zu den wichtigsten Funktionen von Novell Netware 4.11.

3.2.2.3 Installation und Konfiguration des Netzwerkservers

Folgende Faktoren sind bei der Installation von Novell Netware 4.11 auf dem Netzwerk-Server von Bedeutung:

- **Hardware-Voraussetzungen**
  - Prozessor
  - Bussystem
  - DMA und Bus-Mastering
  - Festplatten
  - CD-ROM-Laufwerke
  - Netzwerkkarten
  - Arbeitsspeicher
  - Treiber

- **Vorbereitende Maßnahmen**
  - Installation der Hardware im Netzwerk-Server
  - benötigte LAN- und Disk-Treiber
  - Startlaufwerk und Startverzeichnis anlegen
  - Installationsmethode auswählen
  - Installationsverfahren auswählen
  - Lizenzierung

- **Ablaufschema der Installation**

Hardware-Voraussetzungen

Die Hardwarevoraussetzungen für einen Netzwerk-Server, der mit dem Betriebssystem Novell Netware 4.11 betrieben wird, sollen im Folgenden aufgelistet werden. Generell kann man sagen, je schneller die eingesetzten Rechner arbeiten können, um so größer ist die Leistungsfähigkeit des Netzwerks.

Prozessor

Das Betriebssystem Novell Netware 4.11 läuft auf Rechnern mit 32-Bit-Prozessoren des Typs 80386, 80486, Pentium, Pentium II oder Pentium III. Die Taktfrequenz des Prozessors ist u. a. entscheidend für die Geschwindigkeit eines Netzwerk-Servers, d. h., je höher der Netzwerk-Server getaktet wird, desto schneller können die Operationen von dem Rechner ausgeführt werden. Auch leistungsstarke Multiprozessor-Rechner mit bis zu 32 CPUs, die einen symmetrischen Aufbau aufweisen (sogenannte SMP-Rechner), können mit Novell Netware 4.11 betrieben werden.

Bussysteme

Die in einem Rechner vorhandenen Einheiten, wie z. B. Grafikkarten, Festplatten oder Arbeitsspeicher, übertragen ihre Daten rechnerintern über ein Bussystem. Diese Einheiten werden als Steckkarte in den Bus eingesteckt. Je nach Anforderung kann so ein Rechner individuell angepaßt werden. Für einen Netzwerk-Server ist ein Bussystem vorzusehen, das einen hohen Datendurchsatz ermöglicht.

Auf dem Markt gibt es verschiedene Bussysteme (ISA-Bus, MCA-Bus, EISA-Bus, VLB, PCI ect.). Für einen hohen Datendurchsatz, also eine gute Performance von Datenübertragungen, ist die **externe** Taktfrequenz des Prozessors ausschlaggebend. Computerhersteller werben oftmals mit der hohen **internen** Taktfrequenz des Prozessors. Diese Taktfrequenz ist zur Abarbeitung von rechnerinternen Programmen auf DOS- oder Windows-Umgebungen wichtig. Für die hohe Datenübertragung innerhalb des Netzwerkes ist jedoch die externe Taktfrequenz des Prozessors entscheidend. Ein "Pentium-133-Prozessor" arbeitet intern mit 133 MHz, extern arbeitet dieser Prozessor jedoch nur mit der halben Taktfrequenz, also 66 MHz. Deshalb sollte ein leistungsfähiges Bussystem, das auf den Prozessor und die Anforderungen angepaßt ist, im Netzwerk-Server verwendet werden. Bei kleineren Netzwerken mit wenigen Workstations (sogenannte Clients) können auch noch die älteren 16-Bit-Bussysteme, wie z. B. ISA-Bus, verwendet werden. Bei größeren Netzwerken sollten 32-Bit-Bussysteme oder gar 64-Bit-Bussysteme, wie der PCI-Bus, der sowohl mit 32 Bit als auch mit 64 Bit betrieben werden kann, verwendet werden. Arbeiten der Festplattenadapter und die Netzwerkkarte ebenfalls mit 32 Bit oder sind diese Einheiten in PCI-Technik ausgelegt, so ermöglicht dieses Bussystem einen größeren Datendurchsatz, was besonders bei großer Belastung durch das gleichzeitige Arbeiten von vielen Workstations notwendig wird.

DMA und Bus-Mastering

Um die Übertragungsraten von Daten in den Arbeitsspeicher zu erhöhen, wird ein Teil der Aufgaben von spezialisierten "**Nebenprozessoren**" ausgeführt, die dadurch den Zentralprozessor von diesen Aufgaben entlasten. Dadurch kann der Zentralprozessor andere Aufgaben ausführen, während diese Nebenprozessoren z. B. für die Durchführung der Datenübertragung zuständig sind.

Einige Steckkarten benutzen "**DMA**", um einen schnelleren Datentransfer vom und zum Arbeitsspeicher ohne den Umweg über den Zentralprozessor durchführen zu können. Dabei handelt es sich um zwei in dem Rechner vorhandene DMA-Controller, die eine höhere Datenübertragungsgeschwindigkeit ermöglichen.

Beim "**Bus-Mastering**" wird ebenfalls der Zentralprozessor von der Aufgabe des Datentransfers vom und zum Arbeitsspeicher entlastet. Dieses wird durch einen eigenen Prozessor auf der jeweiligen Netzwerkkarte realisiert. Mit Bus-Master-Karten können sehr hohe Übertragungsgeschwindigkeiten erreicht werden.

Festplatten

Die in einem mit Novell Netware 4.11 betriebenen Netzwerk-Server zu installierende Festplatte sollte eine Zugriffszeit unter 10 ms und eine hohe Datenübertragungsrate von mindestens 2 MByte/s aufweisen. Die Größe der Festplatte richtet sich nach den Anforderungen an den Netzwerk-Server. Für das Betriebssystem Novell Netware 4.11 werden mindestens 90 MByte Speicher benötigt. Hinzu kommen 15 MByte für die notwendige DOS-Partition zum Starten von Novell Netware 4.11 und 90 MByte für das Volume "SYS:". Die Online-Dokumentation umfaßt 60 MByte Speicher, falls dies auf der Festplatte des Netzwerk-Servers gewünscht wird. Auch große Druckaufträge, die temporär auf den Netware-Volumes zwischengespeichert werden, beanspruchen Speicherkapazität auf der Festplatte. Die heute im Handel erhältlichen Festplatten haben meist schon Giga-Byte-Größe und sind auch ausreichend für neue Applikations-Software, die viel Speicherplatz beansprucht.

Der Anschluß von Festplatten in einem Rechner wird durch spezielle Controller oder Hostadapter realisiert. Die zu verwendende Schnittstelle für die Festplatte sollte eine SCSI-Schnittstelle sein, da sie eine sehr hohe Datenübertragungsrate ermöglicht und neben der Festplatte auch CD-ROM, Streamer, Floppy, Scanner, Drucker ect. mit dieser Schnittstelle arbeiten. Benötigt wird hierfür lediglich ein Hostadapter, der die Geräte wie z. B. ein CD-ROM-Laufwerk einzeln ansteuert. Um die Ansteuerung vom Hostadapter vornehmen zu können, wird jedem Gerät eine SCSI-ID vergeben. Seit der Einführung der SCSI-Schnittstelle mit 2 MByte/s wurde diese Schnittstelle weiterentwickelt (SCSI-2-Standard):

- Fast-SCSI-2
  (Übertragungsbreite 8 Bit, Datenübertragungsrate bis 10 MByte/s)

- Wide-SCSI
  (Übertragungsbreite 16 Bit, Datenübertragungsrate bis 20 MByte/s)
- Ultra-SCSI
  (Übertragungsbreite 8 Bit, Datenübertragungsrate bis 20 MByte/s)
- Ultra-Wide-SCSI
  (Übertragungsbreite 16 Bit, Datenübertragungsrate bis 40 MByte/s)

Generell kann man sagen, daß eine möglichst leistungsfähige Variante der SCSI-Schnittstelle verwendet werden sollte. Dabei muß beachtet werden, daß die einzelnen Komponenten zueinander passen. Bei Betrieb von drei SCSI-Festplatten mit jeweils 5 MByte/s Übertragungsrate würde es einen Engpaß in der Datenübertragung geben, wenn ein Fast-SCSI-2-Hostadapter mit bis zu 10 MByte/s Übertragungsrate verwendet würde. Auch die Übertragungsbreite der zu verwendenden Festplatte muß mit dem Hostadapter zusammenpassen. Z. B. kann eine 8-Bit-Festplatte nicht ohne einen zusätzlichen Adapter über einen 16 Bit breiten Hostadapter an den SCSI-Bus angeschlossen werden.

CD-ROM-Laufwerk

Das zu verwendende CD-ROM-Laufwerk muß von Novell Netware 4.11 unterstützt werden. Deshalb bietet sich an, ein SCSI-CD-ROM-Laufwerk einzusetzen, da bei dieser Lösung im Betrieb keine Probleme zu erwarten sind. Mit Ausnahme der ATAPI-Schnittstelle werden andere proprietäre Schnittstellen von Novell Netware 4.11 zur Ansteuerung eines CD-ROM-Laufwerks nicht unterstützt. CD-ROM-Laufwerke werden mit optimierten Zugriffsmechanismen und 8- bzw. 14facher Umdrehungsrate oder höher angeboten, was dem Einsatz im Netzwerk entgegenkommt. Beim Kauf eines CD-ROM-Laufwerkes sollte man sich überlegen, ob man lediglich das Betriebssystem vom CD-ROM-Laufwerk installieren will oder ob das CD-ROM-Laufwerk als Ressource im Netzwerk eingesetzt wird.

Netzwerkkarten

Über Netzwerkkarten werden sämtliche Daten des Netzwerkes übertragen. Um an dieser Stelle des Netzwerkes keinen Engpaß entstehen zu lassen, sollte es schon eine schnelle 32-Bit-Netzwerkkarte in Verbindung mit dem PCI-Bussystem sein. Im Gegensatz zu dem Netzwerk-Server genügt bei den Workstations oftmals eine 16-Bit-Netzwerkkarte. Die Ausnahme bilden Netzwerksysteme, die mit 100 MBit/s und mehr arbeiten. Bei diesen müssen neben den Servern auch die Clients mit einer 32-Bit-Netzwerkkarte ausgerüstet werden.

Hat ein Netzwerk-Server genügend freie Interrupts, so können im Server mehrere Netzwerkkarten gleichzeitig installiert und angesteuert werden, vorausgesetzt, die Typen der eingesetzten Netzwerkkarten lassen dieses zu.

Netzwerkkarten der neueren Generation werden nicht mehr über Jumper fest auf der Karte eingestellt, sondern über Software, so daß ein Öffnen des Rechners nicht mehr erforderlich ist.

Arbeitsspeicher

Zur Dimensionierung des für einen Netzwerk-Server mit dem Betriebssystem Novell Netware 4.11 erforderlichen Arbeitsspeichers sind allein für das Betriebssystem 20 MByte Arbeitsspeicher vorgesehen. Hinzu kommen weitere MByte für zusätzliche Produkte, die auf dem Server geladen werden sollen. Deshalb sollte man einen Netzwerk-Server von vornherein mindestens mit 32 MByte Arbeitsspeicher ausrüsten.

Treiber

Jedes Software-Programm nutzt eigene Treiber, um bestimmte Rechnereinheiten ansprechen zu können. Das Betriebssystem Novell Netware 4.11 braucht ebenfalls spezielle Treiber.

Hauptsächlich gibt es Treiber für Festplattenadapter (Disk-Treiber) und Netzwerkkarten (LAN-Treiber). Im Gegensatz zu Disk-Treibern, die ausschließlich auf Netzwerk-Servern installiert werden, können LAN-Treiber auch auf Clients eingerichtet werden. Im Lieferumfang des Produktes IntranetWare, welches das Netzwerkbetriebssystem Novell Netware 4.11 beinhaltet, sind die wichtigsten LAN-Treiber für die Anpassung an die möglichen Betriebssysteme auf den Clients enthalten. Mit der Client-Software "IntranetWare-Client-32 für DOS" und "IntranetWare-Client-32 für Windows 3.1x", der "IntranetWare-Client-32 für Windows NT" oder "Intranet-Ware-Client-32 für Windows95", die mit Novell Netware 4.11 ausgeliefert wird, können 32-Bit-ODI-LAN-Treiber genutzt werden.

Vorbereitende Maßnahmen

<u>Installation der Hardware im Netzwerk-Server</u>

Interrupt, I/O- sowie Speicheradresse und DMA-Kanal sind Einstellungen, die für die einzelnen Hardware-Komponenten (Netzwerkkarte, Peripheriegeräte, Adapter ect.) nur einmalig vergeben werden dürfen. Jeder Netzwerkkarte und jedem Peripheriegerät werden ein eindeutiger Interrupt, I/O- und Speicheradressen sowie DMA-Kanäle zugewiesen.

Ein Interrupt ist ein Unterbrechungssignal, das z. B. von einer Netzwerkkarte generiert wird, damit aktiv in den Prozeßablauf des Rechners eingegriffen werden kann. Für jeden Interrupt ist eine eigene Interrupt-Leitung vorzusehen.

Die I/O-Adresse ist eine eindeutige Adresse, über die der Rechner mit einer Peripherieeinheit (z. B. eine Schnittstelle) kommunizieren und Ein- und Ausgabeoperationen durchführen kann. Die Speicheradresse gibt die Anfangsadresse des Pufferspeichers, z. B. einer Netzwerkkarte, im Arbeitsspeicher an.

Der DMA-Kanal dient dem direkten Transfer von Daten vom und zum Hauptspeicher ohne den Zugriff über den Zentralprozessor (CPU). Dadurch kann die Datenübertragung schneller erfolgen.

Ist zwei Hardware-Komponenten der gleiche Interrupt zugewiesen, so kann es beim Hochfahren des Betriebssystems zum Absturz kommen, da beide Komponenten mit dem gleichen Interrupt initialisiert werden. Deshalb notiert man sich alle Komponenten des Netzwerk-Servers, denen ein Interrupt, ein I/O-Adreßbereich, eine Speicheradresse und ein DMA-Kanal zugewiesen werden, damit diese nicht doppelt vergeben werden.

Bei einem Rechner mit PCI-Bussystem kann die entsprechende Komponente, z. B. eine Netzwerkkarte, in einen beliebigen Steckplatz des Rechners eingesetzt werden. Sämtliche notwendigen Einstellungen werden automatisch beim Hardware-Setup des Rechners vorgenommen. Hier spricht man von einer Hardware-Erkennung der Komponenten im zu installierenden Netzwerk-Server. Dadurch wird vom Betriebssystem erkannt, welche Netzwerkkarten und Festplattenadapter im Rechner installiert wurden, und abhängig davon können geeignete LAN- und Disk-Treiber vorgeschlagen werden.

Beim Ausbau des Arbeitsspeichers auf mehr als 16 MByte, was für den Betrieb von Novell Netware 4.11 notwendig ist, kann es unter Umständen zu Adressierungsproblemen mit Festplattenadapter und Netzwerkkarten kommen, da der Speicherbereich oberhalb von 16 MByte evtl. nicht erkannt wird. Falls Novell Netware 4.11 diesen Arbeitsspeicherbereich nicht automatisch erkennt, muß dieser manuell mit dem Server-Befehl "REGISTER MEMORY" angegeben werden.

Beim Einbau des Festplattenadapters in den Netzwerk-Server sollte darauf geachtet werden, daß keine Konflikte mit anderen Hardware-Komponenten des Rechners auftreten. Sehr wichtig hierbei ist die Eindeutigkeit des Interrupts und der I/O-Adresse (siehe oben). Es ist auch möglich, mehrere Festplattenadapter in einen Rechner einzusetzen. Ist der Festplattenadapter ordnungsgemäß eingerichtet, kann mit der Installation der Festplatte bzw. Festplatten begonnen werden.

Das Betriebssystem Novell Netware 4.11 kann sowohl vom Netzwerk als auch vom CD-ROM-Laufwerk aus installiert werden. Aber auch bei Installation vom Netzwerk aus ist der Einbau eines CD-ROM-Laufwerks sehr sinnvoll, da die Anwender-Programme immer umfangreicher werden und die CD-ROM z. Z. der geeignetste Datenträger ist. Bei CD-ROM-Laufwerken mit SCSI-Schnittstelle und schon im Rechner installiertem SCSI-Hostadapter ist der Einbau und die Einrichtung denkbar einfach. Man braucht lediglich das Laufwerk mit dem SCSI-Kabel zu verbinden und die SCSI-Einstellungen wie SCSI-ID, Terminierung ect. vorzunehmen.

Ähnliches wie bei der Einrichtung des Festplattenadapters gilt auch für die Installation der Netzwerkkarte im Netzwerk-Server. So darf kein Interrupt doppelt belegt werden, ebenso keine I/O- und Speicheradressen. Die Identifizierung einer Netzwerkkarte im Netzwerk erfolgt anhand der "Knotenadresse". Bei Netzwerkkarten vom Typ Ethernet, Fast-Ethernet und Token Ring ist diese Knotenadresse fest auf der Karte eingestellt. Bei der Netzwerkkarte vom Typ Arcnet muß die Knotenadresse manuell mit Hilfe von DIP-Schaltern auf der Karte vorgenommen werden. Die Knotenadresse kann von 0 bis 255 eingestellt werden, jedoch wird die 0 schon für interne Zwecke verwendet. Anschließend sollte man auf einem Aufkleber die eingestellte Knotenadresse vermerken.

Der Betrieb von Netzwerk-Servern mit mehreren Netzwerkkarten ist gerade für Ethernet und Fast-Ethernet sinnvoll, da sich dadurch bei großen Netzwerken die Kollisionsgefahr aufgrund unterschiedlicher Protokolle verringert.

Sind die Netzwerkkarten erfolgreich installiert (ohne jeglichen Hardware-Konflikt), kann anschließend mit der Installation von Novell Netware 4.11 begonnen werden.

Benötigte LAN- und Disk-Treiber

Der Netzwerk-Server benötigt während der Installation von Novell Netware 4.11 Disk-Treiber wie z. B. SCSI-Hostadapter oder LAN-Treiber für die Netzwerkkarten. Die gängigen Treiber sind im Lieferumfang von IntranetWare enthalten. Dennoch macht es Sinn, in Internet-Seiten der jeweiligen Firmen nach neueren Treibern zu suchen, die evtl. inzwischen bekannte Probleme nicht mehr aufweisen.

Ein Netzwerk-Server mit dem Betriebssystem Novell Netware 4.11 kann nicht gleichzeitig auch als Client benutzt werden. Wie Sie wissen, ist Novell Netware 4.11 das Betriebssystem des Netzwerk-Servers. Um den Server mit IntranetWare hochfahren zu können, wird DOS als sogenanntes Trägerbetriebssystem benötigt. Aber auch bei der Installation von Novell Netware 4.11 auf den Netzwerk-Servern muß zuerst der Rechner mit DOS gebootet werden.

Da es auch bei DOS mehrere Versionen von unterschiedlichen Herstellern gibt, sollte man darauf achten, eine neuere Version von DOS zu benutzen. Meist wird auch mit dem Kauf eines Rechners eine DOS-Version mitgeliefert. Zum Lieferumfang von IntranetWare gehört auch ein Novell-DOS 7.0, das zum Booten des Rechners und dem Einrichten einer Partition auf der Festplatte verwendet werden kann. Bei der Installation von DOS sollten die erweiterten Möglichkeiten der Speicherverwaltung nicht genutzt werden, da dieses für das Betriebssystem IntranetWare nicht notwendig ist, weil hier der Speicherbereich des Arbeitsspeichers oberhalb 1 MByte angesprochen wird.

Überflüssige Befehle aufgrund der DOS-Installation sind in der Datei "Config.sys" und "Autoexec.bat" zu vermeiden. In der "Config.sys" sollten lediglich die Treiber für den CD-ROM-Adapter und das CD-ROM-Laufwerk eingebunden sein, falls die Installation von Novell Netware 4.11 vom CD-ROM-Laufwerk gewünscht wird. Die Datei "Autoexec.bat" sollte den Aufruf der CD-ROM-Erweiterung für DOS, z. B. NWCDEX.EXE, enthalten. Um den nutzbaren Arbeitsspeicher zu vergrößern, kann DOS aus dem Arbeitsspeicher gelöscht werden, nachdem das Laden von Novell Netware 4.11 auf dem Server abgeschlossen und DOS deaktiviert ist.

Startlaufwerk und Startverzeichnis anlegen

- **Startlaufwerk**

    DOS und Novell Netware 4.11 werden von der Festplatte des Netzwerk-Servers gestartet. Die Laufwerksbezeichnung des Startlaufwerks heißt "C:". Auf dieser Festplatte des Netzwerk-Servers wird eine bootfähige DOS-Partition eingerichtet, wo die DOS-Betriebssystemdateien und die Startdateien von Novell Netware 4.11 abgelegt werden. Die bootfähige DOS-Partition wird mit dem DOS-Programm "FDISK" (in IntranetWare enthalten) beim ersten Booten des Netzwerk-Servers erstellt. Die Größe dieser DOS-Partition sollte 25-50 MByte umfassen, um genügend Speicher für Erweiterungen vorzusehen. Ist die DOS-Partition aktiviert, wird der Netzwerk-Server ein zweites Mal, z. B. von der DOS-Diskette, gebootet. Mit Eingabe von "FORMAT C: /S" werden die DOS-Partition bootfähig formatiert und die DOS-Betriebssystemdateien automatisch auf das Startlaufwerk C:

übertragen. Jetzt kann der Netzwerk-Server von seiner Festplatte C: aus ohne DOS-Diskette selbständig starten.

- **Startverzeichnis**
  Auf dem Startlaufwerk C: sollte ein "Startverzeichnis" angelegt werden, in dem die Novell Netware 4.11-Dateien abgelegt werden, die der Netzwerk-Server vor dem Hochfahren unter DOS benötigt. Bei der Installation von Novell Netware 4.11 wird hierfür das Verzeichnis "C:\NWSERVER" vorgeschlagen. Dieses Verzeichnis dient lediglich der Übersichtlichkeit bei der Einbringung z. B. von Updates.

Installationsmethode auswählen

Das Betriebssystem Novell Netware 4.11 wird ausschließlich auf CD-ROM ausgeliefert. Auf der im Lieferumfang enthaltenen CD-ROM "Operating System" sind sämtliche Client- und Server-Softwarekomponenten von IntranetWare enthalten. Die Installation kann sowohl vom CD-ROM-Laufwerk als auch von der Festplatte, auf die die gesamte CD-ROM "Operating System" kopiert wurde, vorgenommen werden. Welche Methode gewählt wird, sollte davon abhängen, wie oft Novell Netware 4.11 installiert werden soll. Bei der einmaligen Installation von Novell Netware 4.11 auf einem Netzwerk-Server bietet sich die Installationsmethode direkt von der CD-ROM an.

Im Folgenden beschränken wir uns auf die Installationsmethode vom CD-ROM-Laufwerk, für die einige Voraussetzungen erfüllt werden müssen:

- Auf der Festplatte muß eine mindestens 15 MByte große DOS-Partition erstellt, aktiviert, formatiert und mit den DOS-Systemdateien startfähig gemacht werden.
- In die DOS-Startdateien "AUTOEXEC.BAT" und "CONFIG.SYS" müssen die entsprechenden DOS-Treiber zur Unterstützung des CD-ROM-Laufwerks eingetragen werden.
- In der DOS-Startdatei "AUTOEXEC.BAT" muß das Laden des Programms "MSCDEX" erfolgen, damit DOS auf das CD-ROM-Laufwerk überhaupt erst zugreifen kann.
- Beim Neustart des Rechners sollte jetzt das CD-ROM-Laufwerk als DOS-Laufwerk ansprechbar sein.

Installationsverfahren auswählen

Soll Novell Netware 4.11 unter Annahme von Standardvorgaben installiert werden, so genügt die "Einfache Installation". Hier werden nur die wichtigsten Einstellungen abgefragt, alle anderen Einstellungen werden mit Standardwerten innerhalb der Installationsroutine belegt. Folgende Voraussetzungen und Festlegungen werden bei der "Einfachen Installation" angenommen:

- Auf der Festplatte, die für das Booten des Netzwerk-Servers verantwortlich ist, muß das Betriebssystem DOS installiert sein.
- Bei mehreren Festplatten im Netzwerk-Server sollen diese nicht miteinander gespiegelt werden.

- Der nicht durch Partitionen anderer Betriebssysteme reservierte Speicherbereich auf den Festplatten wird als Netware-Partition für Novell Netware 4.11 eingerichtet.
- Lediglich ein Volume wird auf jeder Festplatte angelegt. Dabei erhält das erste Volume den Namen "SYS:" und die weiteren Volumes auf den anderen Festplatten der Reihe nach die Namen "VOL1:", "VOL2:" ect.
- Die menügesteuerte Installationsroutine generiert automatisch einen zufälligen Wert für die "IPX Internal Number".
- Soll der Netzwerk-Server nicht im vorhandenen NDS-Verzeichnisbaum eingerichtet werden, so erstellt die menügesteuerte Installationsroutine einen neuen NDS-Verzeichnisbaum mit lediglich einer Organisation, an der der Netzwerk-Server, seine Volumes und der Benutzer-Admin angegliedert sind.
- Die unter DOS vorgenommenen Einstellungen gelten auch für die Zeitsynchronisation, das Tastatur-Layout ect.

Lizenzierung

Die Lizenz für Novell Netware 4.11 gilt lediglich für die Installation auf einem Netzwerk-Server. Sind in diesem Netzwerk noch andere Netzwerk-Server mit dem Betriebssystem Novell Netware 4.11 vorgesehen, muß für jeden Netzwerk-Server mit dem Betriebssystem Novell Netware 4.11 eine separate Lizenz erworben werden.

Ablaufschema der Installation

Das in Tab. 3.2 enthaltene Ablaufschema der menügesteuerten Installationsroutine dient der Orientierung, welcher Installationsschritt als nächstes folgt und welche Installationsschritte schon ausgeführt sind. Es werden lediglich die Installationsschritte für die **"Einfache Installation"** hier aufgeführt:

Installationsschritt	Anmerkung
Starten von INSTALL	
Landessprache auswählen	
Nutzungsbestimmungen für IntranetWare lesen	
Auswahl des Installationstyps "Netware-Server"	
Festlegung des Namens des Netzwerk-Servers	
Festlegung der Internen IPX-Nummer	wird automatisch vom System vorgenommen
Festlegung des Startverzeichnisses	wird ebenfalls automatisch vom System vorgenommen C:\NWSERVER
Festlegung landesspezifischer Einstellungen	automatisch (es werden die Einstellungen aus DOS verwendet)

Laden von "SERVER.EXE" beim Booten des Netzwerk-Servers	über die DOS-Startdatei "AUTOEXEC.BAT" wird "SERVER.EXE" geladen
"SERVER.EXE" wird ausgeführt	automatisch
Ausführen der menügesteuerten Installationsroutine	automatisch
(SMP-Unterstützung aktivieren)	nur bei SMP-Rechner relevant
Laden der LAN- und Disk-Treiber	automatisch
Übertragungsprotokolle an LAN-Treiber binden	automatisch
Netzwerk-Volume für die IntranetWare-CD-ROM "Operating System" einrichten	einzurichten, falls erforderlich
Netzwerk-Partitionen auf allen Festplatten erstellen	automatisch
Das Volume "SYS:" mounten	automatisch
(Anmelden am Netz)	nur bei der Installation von Novell Netware 4.11 über ein schon vorhandenes Netzwerk
Kopieren von wichtigen Systemdateien auf das Volume "SYS:"	automatisch
Einbinden des Netzwerk-Servers in einen NDS-Verzeichnisbaum	muß eingerichtet werden
Einspielen der Novell Netware 4.11-Lizenz	manuell beeinflußbar
Erstellen der Startdatei "STARTUP.NCF"	automatisch
Erstellen der Startdatei "AUTOEXEC.NCF"	automatisch
Kopieren der Systemdateien und Programme	automatisch
Installation weiterer Komponenten auf dem Netzwerk-Server	automatisch
Abschließender Funktionstest durch das Herunter- und wieder Hochfahren des Netzwerk-Servers	muß durchgeführt werden

Tab. 3.2 - Ablaufschema der Installation von Novell Netware 4.11 auf dem Netzwerk-Server

3.2.2.4 Installation und Konfiguration einer Workstation

Workstations, sogenannte Clients, sind neben den Netzwerk-Servern Teil des Netzwerkes. Um aus einem PC-Arbeitsplatz einen Client für Novell Netware 4.11 zu machen, müssen neben der geeigneten Software zusätzlich auch Hardware-Voraussetzungen geschaffen werden.

Voraussetzungen zur Installation der Client-Software

Die Client-Software von Novell Netware 4.11 ermöglicht die Netzwerkanbindung von allen PCs, die mit den Betriebssystemen DOS, Windows 3.1x, Windows für Workgroups, Windows95, Windows NT und OS/2 betrieben werden. Auch der Apple Macintosh-Rechner wird unterstützt.

Die meisten Komponenten der jeweiligen Client-Software sind im Lieferumfang von IntranetWare schon enthalten. Fehlende Komponenten können im Internet unter Novells Web-Seite (www.support.novell.de) abgezogen werden. Hier lohnt sich oftmals ein Blick ins Internet.

Grundsätzlich kann man sagen, daß sämtliche Rechner der x86-Reihe und der Apple Macintosh die Voraussetzungen für den Betrieb als Workstation erfüllen. Jede Workstation muß mit einer Netzwerkkarte ausgerüstet sein, die mit dem Verkabelungssystem verbunden ist. Es empfiehlt sich hier, eine 32-Bit-PCI-Netzwerkkarte zu benutzen. Man beachte jedoch, daß der Netzwerk-Server, an dessen Strang diese und weitere Workstations angebunden sind, ebenfalls über eine 32-Bit-PCI-Netzwerkkarte verfügen muß. Workstation und Netzwerk-Server tauschen Informationen über die gleiche Art von Netzwerkkarten aus. Für die Installation der Netzwerkkarte ist ein freier Steckplatz im Rechner vorgesehen. Für die Konfiguration der Netzwerkkarte gilt das gleiche wie bei der Installation der Netzwerkkarte beim Netzwerk-Server (siehe oben). Wichtig ist auch hier, einen freien Interrupt zu finden.

Eine weitere Grundvoraussetzung der Workstation ist die Bootfähigkeit des Betriebssystems (z. B. DOS).

Installation der Client-Software

Die Installation der Client-Software auf einer DOS-Workstation kann sowohl von Diskette, vom Netzwerk wie auch von CD-ROM erfolgen. Bei der Installation mit CD-ROM ist ein betriebsbereites CD-ROM-Laufwerk in der Workstation einzurichten. Die Installation der gewünschten Client-Software wird gestartet im entsprechenden Verzeichnis der "Operating"-CD-ROM von IntranetWare mit dem Befehl "INSTALL" (DOS-basiertes Installationsprogramm) oder "SETUP" (Windows-basiertes Installationsprogramm).

3.2.2.5 Dateiverwaltung

Aufgabe des Novell Netware 4.11-Dateisystems ist die Aufnahme und Verwaltung von Verzeichnissen und Dateien auf einem Netzwerk-Server. Dieses Dateisystem ist unabhängig vom Network Directory Services-Verzeichnisbaum, der für die Verwaltung von Objekten im Netzwerk verantwortlich ist.

Aufbau des Novell Netware 4.11-Dateisystems

Die Struktur des Novell Netware 4.11-Dateisystems ist hierarchisch aufgebaut:

- Netzwerk-Server (höchste Ebene)
- Festplatte

- Netware-Partition
- Volume
- Verzeichnis
- Unterverzeichnis
- Datei (niedrigste Ebene)

Der Netzwerk-Server bildet die höchste Ebene im IntranetWare-Dateisystem.

Er kann mehrere Festplatten beinhalten, die beim Installieren von Novell Netware 4.11 auf diesem Server mit einbezogen werden können. Da eine Festplatte nicht direkt von Novell Netware 4.11 angesprochen werden kann, muß bei der Installation von Novell Netware 4.11 auf jeder dieser Festplatten ein Teil für das Betriebssystem Novell Netware 4.11 reserviert werden. Das Einrichten dieser Netware-Partition muß für jede Festplatte vorgenommen werden, die für Novell Netware 4.11 verwendet werden soll.

Volumes sind "logische Bereiche" auf den Netware-Partitionen. Ein Volume kann sich auch über mehrere Festplatten im Netzwerk-Server erstrecken. Die von den Benutzern erzeugten Daten werden auf den Volumes abgespeichert. Zu vergleichen ist ein Volume mit einem Hauptverzeichnis unter DOS. Unterhalb eines Volumes sind Verzeichnisse und Unterverzeichnisse angegliedert, zu vergleichen mit der Verzeichnisstruktur bei DOS.

Die unterste Ebene bildet die Datei. Dateien können sowohl in der Ebene Volume als auch in der Ebene Verzeichnis oder Unterverzeichnis abgelegt werden.

Der Pfad zu einer Datei wird folgendermaßen angegeben:

Netzwerk-Server\Volume:Verzeichnis\Unterverzeichnis\...\Datei

Die Bezeichnung des Netzwerk-Servers trägt einen mindestens 2 und höchstens 47 Zeichen langen Namen, gefolgt von einem "Backslash" (umgekehrter Schrägstrich). Die Länge des Volume-Namens kann zwischen 2 bis 15 Zeichen variieren, daran anschließend ein Doppelpunkt.

Verzeichnisse und Unterverzeichnisse haben einen bis zu 8 Zeichen langen Namen, der von einem Punkt und einer maximal 3stelligen Namenserweiterung ergänzt werden kann. Meistens wird diese Namenserweiterung bei Verzeichnissen jedoch weggelassen. Dem Verzeichnis folgt ein Backslash. Die Zusammensetzung der Namensgebung bei Dateien ist identisch mit der der Verzeichnisse. Dateien haben meist eine Namenserweiterung.

Die Angaben der Länge der Verzeichnis- und Datei-Namen gelten für das Betriebssystem DOS, welches von Novell Netware 4.11 standardmäßig unterstützt wird. Bei anderen Betriebssystemen wie z. B. Windows95 werden längere Dateinamen zugelassen. Diese Namenskonventionen können mit Hilfe von "Name Space Modules" (z. B. LONG:NAM) realisiert werden.

Löschen von Dateien

Es gibt zwei Arten des Löschens von Dateien:

- logisches Löschen
- physikalisches Löschen

Dateien innerhalb eines Volumes des Netzwerk-Servers lassen sich z. B. mit dem Menü-Utility "FILER" löschen. Auch ist es damit möglich, ganze Verzeichnisse mit den darin enthaltenen Dateien zu löschen. Der ursprünglich belegte Speicherplatz der gelöschten Dateien wird von Novell Netware 4.11 nicht freigegeben, da die Dateien nur logisch gelöscht werden. Dadurch bleiben die gelöschten Dateien auf dem Volume erhalten.

Wird neben der Datei auch das zugehörige Verzeichnis gelöscht, legt Novell Netware 4.11 diese Datei in ein "Löschverzeichnis" ab. Dadurch wird der von den logisch gelöschten Dateien ursprünglich belegte Speicherplatz weiterhin belegt.

Der Speicherplatz auf einem Volume gliedert sich in drei Bereiche:

- belegter Speicherplatz von Verzeichnissen und Dateien
- tatsächlich freier Speicherplatz
- der von gelöschten Dateien beanspruchte Speicherplatz

Ist der tatsächlich freie Speicherplatz erschöpft, werden der Reihe nach die Dateien mit dem ältesten Löschdatum physikalisch gelöscht. Zu löschende Dateien, die nach dem Löschen nicht mehr reproduziert werden sollen, können mit Novell Netware 4.11 physikalisch und damit endgültig gelöscht werden. Hierbei wird der ursprünglich belegte Speicherplatz sofort wieder freigegeben.

3.2.2.6 Druckmöglichkeiten

Eines der Ziele eines Netzwerkes ist die bessere Ausnutzung der Ressourcen. Dazu gehört auch die Ressource "Drucker". Dieser Drucker wird als Netzwerkdrucker bezeichnet.

Druckeransteuerung

Drucker können an parallelen wie auch seriellen Schnittstellen eines Rechners angeschlossen werden. Parallele Schnittstellen werden mit "LPT1:", "LPT2:", ... bezeichnet, wobei "LPT1:" der Standard-Druckerausgang ist. Dieser wird auch "PRN:" genannt. Serielle Schnittstellen heißen "COM1:", "COM2:", ...

Ein Netzwerkdrucker kann sowohl direkt an einem Netzwerk-Server als auch an einer Workstation angeschlossen sein. Um einen Drucker als Netzwerkdrucker unter dem Betriebssystem Novell Netware 4.11 einzurichten, muß dieser als Blattobjekt "Drucker" im NDS-Verzeichnisbaum definiert werden. Ein Netzwerkadministrator erstellt dieses Blattobjekt mit Angabe der Art des Netzwerkdruckers. Um Netzwerkdrucker anzusprechen, gibt es zwei Verfahren, die abhängig vom Workstation-Betriebssystem sind.

Workstations, die mit DOS oder Windows 3.1x als Betriebssystem arbeiten, können Druckaufträge nur an Drucker versenden, die direkt an dieser Workstation angeschlossen sind. Die Betriebssysteme DOS und Windows 3.1x lassen das Ansprechen von Netzwerk-Druckern nicht zu. Deshalb werden Netzwerkdrucker mit Hilfe von Novell Netware 4.11 sozusagen "indirekt" angesprochen. Dazu lenkt Novell Netware 4.11 den Druckerausgang in das Netzwerk um.

Das auf der Workstation laufende Programm, das den Druckauftrag initialisierte, weiß nichts von der Umlenkung der Druckaufträge auf einen Netzwerkdrucker und glaubt, daß die Druckausgabe an dem an der Workstation angeschalteten Drucker erfolgt. In Wirklichkeit erfolgt die Druckausgabe jedoch auf einem Netzwerkdrucker. Dies nennt man "Umlenkung eines Druckerausgangs". Wichtig ist, daß die Umlenkung nur für parallele Druckerausgänge vorgenommen werden kann, d. h., die Workstation, auf der ein Ausdruck beauftragt wird, muß ihre Ausgaben zu einem parallelen Druckerausgang schicken. Damit wird eine Umlenkung ins Netzwerk vorgenommen. Die Umlenkung eines Druckerausgangs muß vor dem Druckauftrag aktiviert werden. Novell Netware 4.11 bietet die Möglichkeit, bis zu drei parallele Druckerausgänge gleichzeitig in das Netzwerk umzuleiten.

Workstations, auf denen das Betriebssystem Windows95, Windows98 oder Windows NT läuft, haben mit der Ansteuerung von Netzwerkdruckern keine Probleme.

Das Anwendungsprogramm auf der Workstation spricht einfach einen Drucker an. Dabei ist egal, ob es sich hierbei um einen lokal angeschalteten Drucker oder um einen Netzwerkdrucker handelt. Die Client-Software braucht hier keine Umlenkung von Druckausgaben vorzunehmen.

Druckauftrag

Die umgelenkten Druckausgaben werden zu einem "Druckauftrag" zusammengefaßt. Dabei kann ein Druckauftrag aus einem oder in einem Zeitraum angesammelter Druckausgaben bestehen. Sobald Druckausgaben ins Netzwerk umgeleitet werden, entstehen automatisch Druckaufträge, die nach ihrer Ausführung gelöscht werden. Der Zeitraum für die Größe des Druckauftrages kann vom Benutzer eingestellt werden. Um eine Datei auf einem Netzwerkdrucker auszudrucken, muß diese Datei in einen Druckauftrag gestellt werden.

Druckerwarteschlange

Bei der Abwicklung von Druckaufträgen managed die "Druckerwarteschlange" (engl. Print Queue) die zeitliche Reihenfolge der Abarbeitung. Bei zwei zeitgleichen Druckaufträgen auf demselben Netzwerkdrucker würden ohne die Druckerwarteschlange die beiden Druckaufträge gleichzeitig und ineinander gemischt ausgegeben werden. Um dies zu verhindern, werden Druckaufträge nicht direkt zum Netzwerkdrucker gesendet, sondern zuerst in einer Druckerwarteschlange eingereiht. Nachfolgende Druckaufträge werden hinten in der Druckerwarteschlange eingefügt.

Die Zuordnung einer Druckerwarteschlange zu einem Netzwerkdrucker mit Angabe der Priorität wird "Printer Mapping" genannt. Damit wird festgelegt, welche Druckerwarteschlange auf welchem Netzwerkdrucker ausgegeben wird. Dabei ist auch möglich, daß eine Druckerwarteschlange auf mehrere Netzwerkdrucker verteilt wird oder mehrere Druckerwarteschlangen den gleichen Netzwerkdruckern zugeordnet sind. Nach Höhe der Priorität der Druckerwarteschlange wird diese dann bevorzugt bearbeitet. Das Einrichten einer Druckerwarteschlange sollte Aufgabe des Netzwerkadministrators sein, da er auch die Zuordnung zu den Netzwerkdruckern, die als Blattobjekt der Klasse "Drucker" im NDS-Verzeichnisbaum festgelegt wurden, vorgenommen hat.

Print-Server

Bei Novell Netware 4.11 ist für die Steuerung von Druckausgaben der "Print-Server" zuständig; er ist für die interne Verwaltung von Druckerwarteschlangen und Netzwerkdruckern verantwortlich. Vom Netzwerkadministrator wird die Zuordnung einer Druckerwarteschlange zu einem Print-Server festgelegt, der bis zu 256 Netzwerkdrucker unterstützen kann.

Im Netzwerk können mehrere Print-Server eingerichtet werden, die gleichzeitig aktiv sind und voneinander vollkommen unabhängig arbeiten. Um den Netzwerk-Server mit dem Betriebssystem Novell Netware 4.11 auch gleichzeitig als Print-Server zu nutzen, muß am Netzwerk-Server das NLM-Utility "PSERVER", das für die Abwicklung der Druck-Dienste zuständig ist, geladen werden.

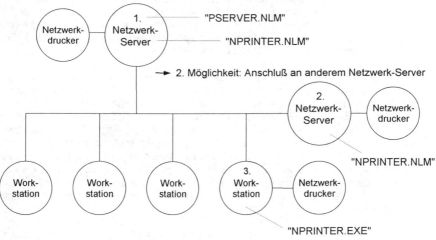

Abb. 3.3 - Anschlußmöglichkeiten eines Netzwerkdruckers

Die Anbindung eines Netzwerkdruckers muß dabei nicht direkt an einem Netzwerk-Server, der gleichzeitig als Print-Server arbeitet, erfolgen. Netzwerkdrucker, die im gesamten Netzwerk verteilt sind, können unter der Kontrolle des auf einen Netzwerk-Server aktivierten Print-Servers stehen. Dabei können Netzwerkdrucker auch an Workstations und an anderen Netzwerk-Servern angeschlossen sein.

Für die Ansteuerung von Netzwerkdruckern ist das Programm "NPRINTER" verantwortlich. Deshalb muß auf allen Netzwerk-Servern, an denen Netzwerkdrucker angeschaltet sind, das Programm "NPRINTER.NLM" geladen werden. Dabei ist unerheblich, ob derselbe Netzwerk-Server auch als Print-Server mit dem NLM-Programm "PSERVER" ausgerüstet ist.

3.2.2.7 Sicherheit

Um im laufenden Betrieb auftretende Fehler zu beheben, verwendet Novell Netware 4.11 das Programm "SFT III", welches die höchste Stufe der Toleranz gegen in Betrieb auftretende Fehler der Hardware umsetzt. Hierfür werden zwei identisch ausgestattete Netzwerk-Server verwendet, um bei Ausfall eines Netzwerk-Servers den Betrieb in Sekundenschnelle auf den anderen Netzwerk-Server zu verteilen, ohne daß die angeschlossenen Workstations dieses überhaupt registrieren oder gar beeinflussen.

Um die Identität von Objekten festzustellen, wird vor der Freigabe des Zugriffs auf Netzwerkdaten eine Gültigkeitsprüfung bei Anfrage eines Benutzers an die NDS-Verzeichnisdatenbank durchgeführt. Dabei wird geprüft, ob eine Anfrage auch wirklich von dieser Workstation stammt und nicht manipuliert wurde. Auch wird hierbei der Zeitpunkt der Abfrage geprüft. Es muß sichergestellt sein, daß die Anfrage während der gerade ablaufenden Sitzung, also während man eingelogt ist, erfolgt. Dadurch wird eine Aufzeichnung seitens Dritter verhindert.

Schon beim Anmelden des Benutzers am Netzwerk wird von der Client-Software eine Beglaubigung vom Netzwerk angefordert. Es wird für dieses Login ein sogenannter "öffentlicher Schlüssel" ermittelt und verschlüsselt an die Workstation übertragen. Nach Eingabe des korrekten Paßwortes wird der "öffentliche Schlüssel" in einen "privaten Schlüssel" überführt. Aus den Identifikationsmerkmalen Benutzer, Workstation und der Sitzung wird eine Art Beglaubigungsschreiben gebildet. Durch Codierung werden diese Informationen verschlüsselt. Auch werden die noch auf der Workstation im Arbeitsspeicher vorhandenen Login-Daten gelöscht. Anschließend überprüft der Netzwerk-Server die Anfrage mit dem entsprechenden ID-Code. Kann dieser Code entschlüsselt werden, wird der Workstation die erfolgreiche Anmeldung am Netz mitgeteilt.

Alle Vorgänge im Netzwerk können aufgezeichnet werden. Dadurch können Veränderungen von Dateien und Zugriffsrechten nachvollzogen werden und sogar diejenigen Benutzer ermittelt werden, die diese Änderungen vorgenommen haben. Ein als "Revisor" ausgewiesener Benutzer kann alle Vorgänge im Netz sicherheitstechnisch überwachen. Die Revision umfaßt die Bereiche NDS und die Veränderungen im Novell Netware 4.11-Dateisystem.

Abb. 3.4 - Die verschiedenen Sicherheitsebenen

3.2.3 UNIX

3.2.3.1 Ursprung von UNIX

Die Geburtsstunde von **UNIX** war 1969 bei AT&T Bell Laboratories in Murray Hill, New Jersey. Dort brachte Ken Thompson mit UNIX ein Betriebssystem auf die Welt, welches drei besondere Merkmale aufwies. Es ist ein:

- "timesharing"-fähiges Betriebssystem
- "multiuser"-fähiges Betriebssystem
- "interaktives" Betriebssystem

Wobei "timesharing" für die Prozessorzeiteinteilung auf mehrere Programme steht und "multiuser" für mehrere gleichzeitig arbeitende Benutzer. Interaktiv bedeutet, daß während einer Programmausführung der Benutzer über Dialoge Eingaben machen kann, die den weiteren Programmablauf bestimmen. Ein interaktives, timesharing-/multiuser-fähiges Betriebssystem ermöglicht also, daß mehrere Benutzer gleichzeitig mit mehreren Programmen interaktiv auf einem Rechner arbeiten können.

UNIX-Vielfalt

UNIX=*NIX? UNIX wurde in der Programmiersprache C geschrieben und zum Selbstkostenpreis als Quellcode an Universitäten abgegeben. Es entwickelte sich zum Universitäten-Betriebssystem, welches von vielen Benutzern der verschiedenen Universitäten jeweils um die benötigten Funktionen erweitert wurde. Es verbreitete sich sehr schnell in vielen verschiedenen Ausprägungen, bei denen der Befehlssatz um weitere Befehle ergänzt und die Bildschirmausgaben anderer leicht angepaßt wurden. Besonders verdient hat sich bei der Erweiterung von UNIX die Universität von Kalifornien in Berkley gemacht, die eine eigene Versionslinie hervorgebracht hat. Sie wird unter dem Namen BSD (Berkley Software Distribution) vertrieben.

Da Programme mit erweitertem Befehlssatz nicht unter dem Betriebssystem UNIX mit dem Grundbefehlssatz laufen, mußte für diese zur Unterscheidung ein anderer Name vergeben werden. Der Name UNIX selbst ist rechtlich geschützt, weshalb nur Teile des Namens UNIX verwendet werden konnten. So gab, gibt es z. B. XENIX für PCs von Microsoft, ULTRIX von Digital Equipment Corporation, SINIX für Siemens-Nixdorf-Rechner, LINUX als Freeware für PCs, SunOS, Solaris von Sun Microsystems usw.

In den letzten Jahren wurde immer wieder, mit teilweise nur geringem Erfolg, versucht, die verschiedenen UNIX-Ableger wieder in einer Version zu vereinen, um die Verwendung von UNIX-Programmen auf möglichst vielen Plattformen zu gestatten. Heute wird das UNIX SYSTEM V als De-facto-Standard für UNIX angesehen. V steht dabei für eine römische Fünf. Innerhalb der Produktlinie SYSTEM V werden die einzelnen Ausgaben noch durch die "Release"-Nummer genauer unterschieden. So steht SVR4 für UNIX SYSTEM V Release 4.

UNIX-Systemaufbau

Nur der **Betriebssystemkern** (Kernel) ist in der Lage, über die Gerätetreiber direkt auf Hardware zuzugreifen. Alle Anwendungsprogramme müssen die Funktionen des Betriebssystemkerns nutzen, um die Dienste der Hardware in Anspruch nehmen zu können.

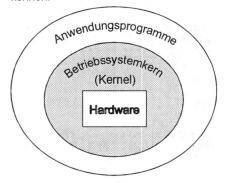

Abb. 3.5 - UNIX-Betriebssystem

Dies hat den Vorteil, daß das Betriebssystem regelt, wer, wann und wie lange auf bestimmte Ressourcen (z. B. Drucker, Speicher, Prozessor etc.) zugreift. Deshalb stürzt das Betriebssystem nicht gleich ab, wenn sich eine Anwendung während eines Hardwarezugriffes aufgehängt hat und die Steuerung nicht mehr an das Betriebssystem zurückgibt.

Mit Anwendungsprogrammen in der Abb. 3.5 sind sowohl anwenderspezifische Programme wie auch Systemprogramme gemeint. Systemprogramme starten Benutzerprozesse und bilden die Shell (dt. Schale).

Der UNIX-Benutzer kommuniziert mit dem Betriebssystem über eine Shell, welche die Kommandoeingaben des Benutzers entgegennimmt. Die Benutzereingaben werden dann von ihr in Systemaufrufe umgesetzt und von dem Betriebssystemkern sofort ausführt. Die Shell, die den Kernel wie eine Schale vom Benutzer abschirmt, wird wegen der direkten Befehlsumsetzung auch als Kommandointerpreter bezeichnet.

Die bekannteste Shell ist die Bourne-Shell (sh) die als Standard-Shell bei UNIX SYSTEM V.4 mit ausgeliefert wird. Des weiteren sind auch die Korn-Shell (ksh), Job-Shell und C-Shell (csh) mit im Lieferumfang enthalten. Dabei umfaßt die Korn-Shell den gesamten Befehlssatz der Bourne-Shell und enthält zusätzlich noch einen Kommandozeileneditor sowie eingebaute mathematische Funktionen. Wegen dieser Benutzerfreundlichkeiten wird sie meisten von den UNIX-Anwendern bevorzugt verwendet.

3.2.3.2 Installation und Konfiguration

Allgemeines

Die Installationen der einzelnen UNIX-Varianten unterscheiden sich stark voneinander. Der Installationsvorgang hängt nicht nur davon ab, auf welcher Art von Rechner das UNIX-Betriebssystem laufen soll, sondern auch von welchem Hersteller es erworben wurde. Es sollte auf jeden Fall die mitgelieferte Installationsanweisung vor Beginn der Installation vollständig gelesen worden sein, um auf eventuell auftretende Probleme vorbereitet zu sein.

In den nächsten Kapiteln sollen die grundsätzlichen Überlegungen beschrieben werden, die bei einer UNIX-Installation anzustellen sind.

Welche Hardwarevoraussetzungen sind zu erfüllen?

Bei der rasanten Entwicklung auf dem Rechnermarkt sollte bei der Hardwaredimensionierung nicht nach der Mindestanforderung, sondern nach dem Verfügbaren geschaut werden, um gleich von vornherein für weitere Softwareerweiterungen gerüstet zu sein. So spart man sich das meist arbeitsintensive Aufrüsten und braucht sich über die Performance (Leistungsfähigkeit) seines Systems nicht gleich nach der Installation des Betriebssystems Sorgen zu machen. So sollte es schon ein Prozessor mit einer Taktfrequenz von 400 MHz, ein Hauptspeicher von 256 MByte und eine Festplatte von 10 GByte sein. Dazu dürfen das 3½-Zoll-Diskettenlaufwerk und ein CD-ROM-Laufwerk nicht fehlen. Für die Datensicherung ist noch ein Massendatenspeicher empfehlenswert, wie z. B. ein Bandlaufwerk oder ein ZIP-Laufwerk.

Für PC-UNIX-Systeme muß man mit einem Festplattenspeicherbedarf von über 100 MByte nur für das Betriebssystem rechnen, die dann je nach Verwendung des Systems aufgeteilt werden. Für die "richtigen" UNIX-Systeme liegt der Speicherbedarf bei 400 MByte + - 200 MByte, je nachdem ob noch eine Anwendungsentwicklungsumgebung mit installiert werden soll oder nicht.

Wie sollte die Festplatte partitioniert werden (Aufteilung der Festplatte in logische Bereiche)?

Bei Festplatten kleiner 1 GByte wird meist nur eine Partition erstellt, die dann in Unterbereiche aufgeteilt wird. Bei Platten ab einem Gigabyte Größe wird die Platte in 16 mögliche Partitionen aufgeteilt, denen dann verschiedene Dateisysteme zugeordnet werden. Eine Partition, unter UNIX auch als slice (s) bezeichnet, ist eine "logische Plattenaufteilung". Durch die Einteilung der Platte in logische Bereiche können diese separat angesprochen werden und auch mit verschiedenen Dateisystemen formatiert werden.

Beispiel der Ausgabe einer Standardplattenaufteilung einer 1-GByte-Festplatte mit dem Kommando:

/sbin/dkpart -l /dev/ios0/rsdisk000s0

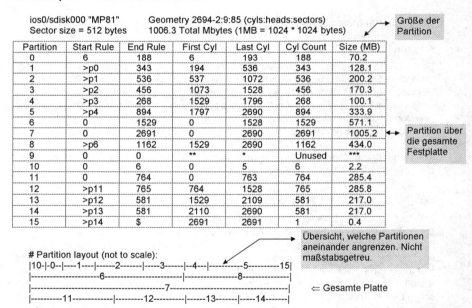

ios0/sdisk000 "MP81"   Geometry 2694-2:9:85 (cyls:heads:sectors)   → Größe der Partition
Sector size = 512 bytes   1006.3 Total Mbytes (1MB = 1024 * 1024 bytes)

Partition	Start Rule	End Rule	First Cyl	Last Cyl	Cyl Count	Size (MB)
0	6	188	6	193	188	70.2
1	>p0	343	194	536	343	128.1
2	>p1	536	537	1072	536	200.2
3	>p2	456	1073	1528	456	170.3
4	>p3	268	1529	1796	268	100.1
5	>p4	894	1797	2690	894	333.9
6	0	1529	0	1528	1529	571.1
7	0	2691	0	2690	2691	1005.2
8	>p6	1162	1529	2690	1162	434.0
9	0	0	**	*	Unused	***
10	0	6	0	5	6	2.2
11	0	764	0	763	764	285.4
12	>p11	765	764	1528	765	285.8
13	>p12	581	1529	2109	581	217.0
14	>p13	581	2110	2690	581	217.0
15	>p14	$	2691	2691	1	0.4

Partition 7: Partition über die gesamte Festplatte

Übersicht, welche Partitionen aneinander angrenzen. Nicht maßstabsgetreu.

```
# Partition layout (not to scale):
|10-|-0--|----1----|------2-------|-----3------|--4---|---------5----------15|
|----------------------6----------------------|---------------8---------------|
|-------------------------------------7----------------------------------------|    ⇐ Gesamte Platte
|----------11-------------|---------12----------|------13-------|-----14-------|
```

Abb. 3.6 - Plattenpartitionierung einer 1-GByte-Festplatte

Alle vier der hier gezeigten Plattenpartitionierungen sind <u>parallel</u> (gleichzeitig) gültig. Entscheidend für die zu bearbeitenden Plattenbereiche ist der verwendete Slice im Befehl.

Hinweis:

Partition 10 wird als Bootpartition auf der ersten Platte verwendet.
Partition 15 ist für die Einrichtung von virtuellen Spiegelplatten reserviert.
Partition 7 geht über die gesamte Platte. (Vorsicht bei Formatierungen!!)

Einzelnen Partitionen werden dann Dateisysteme zugeordnet. Das Root-Dateisystem (/) und der Swap-Bereich müssen immer vorhanden sein. Für den Swap-Bereich gilt generell, er sollte zweimal so groß sein wie der Hauptspeicher des Rechners, mindestens jedoch 16 MBytes. In diesem Bereich lagert UNIX inaktive Programme aus dem Hauptspeicher aus, die dort gerade nicht benötigt werden (virtuelle Speicherverwaltung). Er wird deshalb auch als Auslagerungsbereich bezeichnet.

Für die obige Festplatte, welche als Systemplatte als erste am SCSI-Controller hängt, könnte die Zuordnung wie in Tab. 3.3 dargestellt aussehen.

Plattenpartition	Datei-system	Größe in MByte	Erläuterung
/dev/ios0/sdisk000s0	/	70.2	Root-Dateisystem
/dev/ios0/sdisk000s1	-	128.1	Swap-Bereich
/dev/ios0/sdisk000s2	/opt	200.2	für Anwendungssoftware
/dev/ios0/sdisk000s3	/usr	170.3	für Kommandos und gleichbleibende Systemdaten
/dev/ios0/sdisk000s4	/var	100.1	für Protokoll- und Konfigurationsdateien und veränderliche Systemdaten
/dev/ios0/sdisk000s5	/home	333.9	für benutzereigene Dateien
/dev/ios0/sdisk000s10	SASH	2.2	enthält das Bootprogramm
/dev/ios0/sdisk000s15		0.4	Statusbereich bei virtuellen Spiegelplatten

Tab. 3.3 - Zuordnungstabelle der Partitionen zu den einzelnen Dateisystemen

Eine Systemplatte besitzt immer am Anfang der physikalischen Platte den Slice10, der das Bootprogramm enthält. Diese Partition darf nicht verändert werden, da sonst ein Hochfahren des UNIX-Betriebssystems nicht mehr möglich ist.

Wie sieht das Benutzerberechtigungskonzept aus?

Es müssen Überlegungen angestellt werden, wer alles an dem System arbeiten soll, um die entsprechenden Benutzerkennungen und die für deren Aufgaben notwendige Rechteverteilung vornehmen zu können. Dabei sollten Benutzer mit gleichen Aufgaben in Gruppen zusammengefaßt werden, damit die Rechte nur einmal an die Gruppen vergeben werden müssen und nicht an jeden Benutzer einzeln.

Wie sieht die Netzwerkanbindung aus?

Hier sollte ein Konzept erstellt werden, mit welcher Art von Netzwerk die Rechner miteinander verbunden werden sollen und welches Protokoll verwendet werden soll. Bei einem TCP/IP-Netz sollte man sich Gedanken machen, welche IP-Adressen den einzelnen Rechnern vergeben werden sollen. Wenn geplant ist, das Netz mit weiteren Netzen zu verbinden, sollten die IP-Adressen auf jeden Fall offiziell beantragt werden, damit diese eindeutig sind und nicht doppelt im Netz vorkommen, was zu Konflikten führt.

Welche weiteren Softwarepakete müssen noch installiert werden?

Bei der Konfiguration des UNIX-Rechners sollten die für den Benutzer zusätzlichen Anwendungsprogramme nicht vergessen werden. Dies sollte auch bei der Berechnung des Plattenplatzes und der Partitionierung berücksichtigt werden. Des weiteren müssen für die Anwendungsprogramme nach der Installation noch Umgebungsvariablen gesetzt und die Berechtigung für die einzelnen Anwender vergeben werden.

Arten der Installation

Man unterscheidet drei Arten der Installation:

1. Aktivierung der Vorinstallation
2. Update-Installation
3. Neuinstallation

Damit die einzelnen Komponenten bei der Installation besser einzuordnen sind, ist in Abb. 3.7 ein Beispiel eines UNIX-Betriebssystemstarts aufgezeichnet. Der genaue Aufbau hängt vom jeweils verwendeten Rechnertyp ab.

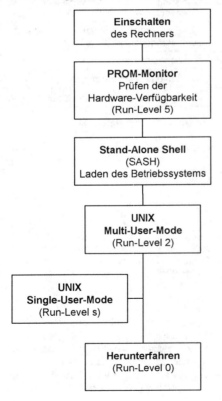

Abb. 3.7 - UNIX-Systemstart

Nach dem Einschalten des Rechners wird die Hardware auf Verfügbarkeit geprüft. Dies erledigt der PROM-Monitor (er befindet sich auf EEPROMs), der auch als Firmware-Monitor bezeichnet wird. (Bei PCs erledigt dies das BIOS [Basisein-/ausgabesystem].)

Nachdem sich der Prozessor, die Coprozessoren, das RAM, die Peripherieschnittstellen und die SCSI-Geräte einsatzbereit erklärt haben, kann man an dieser Stelle den Autoboot-Vorgang durch eine Tastenkombination (meist CTRL+C) unterbrechen, um eventuell Einstellungen der Umgebungsparameter (z. B. Tastaturtyp, IP-Adresse) im PROM-Monitor zu verändern oder manuell in die Stand-Alone-Shell (SASH) zu wechseln. Ansonsten lädt der PROM-Monitor automatisch die SASH von der Partition 10 der Systemplatte in den Hauptspeicher (SASH = Mini-Betriebssystem). Aus der SASH kann über den Befehl **install** ein Betriebssysteminstallationsmenü aufgerufen werden.

Die SASH lädt das UNIX-Betriebssystem, montiert das Root-Dateisystem und startet den Initialisierungsprozeß vom Betriebssystem. Der Run-Level gibt den jeweiligen Betriebsmodus des Systems an.

Aktivierung der Vorinstallation

Beim Erwerb eines neuen UNIX-Rechners wurde das Betriebssystem bereits vom Hersteller vorinstalliert.

Nachdem sämtliche Hardware aufgebaut und an die Stromversorgung angeschlossen wurde, wird die mitgelieferte Keydiskette zur Aktivierung der Installation in das Diskettenlaufwerk eingelegt. Nun kann der Rechner eingeschaltet werden. Der Rechner installiert dann selbständig das UNIX-Betriebssystem.

Zum Abschluß sind noch folgende Arbeiten zu erledigen:

- Kennwörter der Standardbenutzer ändern (root, sysadm, setup, admin ...)
- Rechnernamen ändern
- zusätzliche Anwendungssoftware installieren
- weitere Benutzerkennungen und Benutzergruppen einrichten
- Benutzerumgebungen konfigurieren (Shell-Art, Umgebungsvariablen ...)
- Drucker konfigurieren

Update-Installation

Eine Update-Installation wird durchgeführt, wenn sich bereits eine ältere Version des Betriebssystems auf dem Rechner befindet. Sie kann entweder lokal an dem jeweiligen Rechner ausgeführt werden oder remote (entfernt) von einem über ein Netzwerk verbundenen Rechner.

Bei der Update-Installation besteht zusätzlich zu der mit Befehlen auf der Kommandoebene geführten Installation die Möglichkeit, sie über die Bedieneroberfläche SYSADM auszuführen.

Eine Update-Installation könnte nach folgendem Muster ablaufen:

1. Rechner einschalten, Betriebssystem hochfahren.
2. Datensicherung der Systemplatte (für den Fall, daß die Update-Installation fehlschlägt).
3. CD-ROM mit dem Update-Paket ins Laufwerk einlegen.
4. Neue Readme-Datei lesen (enthält die neusten Informationen, die bei der Herausgabe der Installationsanweisung noch nicht bekannt waren).
5. Lesen des Online-Handbucheintrags über den "update"-Befehl (man-Pages: mitgeliefertes elektronisches Handbuch für die Hilfe zum richtigen Einsetzen von Befehlen. Z.B: **man update** zeigt die Syntax [Schreibweise] des Befehles "update" mit der dazugehörigen Erklärung an).
6. Falls vorhanden den Update-Prüfmodus ausführen und das erstellte Protokoll auf Fehler hin überprüfen. (Der Prüfmodus prüft, ob alle Voraussetzungen für eine Update-Installation gegeben sind, wie z. B.: genügend Plattenplatz, höhere Softwareversion als die bereits installierte und ähnliche Prüfungen.)
7. Falls erforderlich Update der EEPROM-Firmware. (Der Firmware-Monitor testet die angeschlossene Hardware auf Verfügbarkeit, wie Prozessor, RAM, Schnittstellen, und lädt die SASH in den Hauptspeicher.)
8. In den Single-User-Modus wechseln. (Falls noch andere Benutzer remote auf den Rechner zugreifen, werden diese benachrichtigt, daß sie ihre Anwendungen schließen müssen und nach einer einstellbaren Zeit vom Rechner zwangsgetrennt werden. Dies ist notwendig, damit während der Installation keine Betriebssystemaufrufe mehr vorhanden sind.)
9. Starten des Update-Ausführungsmodus. (Aktualisierung des Betriebssystems wird vorgenommen. Auftretende Fehler müssen vor Neustart des Systems behoben werden, weil nur ein komplett installiertes Betriebssystem einer Version einsatzfähig ist. Ist die Fehlerbeseitigung nicht möglich, muß vor dem Neustart die vorher gesicherte Betriebssystemversion wieder eingespielt werden.)
10. Prüfen der Protokolldateien auf womöglich aufgetretene Fehler.
11. System neu starten.
12. Auf Meldungen achten, die in bezug auf die Update-Installation erscheinen.
13. Anpassen geänderter Konfigurationsdateien sowie Parameter für grafische Oberflächen.
14. Sichern des nun hoffentlich wieder betriebsfähigen Betriebssystems.

Neuinstallation

Eine Neuinstallation wird immer dann ausgeführt, wenn das Betriebssystem gewechselt werden soll oder wenn es unwiederbringlich zerstört wurde.

Dies geschieht folgendermaßen:

1. Die Installations-CD wird ins CD-ROM-Laufwerk eingelegt.
2. Nach dem Einschalten des Rechners fährt das System von der Installations-CD in eine SASH (Stand Alone Shell). (SASH = Mini-Betriebssystem, welches in den Hauptspeicher des Rechners geladen wird.) Durch Eingabe von **install** gelangt man in ein Mini-Root-System mit Menüführung, in dem folgende Angaben gemacht werden müssen:
   - Dialogsprache wählen
   - Typ des Bildschirms wählen
   - Typ der Tastatur wählen
3. Falls sich noch Daten auf der Festplatte befinden, die noch benötigt werden, sollten diese gesichert werden.
4. Readme-Datei lesen (enthält die neusten Informationen die bei der Herausgabe der Installationsanweisung noch nicht bekannt waren).
5. Im Installationsdialog müssen folgende Fragen beantwortet werden:
   - Name des Rechners
   - Zeitzone des Rechnerstandortes
   - Systemplatte (Festplatte mit Bootpartition) auswählen und gegebenenfalls neu partitionieren und mit dem gewünschten Dateisystem formatieren.
   - ob die, falls noch vorhandene, /home-Partition wieder verwendet werden soll.
6. Nach dem Installationsvorgang fährt der Rechner erneut hoch.
7. Auf Meldungen achten, die in bezug auf die Neuinstallation erscheinen.
8. Anpassen von Konfigurationsdateien sowie Parameter für grafische Oberflächen.
9. Zusätzliche Anwendungssoftware installieren.
10. Weitere Benutzerkennungen und Benutzergruppen einrichten.
11. Benutzerumgebungen konfigurieren (Shell-Art, Umgebungsvariablen ...).
12. Drucker konfigurieren.
13. Sicherung der Systemplatte.

3.2.3.3 UNIX-Dateisystem

Daten jeglicher Art werden unter UNIX als Dateien angesehen. Seien es nun Programme, Befehle, Peripheriegeräte wie Festplatte oder Drucker: alle werden sie über einen Dateinamen angesprochen. Dieser erscheint für den Anwender immer in gleicher Form, egal wie die physikalische Organisation des Speichermediums aussieht.

Die Struktur des **UNIX-Dateisystems** ist hierarchisch aufgebaut und gleicht dem eines Baumes, siehe Abb. 3.8. Der Dateibaum beginnt an der Wurzel mit dem Wurzelverzeichnis (Root-Directory). Den Stamm mit den Verästelungen bilden die Dateiverzeichnisse (Directories), an denen die Dateien (Files) hängen.

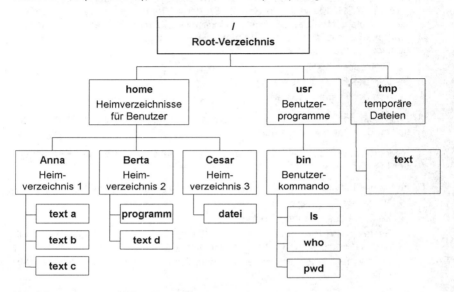

Abb. 3.8 - Beispiel eines Dateibaumes

Der Ablageort einer Datei in einem **Dateibaum** wird über den Pfad (Path) angegeben, siehe Abb. 3.9. Er beginnt mit einem / für das **Root-Verzeichnis,** listet dann alle Verzeichnisse auf dem Weg bis zur Datei auf und enthält am Ende den Dateinamen. Die einzelnen Namen werden dabei durch / getrennt. Der Pfadname für die Datei "datei" in dem in Abb. 3.8 enthaltenen Verzeichnisbaum lautet:

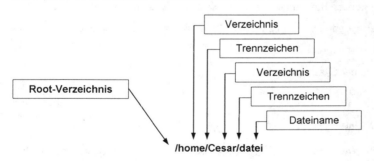

Abb. 3.9 - Absoluter Pfadname

Man unterscheidet zwischen dem **absoluten** und **relativen Pfadnamen**. Der absolute Pfadname beschreibt immer den vollständigen Pfad von der Wurzel bis zur Datei. Er beschreibt damit eine Datei eindeutig.

Beim relativen Pfadnamen (siehe Abb. 3.10) geht man davon aus, daß man sich bereits im Baum befindet und nur noch der Weg bis zur Datei beschrieben werden muß. Wenn man sich z. B. im /home-Verzeichnis befindet, lautet der relative Pfadname zur Datei "datei":

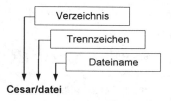

Abb. 3.10 - Relativer Pfadname

Diese Art der Pfadangabe ist nur eindeutig, wenn man sie von einem bestimmten Standpunkt aus verwendet. Eine andere Datei mit dem absoluten Pfad /tmp/Cesar/datei von dem Standpunkt /tmp aus würde den gleichen relativen Pfadnamen besitzen. D. h., eine relative Pfadangabe beschreibt den Pfad immer in bezug auf einen Standpunkt, sprich relativ zum Standpunkt.

Bei den Pfad- und Dateinamen unterscheidet UNIX zwischen Groß- und Kleinschreibung. So kann es in einem Verzeichnis die Dateien "Klaus" und "klaus" mit verschiedenem Inhalt geben, was sonst nicht möglich wäre.

3.2.3.4 Rechtekonzept unter UNIX

Wer mit dem UNIX-Betriebssystem arbeiten möchte, braucht eine Benutzerkennung und das dazugehörige Paßwort. Ohnedies läuft nichts. Auf einem neu installierten System gibt es auf jeden Fall eine Benutzerkennung, und zwar die Root-Kennung. So wie das Root-Verzeichnis in der Hierarchie des Dateibaumes an der Spitze steht, ist der Root-Benutzer der Superuser des UNIX-Systems. Er hat uneingeschränkte Rechte auf alle Dateisysteme seines Rechners. Alle anderen Benutzer müssen eingerichtet werden und erhalten eine Untermenge der "Root-Rechte".

Beim Einrichten eines weiteren Benutzers wird dieser einer Gruppe zugeordnet. Er erhält Zugriffsrechte an Dateien oder Dateiverzeichnissen entweder direkt seiner Kennung zugeordnet oder über seine Gruppe. Ferner gehört jeder Benutzer dem "Rest der Welt" an, über den er ebenfalls Zugriffsrechte erhalten kann. (UNIX arbeitet intern nicht mit den Kennwörtern, sondern vergibt jedem neuen Benutzer eine UID [User Identification] und jeder neuen Gruppe ein GID [Group Identification]. Die Zuordnung des Benutzers zur UID und GID stehen in der Datei **/etc/passwd**.)

Aus Sicht der Datei sieht es so aus, daß beim Anlegen einer Datei oder eines Verzeichnisses der momentan angemeldete Benutzer (User) und die Ihm zugeordnete Gruppe in die Zugriffstabelle der Datei oder des Verzeichnisses eingetragen werden. Demzufolge lassen sich die Zugriffsrechte für jede Datei und jedes Dateiverzeichnis in drei Bereiche unterteilen:

- Besitzer (owner), meist derjenige der eine Datei erstellt oder ein Verzeichnis angelegt hat.
- Gruppe (group), der ein oder mehrere Benutzer zugeordnet sind.
- Rest der Welt (others), alle, die weder als Besitzer noch als Gruppenmitglied in den Zugriffstabellen eingetragen sind.

Wie diese Rechte für eine Datei oder ein Verzeichnis aussehen, kann man sich mit dem Befehl:

ls -l (list sorted mit der Option -long, erstellt eine Liste der im aktuellen Verzeichnis enthaltenen Dateien und Dateiverzeichnisse)

anschauen. Die Ausgabe folgt dem in Abb. 3.11 dargestellten Schema.

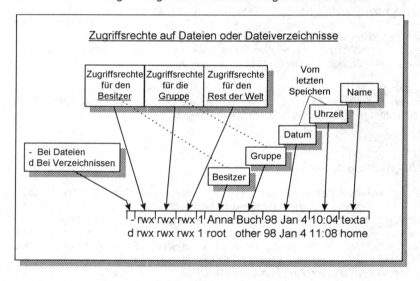

Abb. 3.11 - Schema der Befehlsausgabe ls -l

Bei der Zugriffsrechtermittlung einer Datei prüft das System zuerst, ob der aktuelle Benutzer der Besitzer der Datei ist. Sollte dies der Fall sein, so werden die Rechte für den Besitzer verwendet. Ist das nicht der Fall, so wird geprüft, ob die Gruppen übereinstimmen. Wenn ja, werden die Gruppenrechte verwendet, und wenn nicht, werden die Zugriffsrechte, die für den Rest der Welt eingestellt sind, verwendet.

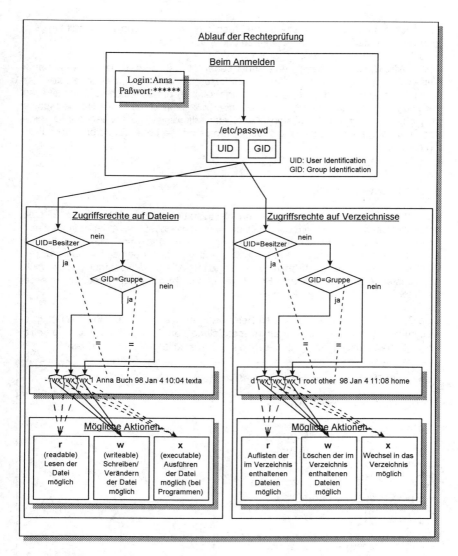

3.12 - **Ermittlung der Zugriffsrechte auf eine Datei oder ein Dateiverzeichnis**

Das Schreibrecht hat bei Verzeichnissen eine etwas andere Bedeutung als bei Dateien. Besitzt man das Schreibrecht auf eine Datei, kann man deren Inhalt beliebig verändern und ihn sogar löschen, aber die Datei selbst nicht. Um den Dateinamen mit dazugehörigem Inhalt aus einem Verzeichnis löschen zu können, benötigt man das Schreibrecht auf das Verzeichnis, in dem sich die Datei befindet. Um ein Verzeichnis löschen oder anlegen zu können, benötigt man das Schreibrecht auf das übergeordnete Verzeichnis. Die Schreibrechte eines Verzeichnisses beziehen sich immer auf die darin enthaltenen Dateien und Verzeichnisse.

Das Ausführungsrecht beim Verzeichnis bedeutet, daß man in das entsprechende Verzeichnis wechseln kann, während das Leserecht es erlaubt, den Inhalt des Verzeichnisses aufzulisten. Das bedeutet, man kann in ein Verzeichnis wechseln, auf das man nur das Ausführungsrecht hat, aber die darin enthaltenen Dateien lassen sich anschließend nicht auflisten. Kennt man allerdings die Namen der Dateien, kann man diese anschauen und ändern, wenn man die Lese-/Schreibrechte auf die Dateien besitzt.

3.2.3.5 Netzwerkdienste

Im UNIX-System steht eine Reihe von Netzwerkdiensten zur Verfügung, die ein netzwerkweites Arbeiten ermöglicht. Der Nachrichtenaustausch der unterschiedlichen Dienste geschieht über sogenannte Ports, die ständig von "daemon"-Prozessen auf eintreffende Nachrichten hin überwacht werden ("daemon" = Dämon). (Als **Dämon** werden **Hintergrundprozesse** bezeichnet, die beim Hochfahren des Rechners gestartet werden und vom Benutzer unbemerkt Aufgaben erledigen, bis der Rechner wieder heruntergefahren wird.)

Eine Zuordnung der Dienste zu den Ports und dem verwendeten Übertragungsprotokoll findet man in der Datei **/etc/services** (siehe Tab. 3.4). Alle der darin eingetragenen Dienste lassen sich grundsätzlich für den jeweiligen Rechner nutzen.

```
#ident "@(#)$Header: services,v 1.7 93/11/30 13:15:05 hpf Exp $ UNIX"
#
# Network services, Internet style
#
echo            7/tcp
echo            7/udp
systat          11/tcp      users
daytime         13/tcp
daytime         13/udp
netstat         15/tcp
ftp-data        20/tcp
ftp             21/tcp
telnet          23/tcp
smtp            25/tcp      mail
time            37/tcp      timserver
time            37/udp      timserver
name            42/udp      nameserver
whois           43/tcp      nicname         # usually to sri-nic
domain          53/udp
domain          53/tcp
bootp           67/udp                      # boot protocol server
hostnames       101/tcp     hostname        # usually to sri-nic
sunrpc          111/udp     rpcbind
sunrpc          111/tcp     rpcbind
#
```

```
# Host specific functions
#
tftp          69/udp
rje           77/tcp
finger        79/tcp
nntp          119/tcp    usenet      # Network News Transfer
ntp           123/tcp                # Network Time Protocol
NeWS          144/tcp    news        # Window System
#
# UNIX specific services
#
# these are NOT officially assigned
#
exec          512/tcp
login         513/tcp
shell         514/tcp    cmd         # no passwords used
printer       515/tcp    spooler     # line printer spooler
uucp          540/tcp    uucpd       # uucp daemon
who           513/udp    whod
syslog        514/udp
talk          517/udp
route         520/udp    router routed
timed         525/udp    timeserver
new-rwho      550/udp    new-who     # experimental
nfsd          2049/udp               # NFS server daemon
listen        2766/tcp               # AT&T network listener
errord        2777/tcp               # error daemon
#
# For X
#
xserver0      6000/tcp
snmp          161/udp
snmp-trap     162/udp
xdmcp         177/udp
Spool_db      5100/tcp               #Spool V4.0
```

Tab. 3.4 - **Beispiel von /etc/services**

In der /etc/services steht der Name des Netzwerkdienstes, gefolgt von der Portnummer, dem Übertragungsprotokoll, ggf. einem Aliasnamen und hinter dem #-Zeichen ein Kommentar. Man muß leider feststellen, daß nicht alle Programmnamen mit den Netzwerkdienstnamen übereinstimmen.

Einige der zum Standard gewordenen Dienste sollen hier vorgestellt werden:

Die Dienste **ruptime, rwho** geben Statusinformationen über den Zustand der am LAN angeschlossenen Rechner und den angemeldeten Benutzer ab.

Die Programme **rlogin** (Remote Login) und **telnet** erlauben ein Anmelden auf entfernten Rechnern und anschließendes Arbeiten, als säße man direkt vor dem entfernten Rechner.

Über **rcp** (Remote Copy) oder **ftp** (File Transfer Protokoll) lassen sich Dateien zwischen zwei Rechnern eines Netzwerkes übertragen.

Gesprächig wird das Netz durch die Kommunikationsdienste **mail** und **talk**.

Der **Network Information Service** (NIS) verwendet das Client/Server-Prinzip zum Vereinfachen der Administration eines Netzwerkes. Bei dem Netzwerkverwaltungssystem werden die zu administrierenden Daten in einer zentralen Datenbank geführt und regelmäßig von den einzelnen Clients abgefordert. Man verwendet diesen Dienst z. B. für die Verteilung der /etc/hosts, die für die Umsetzung des Rechnernamens in die entsprechende IP-Adresse zuständig ist.

Network File System (NFS) ermöglicht den Aufbau eines netzwerkweiten Dateisystems. Lokal am Rechner kann man mit Dateien, die auf entfernten Rechnern gespeichert sind, wie gewohnt arbeiten (Standard-UNIX-Kommandos sind verwendbar).

Neben den oben aufgeführten Netzwerkdiensten, welche die Benutzer mit Eingaben kontrollieren, gibt es noch Dienste, die das UNIX-Betriebssystem für netzweite Aktionen verwenden kann:

Domain Name Service (DNS) arbeitet auf den meisten UNIX-Systemen mit der Berkley Internet Name Domain-(BIND-)Schnittstelle. Er löst Rechnernamen netzwerkübergreifend in IP-Adressen auf. Die Abfragen laufen über den name-Service. (Rechnern werden Namen gegeben, weil man sich diese besser merken kann als die vier Zahlen der IP-Adresse.)

Network News Transfer-Protokoll (nntp) regelt den Austausch von Artikeln auf USENET-Servern.

Simple Mail Transfer-Protokoll (smtp) kontrolliert unter anderem eingehende elektronische Nachrichten (E-Mails) auf gültigen Adreßeintrag.

Simple Network Management-Protokoll (snmp) ermöglicht das Verwalten von am Netz angeschlossenen Geräten.

Network Time-Protokoll (xntp) synchronisiert die lokalen Rechneruhren auf eine einheitliche Netzuhrzeit.

Der **Route**-Dämon verwaltet die Routing-Tabelle. (Sie bestimmt, welcher Weg durch das Netz zum Zielrechner führt. Sind mehrere Wege möglich, wird einer nach bestimmten Kriterien ausgewählt.)

3.2.3.6 Druckerverwaltung

Soll eine Datei unter UNIX ausgedruckt werden, so muß ein Druckbefehl abgegeben werden. Daraufhin wird dieser als Druckauftrag (Druckjob) an den Spooler gesendet. Dieser reiht den Druckauftrag in die Druckerwarteschlange ein. Sobald der Druckauftrag den Anfang der Warteschlange erreicht hat, wird er abgearbeitet, und der entsprechende Drucker druckt die Datei aus.

Der Umweg über die Druckerwarteschlange ist erforderlich, um die Druckaufträge von einem oder mehreren Benutzern an einen Drucker zu organisieren. Der **Spooler** übernimmt neben dieser Aufgabe auch die Verwaltung der Drucker (SPOOL steht für Simultaneous Peripheral Operations On Line). Mehrere Drucker können zu einer Druckergruppe zusammengefaßt werden, und der Spooler "entscheidet", auf welchem gedruckt werden soll. Z. B. kann der Spooler so konfiguriert werden, daß bei einer Druckergruppe mit zwei Druckern standardmäßig auf Drucker A ausgedruckt wird. Ist der Drucker A gerade mit einem Ausdruck beschäftigt oder wegen Papiermangels nicht einsatzbereit, wird automatisch auf Drucker B ausgedruckt.

Über den **Spooler** bestehen zusätzlich folgende Möglichkeiten:

- den Ausdruck anzuhalten
- Statusabfrage der Druckerwarteschlange und der angeschlossenen Drucker
- Druckaufträge zu löschen
- Verändern der Position einzelner Druckaufträge in der Warteschlange
- Umleiten von Druckaufträgen aus der Warteschlange zu anderen Druckern

Je nach Leistungsumfang des Spoolers besteht die Chance, Formulare (Vordrucke) zwischen den einzelnen Druckaufträgen ausdrucken zu lassen, auf denen ersichtlich ist, wer den Druckauftrag wann abgesetzt hat. Dieses Formular dient dann als Trennblatt zwischen den einzelnen Druckaufträgen.

UNIX-Standardspoolsysteme sind der lpr- (LinePrinter) und der lp-Spooler.

Drucker können unter UNIX als lokale oder als Netzwerkdrucker konfiguriert werden. Lokale Drucker sind entweder über die serielle oder die parallele Schnittstelle an den Rechner angeschlossen und können nur von diesem genutzt werden. Netzwerkdrucker hängen entweder über eine eigene Netzwerkkarte direkt am Netz oder sind ebenfalls über die serielle oder parallele Schnittstelle an einem Rechner angebunden. Sie können von mehreren Rechnern im Netz benutzt werden.

3.2.3.7 Sicherheit im Netzwerk

Bei einem Rechner mit Netzwerkverbindung besteht immer die Gefahr, daß er Angriffspunkt für ungewollte Manipulationen wird. Sei es nun ein verärgerter oder neugieriger Kollege, ein Scherzbold oder organisierte Kriminalität. Grundsätzlich gilt, je wichtiger die Daten auf dem Rechner für Dritte sind, desto besser sollten diese gegen Mißbrauch geschützt werden.

Zur Wahrnehmung der Sicherheitsfunktionenaufgaben sollte ein Sicherheitsbeauftragter vom Vorstand des Unternehmens benannt werden. Dieser arbeitet ein Sicherheitskonzept aus, in dem dokumentiert wird, welche Gefährdungen auf das System bestehen und welche Maßnahmen zum Schutz getroffen werden müssen. Er muß die Kosten für die Schutzmaßnahmen begründen und eine Entscheidungsgrundlage erstellen, in der die Kosten und die Wahrscheinlichkeit des Eintretens des Restrisikos gegenübergestellt werden.

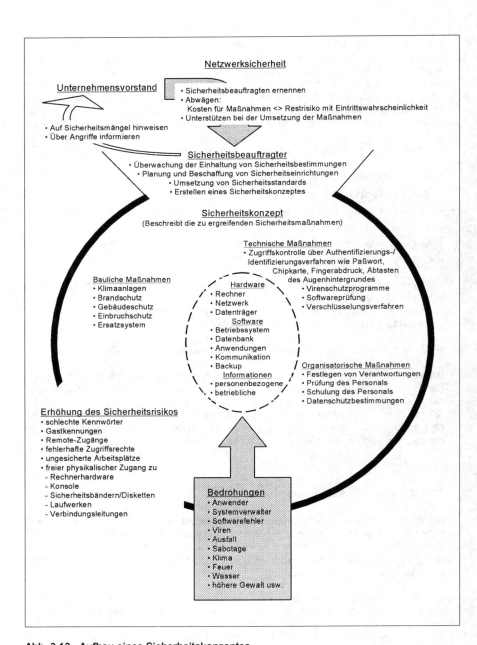

Abb. 3.13 - Aufbau eines Sicherheitskonzeptes

Der Vorstand entscheidet, welches Schadensrisiko er tragen kann, und läßt die erforderlichen Schutzmaßnahmen umsetzen.

Der Aufwand steigt exponential mit der zu erreichenden Erhöhung der Sicherheit, wobei es ein absolut sicheres System nie geben kann. Der Sicherheitsstatus eines Gesamtsystems ist immer nur so gut wie das unsicherste Glied in der Kette. Es nützt nichts, nur einen bestimmten Bereich zu betrachten, sondern man muß immer das Gesamtsystem im Blick haben.

Beispiel:
Wenn ein Rechner gut gegen Zugriff gesichert ist, aber die zu schützenden Daten auf einer Sicherungsdiskette unverschlossen in einer Schublade liegen, waren die Sicherheitsbemühungen umsonst.

Bei UNIX gibt es Möglichkeiten, durch geschickte Konfiguration die Sicherheit zu erhöhen. Das bedeutet allerdings auch, daß man sich durch Nachlässigkeit oder Unwissenheit in falscher Sicherheit wägen kann. Denn es gibt auch eine Reihe von UNIX-Kommandos, die das Ausspionieren von Daten erleichtern.

Im Folgenden sollen ein paar Punkte aufgeführt werden, die man nicht außer acht lassen sollte, wenn Fremde Zugang zum System haben:

- Die Datenübertragung bei den standardmäßig eingesetzten Protokollen geschieht unverschlüsselt. Dieses gilt auch für Kennungen und Paßwörter, wenn sie im Zusammenhang mit Netzdiensten wie mit einer Telnet- oder rlogin- (Remote Login) Sitzung verwendet werden. Im besonderen Maße gilt dies für die Root-Kennung, mit der man alle möglichen Aktionen auf einem UNIX-System ausführen kann. Deshalb niemals Root-Kennung übers Netzwerk.

- Alle Netzwerkdienste, die nicht benötigt werden, sollten abgeschaltet werden, wie z. B. tftp (Trivial File Transfer-Protokoll).

- Mit dem Netzwerkdienst ftp (File Transfer-Protokoll) können Dateien- und Dateiverzeichnisse angelegt und gelöscht werden. Deshalb sollten nur Benutzer mit begrenzten Zugriffsrechten ftp-Erlaubnis haben (Einschränkung der ftp-Erlaubnis über /etc/ftpusers).

- Sicherheitstechnisch überprüft werden sollten die Dateien /etc/hosts, /etc/hosts.equiv und /.../home/.rhosts (enthalten Benutzerkennungen, die sich ohne Paßwort von einem entfernten Rechner aus anmelden können).

3.3 Desktopbetriebssysteme

3.3.1 Windows for Workgroups

Das Betriebssystem Windows for Workgroups basiert auf dem Betriebssystem Windows 3.11. Zusätzlich stellt dieses Betriebssystem alle wichtigen Funktionen zur Verfügung, die eine Arbeitsgruppe zur Kommunikation und zum Datenaustausch in einem Netzwerk benötigt. Da das Produkt Windows 3.11 schon seit einigen Jahren auf dem Markt ist, wird auf eine Beschreibung des Leistungsspektrums hier verzichtet.

Es gibt zwei Arten von Modi für den Betrieb von Windows for Workgroups. Beim "Erweiterten Modus" kann man seine lokalen Verzeichnisse und Drucker freigeben und selbst auf die Systemressourcen anderer Mitglieder der Arbeitsgruppe zugreifen. Im "Standardmodus" kann man lediglich die Verbindung zu anderen Systemressourcen herstellen. Für beide Betriebsarten gelten ähnliche Hardware-Voraussetzungen.

3.3.1.1 Anforderungen an die Hardware

An die Hardware werden aus heutiger Sicht keine besonderen Anforderungen mehr gestellt, um das Betriebssystem Windows for Workgroups zu unterstützen, da dieses Betriebssystem schon seit einigen Jahren auf dem Markt ist und die Rechnergenerationen sich immer schneller weiterentwickeln.

Der zu verwendende Rechner sollte mit einer kompatiblen VGA-Grafikkarte und einem Bildschirm mit entsprechend hoher Auflösung ausgerüstet werden. Die Netzwerkkarte sollte Windows-kompatibel sein. Für die Installation über Disketten muß ein Diskettenlaufwerk im Rechner installiert sein. Zwingend erforderlich sind ebenfalls 640 KBytes Arbeitsspeicher. Des weiteren wird 14 MBytes verfügbarer Festplattenspeicher empfohlen. Auch der Anschluß einer Maus ist ratsam, aber nicht zwingend.

Für den "Erweiterten Modus" benötigt man zusätzlich einen Mikroprozessor vom Typ 80386SX oder leistungsstärker und einen 3 MBytes großen Arbeitsspeicher. Bei Betrieb im "Standardmodus" sollte mindestens ein Mikroprozessor vom Typ 80286 und 1 MByte Arbeitsspeicher vorgesehen werden.

3.3.1.2 Installation und Konfiguration

Während der Installation von Windows for Workgroups wird man gefragt, welche Art der Installation (automatische oder benutzerdefinierte) ausgeführt werden soll. Bei der Erstinstallation sollte die automatische Installation gewählt werden, da die meisten benutzerspezifischen Einstellungen auch später noch erfolgen können. Bei der automatischen Installation wird das Verzeichnis "Windows" angelegt, in das Systemdateien kopiert werden. Auch wird man aufgefordert, seinen Namen, den Namen des Computers sowie den Namen der Arbeitsgruppe innerhalb der Installationsroutine anzugeben.

Weitere anwenderspezifische Einstellungen werden innerhalb der Installationsroutine abgefragt. Windows for Workgroups bietet dem Installierenden über ein Dialogmenü eine Auswahl von Druckern an, aus der er anschließend auch gleich den ausgewählten Drucker einrichten kann. Um die möglichen Netzwerkkarten zu konfigurieren, werden deren Einstellungen abgefragt. So wird hier z. B. das Protokoll angegeben, mit dem das Netzwerk bei der Datenübertragung von einem Rechner zu einem anderen arbeitet. Über das Dialogfeld "kompatible Netzwerkkarten" kann man angeben, in welchen anderen Netzwerken dieser Rechner eingebunden ist. Die Netzwerktypen werden in einer Auswahlliste angeboten.

Für die ausgewählte Netzwerkkarte legt das Installationsprogramm "Setup" eine Datei mit dem Namen "PROTOCOL.INI" an, in der Informationen zu dieser Netzwerkkarte gespeichert werden. In dieser Datei stehen u. a. die Basisadresse für I/O-Operationen, die IRQ-Nummer und die Startadresse eines eventuellen Zwischenspeichers auf der Netzwerkkarte.

Die Basisadresse für I/O-Operationen bezeichnet den Teil des Speichers, über den der Datenaustausch mit dem Rechner erfolgt. Die Startadresse des Zwischenspeichers beschreibt den Teil des Speichers, den die Karte zum Empfangen und Senden von Daten über das Netzwerk nutzt.

Mit dem Button "Adapter" unter "Netzwerkeinstellungen" innerhalb der "Systemsteuerung" können notwendige Änderungen der Einstellungen vorgenommen werden, falls das Arbeiten im Netzwerk nicht möglich sein sollte. Die Datei "PROTOCOL.INI" wird automatisch, u. a. abhängig von Kippschaltern und Jumpern auf der Netzwerkkarte, aktualisiert. Abschließend werden in der Installationsroutine die Anwendungsprogramme, die auf der Festplatte vorhanden sind, unter Windows for Workgroups eingerichtet.

3.3.2 Windows95

Eines der mit am verbreitetsten PC-Betriebssysteme ist Windows95 von Microsoft, das Nachfolgesystem von Windows 3.x. Es bietet beispielsweise folgende Vorteile gegenüber dem Vorgängersystem:

- vereinfachte Benutzeroberfläche
- verbesserte Netzwerkintegration
- Plug & Play-Fähigkeit (Steck & Spiel, automatische Hardwareerkennung, Konfiguration der Interrupts und Speicheradressen)
- Unterstützung 32-Bit- statt 16-Bit-Busarchitektur

3.3.2.1 Installationsvarianten

Empfohlene Hardwarevoraussetzungen für eine Win95-Installation:

- Prozessor: 486DX2/66 oder höher
- Grafikkarte: SVGA Hi oder TrueColor
- Hauptspeicher: 16 MBytes
- Festplatte: ab 500 MBytes
                  (Vollinstallation belegt 70 MBytes,
                  sonst mindestens 30 MB erforderlich)
- CD-ROM   empfehlenswert
- Soundkarte   empfehlenswert
- Netzwerkkarte   empfehlenswert

Mögliche Arten der Installation:

- **Vorinstallation**
  Bei Neukauf eines Rechners ist das Betriebssystem meist vorinstalliert. Der Rechner braucht nur eingeschaltet zu werden, und das Betriebssystem aktiviert sich von selbst.

- **Update-Installation**
  Es befindet sich bereits Windows 3.x auf dem PC und soll nun auf Windows95 umgestellt oder es soll parallel zum Windows 3.x installiert werden. Wird das gleiche Installationsverzeichnis verwendet, wie bei Windows 3.x, so werden Einstellungen von Windows95 übernommen (aus der AUTOEXEC.BAT, CONFIG.SYS und SYSTEM.INI; sie laden Gerätetreiber und enthalten Dateiverknüpfungen zu Anwendungen).

- **Neuinstallation**
  Als Grundlage wird mindestens eine DOS-Bootdiskette mit CD-ROM-Treiber benötigt oder ein bereits installiertes Betriebssystem (MS-DOS 3.3 oder ein dazu kompatibles, Windows 3.x).

Bei der Neu- und der Update-Installation besteht die Möglichkeit, die Installation über das Netz auszuführen. Hier wird noch unterschieden zwischen Netzwerk-Installation und Betriebssystemverteilung.

Bei der **Netzwerk-Installation** werden die Installationsdateien auf einem Server kopiert. Auf den angeschlossenen Arbeitsstationen wird anschließend die Variante für Serverzugriff installiert. D. h., auf den Arbeitsstationen werden nur benutzerspezifische Daten abgelegt, das eigentliche Betriebssystem befindet sich auf dem Server. Die Vorteile liegen hier in der Einsparung von Plattenplatz und der zentralen Windowsverwaltung. Nachteilig wirken sich die höhere Netzlast und die zum Arbeiten zwingend erforderliche Netzverbindung aus, da die Arbeitsstationen das Betriebssystem vom Server beziehen müssen.

Bei der **Betriebssystemverteilung** werden ebenfalls Installationsdateien auf einem Server kopiert, aber anschließend die vollständige Installation auf die lokale Festplatte gewählt. Es kann eine unbeaufsichtigte Installation mit Hilfe von Scripts in Batchdateien (Stapelverarbeitungsdateien) durchgeführt werden. Diese Scripts enthalten dann alle Angaben, die ansonsten der Benutzer über Dialoge eingeben müßte.

3.3.2.2 Installation und Konfiguration

Nachfolgend werden die grundsätzlichen Schritte der Neu- und Update-Installation aufgeführt:

1. Vorbereitungen
   Die Hardware sollte aufgebaut, alle Geräte verbunden und alle nötigen Steckkarten eingebaut sein (für die automatische Hardwareerkennung).

2. Datensicherung

   Es sollten folgende Dateien, falls noch benötigt, gesichert werden:
   - alle Initialisierungsdateien (.ini)
   - alle Registrydaten (.dat)
   - Paßwortdateien (.pwd)
   - alle Gruppen des Programmanagers (.grp)
   - CONFIG.SYS und AUTOEXEC.BAT
   - selbsterstellte Dateien

3. Festplatte vorbereiten

   Falls ganz neu aufgesetzt werden soll, also keine Daten von bereits installierter Software übernommen werden sollen, empfiehlt es sich, die Festplatte neu zu formatieren. Vorher sollte jedoch festgestellt werden, ob eine funktionsfähige Startdiskette mit CD-ROM-Laufwerktreiber in der AUTOEXEC.BAT und CONFIG.SYS vorhanden ist (am besten mit einem vorherigen Testboot von Diskette).

4. Setup aufrufen

   Die Installation wird gestartet durch Aufruf der SETUP.EXE auf dem jeweiligen Installationsmedium (Diskette, CD, Installationsserver). Nach einer Routineprüfung des Festplattendateisystems mit Scandisk und der Bestätigung der Lizenzbedingungen erscheint ein Begrüßungsfenster, welches auf die drei Phasen der Windowsinstallation hinweist:
   - Abfrage der Systeminformationen
   - Kopieren der Windows95-Dateien
   - Neustart des Computers und Beenden der Installation

5. Auswahl des Installationsverzeichnisses

   In diesem Verzeichnis legt Windows95 seine Betriebssystemdateien ab. Es sollte nur geändert werden, wenn zwei Windowssysteme im Dualbootmodus auf einem Rechner laufen sollen.

6. Setup-Modus wählen
   - **Standard** – Von Microsoft empfohlene Installation mit den geringsten Benutzerabfragen.
   - **Laptop** – Für Laptops empfohlene Installation mit geringerem Speicherplatzbedarf als der Standardmodus.
   - **Minimal** – Nur die für den Betrieb notwendigen Komponenten werden installiert ohne jegliches Zubehör.
   - **Benutzerdefiniert** – Es besteht die Auswahl der zu installierenden Windows- und Netzwerksoftwarekomponenten.

7. Benutzerangaben eingeben

   Der hier eingegebene Name und ggf. Firmenname dient mit der nachfolgend geforderten Lizenznummer bei der Registrierung der Zuordnung der Software zum Benutzer.

8. Hardwareerkennung unterstützen

   Bevor die Hardwareerkennung durchgeführt wird, fragt das Setup nach vermutlich vorhandener Hardware, die es bei der automatischen Hardwareerkennung berücksichtigen muß. Bei der benutzerdefinierten Installation besteht eine noch detailliertere Möglichkeit, Hardware auszuwählen, nach der gesucht werden soll.

9. Kommunikationssoftware auswählen

   Man kann hier Software für die Anwendungen Microsoft Network (MSN), Microsoft Mail (Microsoft Exchange) und Microsoft Fax als zu installierende Komponenten auswählen.

10. Komponentenauswahl

    Es besteht die Möglichkeit, einzelne Softwarekomponenten (Anwendungsprogramme wie Editor, Taschenrechner, Paint ...) auszuwählen, die mit installiert werden sollen.

11. Startdiskette erstellen

    Es sollte eine Startdiskette erstellt werden, von der im Fehlerfall gebootet werden kann.

12. Neustart des Rechners

    Nachdem die Windows95-Dateien auf die Festplatte kopiert wurden, kann die erstellte Startdiskette aus dem Laufwerk genommen und der Neustart bestätigt werden. Der Rechner fährt erneut hoch.

13. Computernamen eintragen

    Nach dem ersten Neustart werden der Computername, die Arbeitsgruppe und die Beschreibung des Rechners verlangt, die bei einer Netzanbindung verwendet werden.

14. Zeitzone eintragen

    Beim ersten Neustart fragt der Rechner nach der Zeitzone, in der man sich befindet.

15. Microsoft Mail konfigurieren

    Falls die Komponente Microsoft Mail oben ausgewählt wurde, kann sie beim ersten Neustart mit konfiguriert werden.

16. Druckerinstallation

    Die Treiber für die angeschlossenen Drucker sollten unter diesem Punkt gleich mit installiert werden. Dies aus dem einfachen Grund, weil viele Druckertreiber auf der Windows95-Installations-CD vorhanden sind. Anmerkung: Die jeweils aktuellsten Treiber erhält man von den Internet-Seiten der jeweiligen Druckerhersteller.

17. Zweiter Neustart des Rechners

    Es werden nun alle noch nachträglich getätigten Änderungen wirksam.

Hinweis:

Alle Softwarekomponenten lassen sich auch nach der Installation noch nachinstallieren oder deinstallieren.

3.3.2.3 LAN-Anbindung

Windows95 wurde besser auf die LAN-Anbindung vorbereitet als die Vorläufer-Versionen. Es sind bereits eine Reihe von Netzwerkkomponenten im Windows95-Softwarepacket enthalten. Auf der Anwendungsebene sind das:

- **Microsoft Network (MSN)** erlaubt die Teilnahme am eigenen Microsoft-Netzwerk, das auch einen Zugang ins Internet bietet.
- **Microsoft Mail (Microsoft Exchange)** kann als Mail-Client auf Mail-Server zugreifen und darüber E-Mails verschicken und empfangen. Er muß dazu am Mail-Server eingerichtet sein und eine Netzverbindung zum Server aufbauen können.
- **Microsoft Fax** erlaubt das Versenden und Empfangen von Faxen über ein Modem an einem Telefonanschluß.
- **PC-Direktverbindung** erlaubt das Verbinden mit einem zweiten Computer über ein Nullmodemkabel.
- **DFÜ-Netzwerk** ermöglicht die Verbindung zu anderen Rechnern über Modem.
- **HyperTerminal** bietet eine Terminalverbindung zu anderen Rechnern über Modem.
- **Wahlhilfe** zum einfachen Wählen von Rufnummern über ein Modem.

Eine Auswahl der für eine Netzanbindung benötigten Netzwerkkartentreiber und Netzwerkprotokolle ist ebenfalls mit auf der Installations-CD vorhanden. Sollte der entsprechende Treiber nicht dabei sein, kann er ohne weiteres über Diskette oder CD-ROM nachinstalliert werden. Nachdem die Netzwerkkarte installiert wurde und im Gerätemanager von Windows95 auftaucht, kann sie dem Netzwerktyp entsprechend konfiguriert werden. Microsoft bietet die aus Abb. 3.14 ersichtlichen Netzwerkprotokolle an.

Je nach verwendetem Protokoll erscheint die entsprechende Konfigurationsmaske mit den für das Protokoll benötigten Konfigurationsparametern. Für TCP/IP-Netze sind bei Windows95-PCs beispielsweise neben der Maske mit der IP-Adresse noch die Eingabemasken für die Teilnahme an den Diensten DNS (Domain Name Server) und WINS (Windows Internet Name Server) vorhanden. Besonders gut eignen sich Windows95-Computer als Clients in Windows NT- und NetWare-Netzwerken. Den einzelnen Netzwerkkarten können ein oder mehrere Protokolle zugewiesen werden.

Sobald der Computer am Netzwerk angeschlossen ist, können unter Windows95 Dateiverzeichnisse und Drucker für andere Netzteilnehmer freigegeben werden. Als Zugriffsschutz gegen unbefugtes Verwenden kann ein Schreibschutzkennwort (Dateien im Verzeichnis können nur gelesen und nicht geändert werden) oder ein Lese/Schreibkennwort (Dateien im Verzeichnis können beliebig geändert werden) vergeben werden. Einzelne Dateien können nicht fürs Netzwerk freigegeben werden, sondern nur Verzeichnisse.

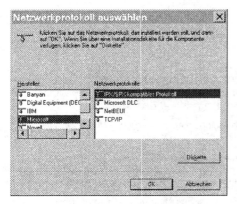

Abb. 3.14 - Netzwerkprotokoll zuweisen

3.3.3 Windows98

Windows98 ist eine verbesserte Version von Windows95, in der keine grundlegenden Änderungen im Betriebssystem vorgenommen wurden. Es wurde jedoch um eine Reihe von neuen Leistungsmerkmalen ergänzt. Die wichtigsten Vorteile gegenüber dem Vorgängersystem sind:

- verbesserte Bedieneroberfläche
  - Ersetzung des Explorers durch einen erweiterten Internet-Explorer 4.x, der auch Internetadressen mit in den Dateibaum aufnehmen kann.
  - verbessertes Hilfesystem
- Unterstützung neuer Hardwarestandards
  - Multiple Display Support (MDS)
  Arbeiten mit einem Desktop über zwei Bildschirme möglich, wenn eine zweite von Windows98 unterstützte PCI-Grafikkarte installiert wurde.
  - Universal Serial Bus (USB)
  Alle Geräte lassen sich auf einen seriellen Bus anschließen. Z.B: Maus an die Tastatur, diese an den Monitor und der wiederum an den PC. Anschlußmöglichkeit für etwa 100 Geräte bei Verwendung von Verteilerstationen (HUBs) möglich.
  - IEEE 1394 (FireWire)
  Wie USB nur mit einer wesentlich höheren Übertragungsgeschwindigkeit und somit auch für Videobearbeitung verwendbar. Anschlußmöglichkeit für bis zu 65 000 Geräte bei Bildung von 64 unabhängigen Bussegmenten mittels Verteilerstationen (Node) möglich.

- Digital Versatile Disk (DVD)
  Einfach ausgedrückt ist die DVD eine CD-ROM mit sehr viel feineren Speicherstrukturen, die eine Speicherkapazität von bis zu 17 GByte pro Disk erlauben.

3.3.3.1 Installationsvarianten

Empfohlene Hardwarevoraussetzungen für eine Win98-Installation:

- Prozessor: 75-MHz-Pentium oder höher
- Grafikkarte: SVGA Hi oder TrueColor
- Hauptspeicher: 32 MByte
- Festplatte: ab 300 MByte freien Festplattenspeicher
                  (Vollinstallation belegt 220 MByte)
- CD-ROM   erforderlich
- Soundkarte   empfehlenswert
- Netzwerkkarte   für Internet-Anschluß empfehlenswert

Mögliche Arten der Installation:

- **Vorinstallation**
  Bei Neukauf eines Rechners ist das Betriebssystem meist vorinstalliert. Der Rechner braucht nur eingeschaltet zu werden, und das Betriebssystem aktiviert sich von selbst.

- **Update-Installation**
  Es befindet sich bereits Windows95 auf dem PC und soll nun auf Windows98 umgestellt oder es soll parallel zum Windows95 installiert werden. Wird das gleiche Installationsverzeichnis verwendet, wie bei Windows95, so werden Einstellungen von Windows95 aus der AUTOEXEC.BAT, CONFIG.SYS und der Registry übernommen (sie laden Gerätetreiber und enthalten Dateiverknüpfungen zu Anwendungen).
  Bei Verwendung eines anderen Verzeichnisses muß bedacht werden, daß bereits installierte Office-Applikationen mit dem neuen Pfad neu zu installieren sind oder daß Sie nur beim Booten des alten Betriebssystems verwendet werden können.

- **Neuinstallation**
  Als Grundlage wird mindestens eine DOS-Bootdiskette mit CD-ROM-Treiber benötigt oder ein bereits installiertes Betriebssystem (MS-DOS oder Windows).

3.3.3.2 Installation und Konfiguration

Nachfolgend werden die grundsätzlichen Schritte der Neu- und Update-Installation beschrieben:

1. Vorbereitungen

    Der PC mit allen zusätzlichen Steckkarten (für die spätere automatische Hardwareerkennung) sollte mit einem DOS- oder Windowsbetriebssystem gestartet werden.

2. Datensicherung

    Es sollten folgende Dateien gesichert werden:
    - alle Initialisierungsdateien (.ini)
    - alle Registrydaten (System.dat, User.dat)
    - Exportieren der Registry über regedit.exe in eine Textdatei
    - Paßwortdateien (.pwd)
    - alle Gruppen des Programmanagers (.grp)
    - CONFIG.SYS und AUTOEXEC.BAT
    - persönlich erstellte Dateien (Ordner: eigene Dateien)

3. Erstellen einer Start- oder Bootdiskette mit CD-ROM-Treiber

    Falls die Festplatte formatiert wird, muß eine Startdiskette mit dem Eintrag des CD-ROM-Laufwerk-Treibers in der AUTOEXEC.BAT und der CONFIG.SYS verwendet werden, um das Setup von Windows98 auf der CD-ROM ausführen zu können. (Nach der Installation verwendet Windows98 eigene CD-ROM-Laufwerk-Treiber.)

4. Festplatte vorbereiten

    Falls ganz neu aufgesetzt werden soll, also keine Daten von bereits installierter Software übernommen werden sollen, empfiehlt es sich, die Festplatte neu zu formatieren. (Alle Daten auf der Festplatte gehen verloren !)

5. Setup aufrufen

    Es wird empfohlen, alle laufenden Anwendungen zu schließen, um Störungen durch die Installation zu verhindern und danach durch Einlegen der Windows98-CD-ROM oder durch Aufruf von SETUP.EXE auf der CD-ROM das Setupprogramm zu starten. Es erscheint ein Begrüßungsfenster, welches auf die fünf Phasen der Windowsinstallation und die nötige Installationsdauer von 30-60 Minuten hinweist. Die Phasen heißen:
    - Vorbereiten der Installation
    - Abfragen der Systeminfos
    - Kopieren der Systemdateien
    - Neustarten des Computers
    - Einrichten der Hardware und Beenden der Konfiguration

    Über die Schaltfläche "Weiter" gelangt man nach einer Routineprüfung des Festplattendateisystems mit Scandisk zum Setup-Assistenten, der durch die weitere Installation führt.

6. Lizenzvertrag bestätigen

7. Produktnummer eingeben (meist auf der CD-Hülle aufgedruckt)

8. Systemdateien sichern
   Um nach der Windows98-Installation eventuell auf das vorhandene Betriebssystem zurückfallen zu können, besteht in diesem Fenster die Möglichkeit, die Systemdateien von der vorhandenen Windows- und MS-DOS-Version zu sichern.

9. Auswahl des Installationsverzeichnisses
   In diesem Verzeichnis legt Windows98 seine Betriebssystemdateien ab. Es sollte nur geändert werden, wenn zwei Windowssysteme im Dualbootmodus auf einem Rechner betrieben werden sollen.

10. Setup-Modus wählen
    - **Standard** – Von Microsoft empfohlene Installation mit den geringsten Benutzerabfragen.
    - **Laptop** – Für Laptops empfohlene Installation mit geringerem Speicherplatzbedarf als der Standardmodus.
    - **Minimal** – Nur die für den Betrieb notwendigen Komponenten werden installiert ohne jegliches Zubehör.
    - **Benutzerdefiniert** – Es besteht die Auswahl der zu installierenden Windows- und Netzwerksoftwarekomponenten.

    Der jeweilige Modus unterscheidet sich nur durch die von Microsoft vorgeschlagene Auswahl der Komponenten die mit installiert werden sollen. Alle Komponenten können auch nach der Installation noch über das Programm "Software" hinzugefügt oder entfernt werden.

11. Benutzerangaben eingeben
    Der hier eingegebene Name und ggf. Firmenname dient nur zur Anzeige bei späterem Aufruf von Anwendungen.

12. Komponentenauswahl (nur bei **Benutzerdefiniert**)
    Es besteht die Möglichkeit, einzelne Softwarekomponenten (Anwendungsprogramme wie Editor, Taschenrechner, Paint ...) auszuwählen, die mit installiert werden sollen.

13. Computernamen eintragen
    Es werden der Computername, die Arbeitsgruppe und die Beschreibung des Rechners verlangt, die bei einer Netzanbindung verwendet werden sollen.

14. Computereinstellungen
    Ggf. Änderung des Tastaturlayouts und des Gebietsschemas

15. Standortauswahl

    Durch die Auswahl des Standortes werden alle länderspezifischen Einstellungen getroffen.

16. Startdiskette erstellen

    Es sollte eine Startdiskette erstellt werden, von der im Fehlerfall gebootet werden kann. Nach dem Erstellen der Startdiskette ist diese aus dem Diskettenlaufwerk zu entfernen, damit der Rechner im nächsten Schritt nicht von Diskette bootet.

17. Neustart des Rechners

    Die Windows98-Dateien werden in einer Dauer von etwa 28 Minuten auf die Festplatte kopiert, und danach wird der Rechner neu gestartet.

    Beim Start werden eine Hardwareerkennung durchgeführt und die für die erkannte Hardware benötigten Treiber mit installiert. Sind keine Treiber für die entsprechende Hardware vorhanden, so wird nach dem Ablagepfad der Treiber gefragt.

18. Zeitzone eintragen

    Nach dem Neustart fragt der Setup-Assistent nach der Zeitzone, in der man sich gerade befindet.

19. Druckerinstallation

    Die Treiber für die angeschlossenen Drucker sollten unter diesem Punkt gleich mit installiert werden. Dies aus dem einfachen Grund, weil viele Druckertreiber auf der Windows98-Installations-CD vorhanden sind. Anmerkung: Die jeweils aktuellsten Treiber erhält man von den Internet-Seiten der jeweiligen Druckerhersteller.

20. Zweiter Neustart des Rechners

    Es werden nun alle noch nachträglich getätigten Änderungen wirksam. Danach ist Window98 voll einsatzbereit.

Hinweis:

Auch bei Window98 lassen sich alle Softwarekomponenten nach der Installation noch nachinstallieren oder deinstallieren.

3.3.3.3 LAN-Anbindung

Bei der Netzwerkanbindung hat sich in bezug auf Windows95 nichts geändert. Es wurden lediglich die Netzwerkkartentreiber aktualisiert und ein paar spezielle Funktionen hinzugefügt.

3.3.4 Windows NT Workstation

Das Betriebssystem Windows NT Workstation kann auf den folgenden Hardwareplattformen installiert werden:

- Intel CISC-Prozessoren der 80X86-Reihe (80486-Prozessor oder höher)
  - mit mindestens 12 MB RAM
  - mindestens 110 MB Speicherplatz auf der Festplatte (gilt, sofern die Festplattenpartition mit 16k-Cluster eingerichtet ist). Es ist besser, wenn mindestens 200 MB Speicherplatz auf der Festplatte verfügbar sind.
  - VGA-Karte oder höher
  - 3,5-Zoll-HD-Laufwerk und ein CD-ROM-Laufwerk oder eine Netzwerkanbindung

- Digital Equipment RISC-Prozessoren der Alpha-Baureihe
  - mit mindestens 16 MB RAM
  - mindestens 160 MB Speicherplatz auf der Festplatte
  - VGA-Karte oder höher
  - SCSI-CD-ROM-Laufwerk

- MIPS RISC-Prozessoren der R4000-Baureihe
  - mit mindestens 16 MB RAM
  - mindestens 160 MB Speicherplatz auf der Festplatte
  - VGA-Karte oder höher
  - SCSI-CD-ROM-Laufwerk

Eine Liste mit aktueller unterstützter Hardware ist im Internet unter http://www.microsoft.com unter dem Suchbegriff "HCL" oder "Hardware Compatibility List" für Windows NT zu finden.

3.3.4.1 Installation und Konfiguration

Die nachfolgend beschriebene Installation bezieht sich auf eine Hardwareumgebung mit Intel-CISC-Prozessoren (ab 80486-Prozessor). Die Installation von Windows NT erfolgt im Normalfall von einer CD-ROM (Windows NT Workstation-CD). Sie kann aber auch über das Netzwerk erfolgen, dann sind die Verzeichnisse I386 und DRVLIB freizugeben.

Vor Beginn der Installation sollte man sich zur Sicherheit die Daten der Hardware, der Programme und der Netzwerkumgebung notieren. Zur Ermittlung liegt auf der Installations-CD, unter den Verzeichnissen SUPPORT\HQTOOL und SUPPORT\SCSITOOL, ein Hilfsprogramm bei. Die Installation von Windows NT wird üblicherweise mit drei Disketten und einer CD-ROM gestartet. Danach kann die weitere Installation über Netzwerk oder über Disketten und CD-ROM erfolgen.

Zur Installation wird der Computer über CD-ROM oder mit den Setup-Disketten gestartet. Sollten die Startdisketten für Windows NT fehlen, können sie auch nachträglich erstellt werden. Führen Sie hierzu das Programm "WINNT /OX" auf der CD-ROM unter dem Verzeichnis I386 aus. Dies kann auf einem DOS- oder jedem Windows-Rechner erfolgen. Nachdem die Installation von den Disketten abgeschlossen ist, erfolgt die weitere Installation von der CD-ROM mit dem Start des Programmes WINNT.EXE. Bei RISC-basierenden Computern muß das Windows NT-Setup durch die Verwendung des Programms SETUPLDR direkt von der CD-ROM aufgerufen werden.

Im nachfolgenden Teil der Installation werden mehrere Installationsvarianten angeboten:

- **Standard** – Alle wichtigen Programmteile von Windows NT werden geladen.
- **Laptop** – Alle wichtigen Programmteile, die zum Betrieb eines Laptops relevant sind, werden installiert.
- **Minimal** – Windows NT wird nur mit den nötigsten Komponenten installiert, um Festplattenplatz zu sparen.
- **Benutzerdefiniert** – Hier kann der Benutzer Einfluß auf die zu installierenden Komponenten nehmen, dieser Modus wird nur für Profis empfohlen.

Im Regelfall installiert man Windows NT in der Variante Standard. Die nachfolgende Installation erfolgt in mehreren Phasen. In der ersten Phase bereitet Windows NT die Installation vor und erfragt oder ermittelt Informationen über das System. Unter anderen werden die folgenden Aktionen durchgeführt:

- Ermitteln von älteren Windows NT-Versionen
- Ermittelte Hardware abfragen
- Fragt nach der Partition, auf der Windows NT installiert werden soll
- Dateisystem für Windows NT (FAT oder NTFS) erfragen
- Installationsverzeichnis für Windows NT abfragen

Die zweite Phase beginnt nach dem Neustart des Systems. Jetzt wird die Installation durch den Windows NT-Setup-Assistenten unterstützt. Hier müssen nun der Firmenname, der Name des Benutzers, die Seriennummer, ein Computername und ein Kennwort für das Administratorkonto eingegeben werden. Windows NT bietet dann noch an, eine Notfalldiskette zu erstellen. Diese Diskette sollte man erstellen.

In der nachfolgenden Phase kann ein Netzwerk eingerichtet werden. Man kann diesen Punkt aber auch überspringen und das Netzwerk später konfigurieren. Möchte man das Netzwerk gleich installieren, dann erfragt der Setup-Assistent die folgenden Informationen:

- Soll Peer-Web-Service installiert werden?
- Die Parameter der Netzwerkkarte werden erfragt, bzw. es wird eine automatische Erkennung durchgeführt.
- Welche Netzwerkprotokolle sollen installiert werden?
- Zu welchen Arbeitsgruppen und Domänen gehört dieser Computer?

Die Installation ist jetzt so gut wie abgeschlossen. Jetzt werden nur noch die Zeitzone, das Datum und die Uhrzeit eingestellt. Abschließend wird die Grafikkarte installiert. Andere Grafikkartentreiber sollten erst nach Ende der Installation nachinstalliert werden. Die Installation von Windows NT ist mit dem Neustart des Computers abgeschlossen.

Es wird empfohlen, nach der Installation einen weiteren Administrator einzurichten. Das Einrichten von Benutzerprofilen und Benutzerkonten geschieht unter dem Menüpunkt Verwaltung – Benutzer-Manager.

3.3.4.2 LAN-Anbindung

Bei der Installation mußte für den Computer ein Name vergeben werden. Der eingegebene Name muß im Netzwerk eindeutig sein und muß deshalb ggf. vom Netzwerkadministrator erfragt werden. Er darf höchstens aus 15 Zeichen bestehen. Die Verwendung von Sonderzeichen, z. B. Leerzeichen, sollte man hier vermeiden.

Das Betriebssystem Windows NT unterstützt die Netzwerke mit den folgenden Protokollen

- TCP/IP
- NWLink IPX/SPX-kompatibel
- NetBEUI
- AppleTalk
- DLC

Sofern die Netzwerkkarte oder die neuen Treiber noch nicht während der Installation eingerichtet wurden, können sie nachträglich konfiguriert werden. Hierzu kann das Setup-Programm erneut gestartet werden oder im Menü Netzwerk das Untermenü Netzwerkkarte aufgerufen werden. Hier können Netzwerkkarten oder Treiber zum System hinzugefügt, entfernt, aktualisiert oder die Eigenschaften der Netzwerke, z. B. IQR, Eingabe/Ausgabe-Kanal, geändert werden.

Anschließend können dann über das Menü Netzwerk und das Untermenü Protokolle die gewünschten Protokolle installiert und konfiguriert werden. Windows NT erlaubt es, mehrere Protokolle gleichzeitig zu nutzen, mit einer oder mehreren Netzwerkkarten. Hier können Protokolle zum System hinzugefügt, entfernt, aktualisiert oder die Eigenschaften des aktuellen Protokolls geändert werden. Im Folgenden wird kurz erläutert, was bei der Konfiguration der beiden gebräuchlichsten Protokolle, TCP/IP-Protokoll und NWLink IPX/SPX, zu beachten ist.

Die Konfiguration des TCP/IP-Protokolls, im Untermenü Eigenschaften, kann manuell oder automatisch erfolgen. Bei der manuellen Konfiguration gibt man eine IP-Adresse, eine Subnet Mask und ein Standard-Gateway an. Bei der automatischen Konfiguration fordert Windows NT die TCP/IP-Konfiguration vom DHCP-Server (Dynamic Host Configuration Protocol) an. Die entsprechenden Konfigurationsinformationen (IP-Adresse, Subnet Mask und Standard-Gateway) werden dann vom DHCP-Server an den Windows NT-Client übermittelt.

Die Konfiguration des NWLink IPX/SPX erfolgt im Untermenü Eigenschaften. Es müssen mindestens der Rahmentyp und die Netzwerknummer angegeben werden. Der Rahmentyp sagt etwas über das Format aus, abhängig von der Netztopologie (Ethernet, Token Ring oder FDDI), mit dem die Netzwerkkarte die zu sendenden Daten strukturieren muß.

3.4 Netzwerk-Applikationen

Hierbei handelt es sich um Implementierung und Support der wichtigsten Netzwerkkomponenten (Netzwerkbetriebssystem, Treibersoftware, Anwendungs- und Systemsoftware und Client/Server).

3.4.1 Fileserver

Ein Fileserver bzw. Dateiserver ist ein Rechner im Netzwerk, der die Aufgabe hat, Dateien zu verwalten und Dateien anderen zur Nutzung bereitzustellen. In den Anfangszeiten der Netzwerktechnik wurden Fileserver bzw. Dateiserver meist eingesetzt, um teuren Speicherplatz möglichst effektiv zu nutzen.

Die als Fileserver benutzten Rechner sind in der Regel mit einer sehr leistungsfähigen Hardware und einem sehr großen Plattenspeicher ausgestattet. Oft werden die Plattenspeicher durch Bandspeichereinrichtungen zusätzlich ergänzt. Durch die Kombination von Plattenspeicher und Bandspeichereinrichtungen können Speicherkapazitäten im TByte-Bereich (1 TByte = 1024 GBytes) erreicht werden. Das Dienstprogramm des Fileservers sorgt dafür, daß häufig benötigte Daten auf dem Plattenspeicher abgespeichert werden und daß weniger häufig genutzte Dateien auf den Bändern abgespeichert werden. Für den Nutzer dauert der Zugriff auf seine Dateien, sofern diese auf der Bandspeichereinrichtung abgespeichert sind, etwas länger.

Eine weitere wichtige Aufgabe des Dienstprogramms des Fileservers ist es, die Zugriffsrechte der einzelnen Nutzer auf den Fileserver im Netzwerk zu regeln. Die Zugriffsrechte werden dem Nutzer vom Netzwerkadministrator zugewiesen. Je nach Berechtigung darf der Nutzer:

- Dateien auf dem Fileserver speichern
- Dateien vom Fileserver herunterladen
- Dateien auf dem Fileserver löschen
- Verzeichnisse auf dem Fileserver anlegen
- Verzeichnisse auf dem Fileserver löschen

Meist wird jedem Nutzer ein eigenes Verzeichnis zugewiesen, auf dem er Dateien lesen, schreiben, löschen oder Unterverzeichnisse anlegen und löschen darf. Für die anderen Verzeichnisse und Dateien des Fileservers hat er nur eingeschränkte Rechte.

Müssen unterschiedliche Nutzer auf ein und dieselbe Datei zugreifen können, dies ist z. B. bei einem Auftragsbearbeitungssystem nötig, dann schafft das Dienstprogramm des Fileservers hierzu die Möglichkeit.

3.4.2 Elektronische Mail, E-Mail

E-Mail ist wohl die bekannteste Netzanwendung überhaupt. Mittels E-Mail kann praktisch alles verschickt werden, was auf einem PC erzeugt werden kann. Dies sind u. a. Textmitteilungen, Binärdateien, Bilder und inzwischen auch Multimedia-Dateien.

Eine E-Mail-Adresse hat eine ganz bestimmte Form. Sie bezeichnet einen Benutzer und einen Rechner. Der Benutzername und der Rechner werden durch das Zeichen „@", sprich at, getrennt. Dieses „@" hat die Bedeutung von "**an**" oder auch "**bei**". Ein Beispiel für eine E-Mail-Adresse im Internet ist **alpha.beta@telekom.de**. Die Zeichenfolge vor dem „@" ist der Benutzername, und die Bezeichnung nach dem „@" ist die Rechnerbezeichnung.

Eine E-Mail besteht aus dem „Message Body", also dem eigentlichen Text und dem Envelope (Umschlag), der Angaben zum Absender, Angaben zum Empfänger und weiteren Daten wie z. B. Priorität, die einer E-Mail zugeordnet wurde, enthält.

Eine typische E-Mail mit allen üblichen Feldern ist nachfolgend dargestellt.

From:	Von:
To:	An:
Subject:	Subjekt:
Date:	Datum:
Reply to:	Antwort an:
Organization:	Organisation:
Message ID	Nachrichten-ID
Received:	Empfangen:

Mail Routing im Internet basiert auf der IP-Adresse des Zielhosts. D. h. die mnemotechnische Abkürzung wird in ihre Zieladresse aufgelöst. Das eigentliche Routing erledigt dann der IP-Layer. Datails über Mail-Routing im Internet sind im RFC 974 zu finden.

Bevor wir uns mit einem E-Mail-Server und -Client näher befassen, wollen wir uns einen kurzen Überblick über in diesem Umfeld gebräuchliche Protokolle verschaffen.

E-Mail wird heute noch meist über das **S**imple **M**ail **T**ransfer **P**rotocol (SMTP) abgewickelt. Dieses Protokoll ist in den RFCs 788 und 821 beschrieben und besteht aus nur sehr wenigen Befehlen. Es ist daher leicht zu implementieren. Dies hat sicherlich zu seiner großen Verbreitung beigetragen.

Ein anderer Internet-Standard ist das POP3, **P**ost **O**ffice **P**rotocol. Es ist im RFC 1725 beschrieben und ist ähnlich wie SMTP ein sehr einfaches Verfahren. Die E-Mail wird von einem Client auf dem E-Mail-Server abgeholt und kann dann offline weiterverarbeitet werden. In der Regel wird die Nachricht nach dem Abholen durch den Client auf dem Server gelöscht.

Ein weiteres Protokoll ist MIME (**M**ultipurpose **I**nternet **M**ail **E**xtensions), welches es erlaubt, mit einem Browser oder E-Mail-System empfangene Daten als Grafik, Text oder Audiodatei zu erkennen und entsprechend zu reagieren. Neben MIME gibt es noch Secure MIME (S/MIME). Dieses Protokoll beschreibt ein Verfahren zum Verschlüsseln und zum elektronischen Unterschreiben von E-Mails. Als Verschlüsselungsverfahren wird DES eingesetzt.

IMAP4 steht für **I**nternet **M**essage **A**ccess **P**rotocol. Mit diesem Protokoll kann auf entfernte Nachrichtenboxen mittels eines Clients zugegriffen werden, als seien sie lokal. IMAP4 verfolgt einen online-orientierten Ansatz, d. h., ein Client (Desktop oder Laptop) kann die Nachrichten auf dem Server direkt manipulieren (verändern). Dies gilt für neue und gesicherte Nachrichten. Mittels IMAP kann auf ein Postfach von mehreren Rechnern aus zugegriffen werden, ohne daß zwischen diesen Rechnern ein Datenaustausch stattfindet. Eines der wesentlichen Ziele von IMAP4 ist es, anderen Internet Messaging Standards, wie z. B. MIME, kompatibel zu sein. IMAP4 deckt im wesentlichen die folgenden Funktionen ab:

- Erzeugen, Löschen und Umbenennen von Mailboxen
- Überprüfen auf neue Nachrichten
- Setzen und Löschen verschiedener Flags
- Speichern von Nachrichten auf dem Server
- Löschen von Nachrichten auf dem Server
- Filtern von Nachrichten basierend auf Nachrichtenattributen

Interessanterweise wurde IMAP schon 1986 von der Standford University entwickelt, aber fast ein Jahrzehnt lang nicht beachtet. Inzwischen hat es weltweite Beachtung gefunden und könnte mittelfristig Protokolle wie POP3 und SMTP ablösen. Details können in den RFCs 1730-1733 sowie den RFCs 2342, 2359 und 2360 nachgelesen werden.

Zum Senden und Empfangen von News wird das **N**etwork **N**ews **T**ransport **P**rotocol (NNTP) angewandt; es ist im RFC 977 beschrieben. Gegenwärtig ist man dabei, diesen RFC um weitere Funktionen zu erweitern. NNTP wurde auf den unterschiedlichsten Plattformen realisiert. Dieses Protokoll wird von den meisten E-Mail-Clients und Servern unterstützt.

Das Message Application Programming Interface (MAPI) ist ein Industriestandard für die Entwicklung von E-Mail- und Workflow-Anwendungen. Es wird u. a. von Microsoft, Novell und Lotus unterstützt.

Von modernen E-Mail- oder Messaging-Systemen wird erwartet, daß sie auch Schnittstellen (Connectoren) zu Mainframe-basierenden Systemen aufweisen. Beispiele hierfür sind SNADS, was für **SNA D**istribution **S**ervices steht, einem De-facto-

Standard in IBM-Mainframe-Umgebungen bzw. PROFS. PROFS wird ebenfalls in IBM-Umgebungen eingesetzt und ist die Abkürzung für **Professional Office System**.

MS Exchange Server und MS Outlook

In vielen Unternehmen ist es nicht mehr ausreichend, Anwendern lediglich E-Mail-Funktionalität anzubieten. Die elektronische Kommunikation wird um immer mehr Funktionen erweitert. Beispiele hierfür sind: Kontakt- und Aufgabenverwaltung, Kalender und Terminplanung, zentrale öffentliche Ordner, Sicherheitsfunktionen, Internet News Service und Internet Chat Service. Systeme, die diese Funktionen bieten, werden nicht mehr als E-Mail-Systeme, sondern oft als Messaging-Systeme oder auch Messaging-Plattformen bezeichnet. Eine dieser Messaging-Plattformen ist Exchange Server von Microsoft. Exchange Server unterstützt verschiedene Clients. Einer dieser Clients ist Outlook, auf den wir später noch näher eingehen. Doch zunächst zurück zu Exchange Server.

Exchange Server

Exchange Server, aktuell in der Version 5.5 von Microsoft, setzt Windows NT Server 4.0 voraus. Exchange Server erfüllt die wesentlichen Anforderungen an eine Messaging-Plattform. Exchange Server ist skalierbar, ermöglicht eine hohe Verfügbarkeit, unterstützt die gebräuchlichen Internet-Protokolle und hat Schnittstellen zu anderen Messaging-Plattformen wie z. B. Lotus Notes, Microsoft Mail, Novell GroupWise oder cc:Mail.

Die sogenannte Standard Edition unterstützt die Protokolle: IMAP4, MIME, S/MIME, LDAP, HTML-Mail, SMTP/POP3 und NNTP. Sofern Connectoren zu Mainframe-basierenden Mailsystemen benötigt werden, sollte die Enterprise Edition eingesetzt werden, die SNAP und PROFS unterstützt. Die Interoperabilität mit X.400-Systemen und X.500 ist ebenfalls gegeben.

Outlook 98

Outlook 98 ist der aktuelle E-Mail-Client von Microsoft und ersetzt frühere Versionen von E-Mail-Clients wie z. B. MS Internet Mail, MS Exchange Client oder Schedule+. Outlook ist ein eigenständiges Programm, das mit dem Microsoft Office Paket oder mit dem Exchange Server ausgeliefert wird. Outlook 98 ist der strategische E-Mail-Client von Microsoft, der, wenn er mit einem Exchange Server zusammenarbeitet, eine Vielzahl von Funktionen für das Informationsmanagement bereitstellt. Dies sind zusammengefaßt:

- E-Mail, wobei mehrere E-Mailkonten unterstützt werden
- Kontakt- und Aufgabenverwaltung
- Kalender und Terminplanung
- Notizen und Journal
- Groupwarefunktionen

Die größtmögliche Funktionalität erhält man, wenn als Client Outlook 98 zusammen mit einem Exchange Server 5.5 oder höher eingesetzt wird. Ab dieser Version ersetzt Outlook den Exchange Client und Schedule+. Outlook stellt Importfunktionen für andere E-Mailsysteme wie Eudora, Outlook Express, Netscape Mail, Microsoft Exchange Client und andere bereit. Outlook kann auch als Personal Information Manager ohne E-Mail-Funktionalität eingesetzt werden.

Die Terminplanung kann im eigenen Kalender oder in Kalendern von anderen Personen, für die man eine Zugriffsberechtigung erhalten hat, durchgeführt werden. Dies trifft nicht zu für als "privat" gekennzeichnete Termine. Auf diese können auch Personen nicht zugreifen, die eine Berechtigung erhalten haben. Sich wiederholende Termine, z. B. wöchentliche Besprechungen, können als Serientermine eingetragen werden.

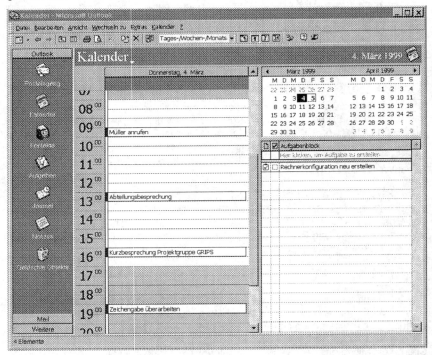

Abb. 3.15 - Terminplanung mit Outlook

In Outlook integriert ist ebenfalls eine Besprechungsplanung, siehe auch Abb. 3.16. Eine Besprechung mit Outlook erfolgt über Besprechungsanfragen. Dabei werden die Anfragen automatisch an die entsprechenden Teilnehmer gesendet. Ressourcen, wie Räume, Videokonferenzeinrichtungen u. a., können dabei mit reserviert werden. Antworten auf Besprechungsanfragen werden im Posteingang angezeigt.

Die Aufgabenverwaltung ermöglicht das Erstellen und Pflegen von Aufgabenlisten. Diese können mit Prioritäten versehen werden und auch an andere Personen übertragen werden. Zusätzlich ist eine Erinnerungs- und Wiedervorlagefunktion vorhanden, die akustisch und mit entsprechenden Texten auf aktuell anstehende Aufgaben hinweisen.

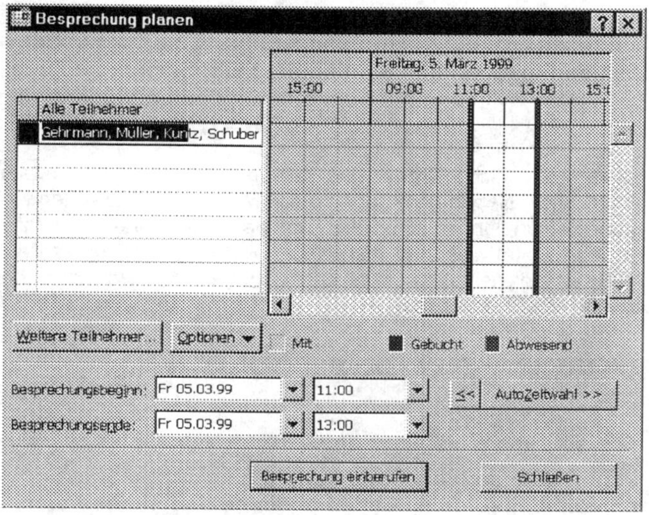

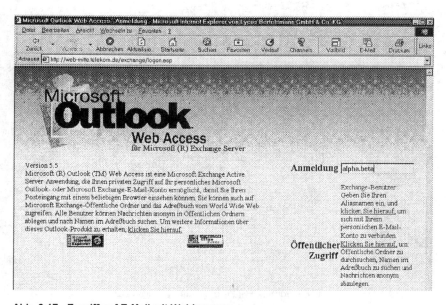

Abb. 3.16 - Besprechungplanung mit Outlook

Abb. 3.17 - Zugriff auf E-Mail mit Webbrowser

Es ist möglich, Outlook als Client in Unternehmen oder Arbeitsgruppen einzusetzen, die mit anderen Maildiensten arbeiten. Zu erwähnen sind hier: Lotus Notes, Novell GroupWise, HP Open Mail, Digital ALL-IN-ONE und IBM PROFS. In diesen Fällen ist die Funktionalität, verglichen mit der Anbindung an den Exchange Server, eingeschränkt.

Der Zugriff auf Mailboxen, öffentliche Ordner und Kalender ist über Webbrowser (Outlook Web Access) möglich. Neben dem Zugriff auf E-Mail stehen die Kalenderfunktionalität, die Gruppenterminplanung sowie der Zugriff auf öffentliche Ordner zur Verfügung. In der Praxis bedeutet dies, daß man diese Funktionen von überall auf der Welt nutzen kann. Es ist lediglich ein Internetzugang und ein Webbrowser erforderlich. Dies ist in den Abb. 3.17 bis 3.20 dargestellt.

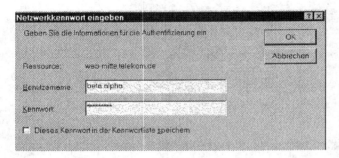

Abb. 3.18 - Einloggen in Outlook mit Webbrowser

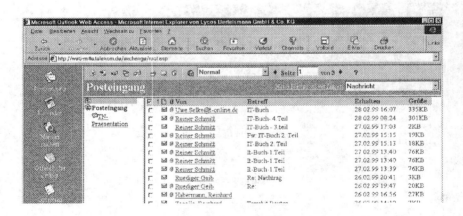

Abb. 3.19 - Posteingang von Outlook bei Zugriff über Webbrowser

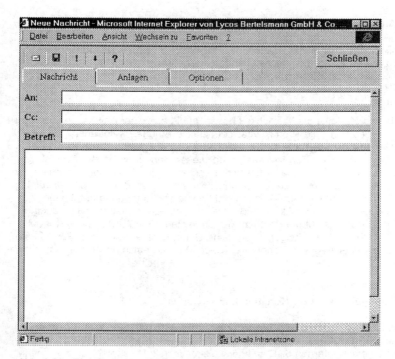

Abb. 3.20 - Erstellen einer E-Mail mit Outlook bei Zugriff über Webbrowser

Outlook Express

Im Gegensatz zu Outlook 98 bietet Outlook Express keine Kalenderfunktionen und auch keine Funktionen für Gruppenterminplanung. Outlook Express wird zusammen mit dem Internet Explorer 4.x ausgeliefert. Für die meisten Privatanwender dürfte die Funktionalität von Outlook Express ausreichend sein.

3.4.3 Kommunikationsserver

Kommunikationsserver stellen ein Mittel dar, um die Produktivität von Mitarbeitern zu erhöhen. Moderne Kommunikationsserver bieten die Möglichkeit, abhängig von den Aufgaben der Mitarbeiter, gezielt Kommunikationsfunktionen bereitzustellen. In kleinen bis mittleren Unternehmen kann ein einziger Server alle benötigten Kommunikationsfunktionen bereitstellen. In großen Unternehmen bietet sich eine Aufteilung auf mehrere Server an. Grundsätzlich kann ein Kommunikationsserver mit analogen Schnittstellen oder mit ISDN-Schnittstellen ausgestattet sein. Die Leistungsfähigkeit von ISDN-basierenden Kommunikationsservern ist besonders dann, wenn nicht nur Faxdienste bereitgestellt werden sollen, erheblich besser.

3.4.3.1 Anforderungen an einen Kommunikationsserver

Kommunikationsserver stellen bestimmte Basisdienste am Arbeitsplatz eines Anwenders zur Verfügung. Die nachstehenden Aufstellungen definieren grundsätzlich die Anforderungen an Kommunikationsserver.

Basisdienste

Jeder Arbeitsplatz sollte die Möglichkeit haben, direkt aus einer Anwendung Faxe zu versenden. Dies kann die Produktivität beträchtlich erhöhen. Filetransfer erfordert, daß die Gegenstelle ebenfalls mit dieser Anwendung ausgestattet ist. Sinnvoll ist in diesem Falle immer der Eurofiletransfer, da dieser standardisiert ist und nicht auf herstellerspezifische Eigenarten Rücksicht nehmen muß. Die Modemintegration ist wichtig, wenn ein Unternehmen Außendienstmitarbeiter hat, die sich oft nur analog einwählen können, da ein ISDN-Zugang nicht immer zur Verfügung steht. Der Fernzugriff auf Dateien ist ebenfalls für Außendienstmitarbeiter gedacht. Dabei ist ein sicherer Zugangsschutz auf die Daten zu gewährleisten. Eine Anrufbeantworterfunktion ist nur für Privatanwendungen oder kleine Unternehmen brauchbar. Für mittlere und große Unternehmen ist ein separates Voice Mail-System in der Regel sinnvoller.

3.4.3.2 Konfiguration eines Kommunikationsservers

Ein Kommunikationsserver kann entweder an einen Mehrgeräteanschluß oder an einen Anlagenanschluß angeschaltet werden. Es ist auch möglich, den Kommunikationsserver an einen internen S_0-Bus einer Telekommunikationsanlage anzuschalten. Im Kommunikationsserver können eine oder mehrere ISDN-Karten installiert werden. Die benötigte Anzahl richtet sich nach dem erwarteten Verkehrsaufkommen. Werden mehrere ISDN-Karten im Server installiert, so ist darauf zu achten, daß diese alle vom gleichen Hersteller sind. Andernfalls sind Treiberprobleme die Folge.

Wird der Kommunikationsserver an einem Anlagenanschluß betrieben, so können alle PCs, die mit der Client-Kommunikationssoftware ausgestattet sind, direkt mit einer Durchwahlrufnummer erreicht werden. Diese Konfiguration ist in Abb. 3.21 dargestellt.

Dazu müssen folgende Voraussetzungen erfüllt sein:

- S_0-Anschluß in Anlagenkonfiguration (auch als Punkt-zu-Punkt-Konfiguration bezeichnet)
- durchwahlfähige ISDN-Karte (ISDN-Modem)

Es ist auch möglich, einen Kommunikationsserver an einem normalen ISDN-Anschluß in Punkt-zu-Mehrpunkt-Konfiguration zu betreiben. In diesem Fall werden den einzelnen PCs Mehrgeräterufnummern, engl. Multiple Subscriber Number (MSN), zugeordnet. Der PC reagiert dann nur noch auf ankommenden Verbindungsanforderungen auf die MSN, die ihm zugeordnet ist. Zusätzlich wird noch abgeprüft, ob der angeforderte Dienst, z. B. Eurofiletransfer, auch installiert ist. Ist dies nicht der Fall, wird der Verbindungswunsch abgewiesen. Der Abweisungsgrund wird mit einem Cause-Wert der Gegenstelle mitgeteilt.

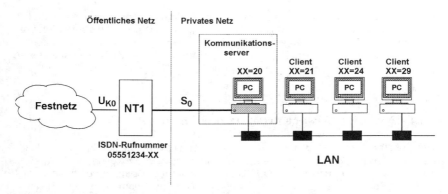

Abb. 3.21 - Kommunikationsserver am Anlagenanschluß

Normalerweise wird nicht für jeden Anwender, der die Client-Software installiert hat, eine eigene Lizenz benötigt. Vielmehr sollte darauf geachtet werden, daß nur die parallele Nutzung des Programms als "Lizenzverbrauch" zählt. In diesem Fall sind 5 Lizenzen für ca. 20-50 Anwender ausreichend, da nicht alle Anwender gleichzeitig Faxe oder E-Mails versenden oder Daten übertragen.

Für die Datenübertragung, z. B. nach dem Euro-ISDN-Standard, muß außerdem eine virtuelle CAPI installiert werden, die einem Client die Nutzung aller Funktionen der im Kommunikationsserver eingebauten ISDN-Karte(n) ermöglicht. Die virtuelle CAPI wird auf dem Kommunikationsserver (Rechner mit der ISDN-Hardware) installiert. Über LAN-Protokolle wie NetBIOS, IPX/SPX, TCP/IP wird die CAPI-Funktionalität den Clients zur Verfügung gestellt. Damit können Clients auch ohne eigene ISDN-Hardware auf die CAPI zugreifen.

Für das Versenden oder Empfangen von Faxdokumenten ist dies nicht erforderlich. Diese werden im Sendefall über die normale Druckfunktion (Faxdrucker) an den Kommunikationsserver übermittelt, der diesen Auftrag abwickelt und eine positive oder negative Bestätigung an den Sender schickt. Eingehende Faxdokumente empfängt der Faxserver, der sie dann entsprechend der gewählten Rufnummer (Durchwahl) an den entsprechenden Client weiterleitet.

3.4.4 Web-Server

3.4.4.1 World Wide Web im Internet

Als kurze Einführung soll der Standpunkt des Web-Servers im Internet kurz erläutert werden.

Als Basis dient das Internet. Es entstand Ende der 60er Jahre bei einem Pilotprojekt des amerikanischen Verteidigungsministeriums, ein extrem ausfallsicheres und fehlertolerantes, landesweites Rechnernetzwerk zu schaffen. An das zunächst rein militärische Netz erhielten nach und nach auch öffentliche Institutionen, Behörden und amerikanische Universitäten Verbindung. Dieser Hardwareverbund wurde mit Hilfe von TCP/IP als Netzwerk adressiert. Die einzelnen Rechner im Netz boten Informationen für die anderen Netzteilnehmer an und dienten somit als Server für Informationen. Nutzbar für die Anwender wird das Netz durch die darin implementierten Dienste.

3.4.4.2 Aufbau der Verweise zu Datenquellen im Internet

Der Uniform Resource Locator (URL) bezeichnet, wie eine beliebige Datei im Internet zu finden ist. Als erstes Element enthält sie das Übertragungsprotokoll, welches zu verwenden ist, um die Datei zum Client zu übertragen. Getrennt durch ein :// folgt dann der Servername, der den Dienst anbietet. Der Servername kann die IP-Adresse oder der Hostname sein. Hinter dem Namen muß getrennt durch einen Doppelpunkt der verwendete Port angegeben werden, wenn nicht der Standardport verwendet wird. Je nach Dienst folgen noch der Pfadname und der Dateiname. Die 3 Beispiele zeigen in Tab. 3.5 den Aufbau der URLs für 3 verschiedene Dienste, wobei der Gopher-Dienst im dritten Beispiel nicht am Standardport betrieben wird:

Über-tragungs-protokoll	://	Server	:Port opt.	Verzeichnispfad optional	Datei optional
http	://	www.w3.org		/hypertext/DataSources/WWW/	Geographical.html
ftp	://	ftp.boombox.edu		/pub/fun/files/	funny.txt
gopher	://	gopher.boombox.edu	:1124		

Tab. 3.5 - Aufbau des Uniform Resource Locator

Die oben aufgeführten URLs sind Beispiele für absolute URLs, die den vollständigen Ablageort einer Datei beschreiben. Im Gegensatz dazu können bei Querverweisen auch relative URLs verwendet werden. Sie geben den Ablageort der Datei aus der Sicht zum derzeitigen Standpunkt an.

3.4.4.3 Was bezeichnet man als Web-Server?

Als Web-Server wird die Software bezeichnet, die benötigt wird, um auf einem Rechner in ausgewiesenen Verzeichnissen HTML-Dokumente für andere Benutzer bereitstellen und verwalten zu können.

3.4.4.4 Installation eines Web-Servers

Zum Aufbau eines Web-Servers benötigt man einen Rechner, der permanent vom Netz aus erreichbar ist, um einen Zugriff auf die Web-Seiten jederzeit zu ermöglichen. Des weiteren benötigt man die Serversoftware, die bei manchen Betriebssystemen bereits mit ausgeliefert wird (z. B. Windows NT 4.0).

Nachdem die TCP/IP-Konfiguration des Rechners abgeschlossen wurde, kann mit der Installation des Web-Servers begonnen werden. Bei der Installation werden folgende Einstellungen vorgenommen:

- E-Mail-Adresse des Administrators vom Web-Server

  Diese E-Mail-Adresse erlaubt den Anwendern, bei Problemen oder Anregungen eine Mail an den Verantwortlichen des Web-Servers zu schicken.

- Server-Namen

  Der Name des Web-Servers im Netz wie z. B. www.w3.org muß nicht gleich dem Rechnernamen im Netz sein. Der hier eingetragene Servername wird stellvertretend für den Rechnernamen eingesetzt (Aliasname). Der Web-Servername sollte mit www.* beginnen.

- Wurzelverzeichnis des Web-Servers

  Installationsverzeichnis der Serversoftware. Nur in diesem und dessen Unterverzeichnissen können Daten für die Anwender bereitgestellt werden. In diesem Verzeichnis befindet sich auch die Übersichtsseite des Servers, meist index.html genannt, die man erhält, wenn man als URL nur das Übertragungsprotokoll und den Servernamen einträgt.

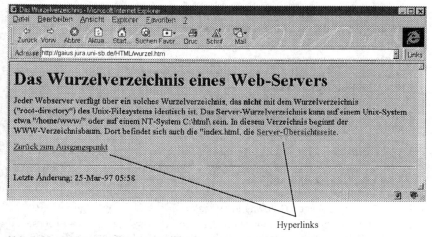

Abb. 3.22 - Beispiel einer Web-Seite

- Verzeichnis zur Ablage der Logfiles

  Es gibt dort drei Arten von Logfiles:
  - Die Access-Log-Datei zeigt, wer wann wie oft auf den Server zugegriffen hat.
  - Die Error-Log-Datei enthält Fehlermeldungen des Web-Servers.
  - Die Debug-Log-Datei enthält Diagnosemeldungen des Web-Servers.

- Portnummer
  Diese Portnummer muß beim Aufruf der Web-Seiten dieses Servers mit angegeben werden, wenn hier nicht der Standardport eingetragen wird.

- Rechtevergabe
  Es müssen Zugangsberechtigungen vergeben werden, sowohl für die Anwender wie auch für die verantwortlichen Personen für die Wartung und Pflege des Web-Servers.

- Serverpaßwort vergeben
  Damit nicht jeder die Konfiguration des Web-Servers ändern kann, muß dieser durch eine Kennung vor unberechtigtem Zugriff geschützt werden.

- Serverdienst starten
  Der Web-Serverdienst muß gestartet werden, um die Überwachung des HTTP-Ports auf Anfragen hin anzustoßen.

Bei der Installation sollten die Hinweise der README-Datei und der Installationsanweisung beachtet werden.

Soll der Web-Server auch dynamische Web-Seiten anbieten können, so muß er mindestens ein Verfahren zur Bereitstellung von dynamischen Web-Seiten unterstützen:

- SSI (Server Side Includes)
  Für das Verzeichnis mit dem HTML-Dokument, welches die SSI-Anweisung der Form **<!- -#Kommando Varible="Wert"- ->** enthält und auf *.SSI endet, muß das Verzeichnismerkmal Enable includes freigegeben sein. Eine Anwendung für SSI wäre z. B. ein Zähler auf der Web-Seite, der die Anzahl der Seitenzugriffe anzeigt.

- LCGI (Local Common Gateway Interface)
  LCGI ist eine Schnittstellendefinition für andere Programme auf der Basis des Betriebssystems des Web-Servers.

- RCGI (Remote Common Gateway Interface)
  RCGI ist eine Schnittstellendefinition des Web-Servers für andere Programme, die vom Web-Browser aufgerufen werden können. Die Programme können dabei auf einer beliebigen Plattform laufen. Da hierbei je nach Plattform noch zusätzliche Treiber geladen werden müssen, laufen die Programme über RCGI langsamer als über LCGI.

- BASIC-Script
  Nach dem Start des BASIC-Interpreters vom Web-Server mit LOAD BASIC werden die Scripte mit der Endung *.BAS auf Anfrage des Browsers gestartet.

- Perl-Script
  Nach dem Start des Perl-Interpreters vom Web-Server mit LOAD PERL werden die Scripte mit der Endung *.pl auf Anfrage des Browsers gestartet.

- Java Applet
  Mit der von SUN Microsystems entwickelten Programmiersprache Java können beliebige Anwendungen geschrieben werden und als plattformunabhängige Java-Programme (Applets) in Web-Seiten mit eingebunden werden.

Bekanntgabe des Web-Servers

Nach der Installation sollte man seinen Web-Server und Web-Seiten auf Funktion testen. Sollte alles zufriedenstellend laufen, kann man seinen Server der Internetgemeinde bekanntgeben. Z. B. durch die Registrierung bei CIS (Center for Information Services) unter der URL *http://www.entry.de/NeuregistrierungServer.html* oder durch eine Nachricht mit Organisationsname, Ansprechpartner, Informationsangebot des Servers und der URL der Homepage an www-request@info.cern.ch.

3.4.5 Printserver

Die Aufgabe eines Printservers (zu deutsch: Druckerserver) besteht darin, die definierten Drucker im Netzwerk zu verwalten und die entsprechenden Druckaufträge an diesen Drucker auszugeben. Das Ziel ist es, nicht jeden Arbeitsplatz mit teuren und leistungsfähigen Druckern ausstatten zu müssen, sondern den Benutzern im Netzwerk die Netzwerkdrucker zur Verfügung zu stellen.

Die Funktion des Printservers kann entweder vom Netzwerkserver mit ausgeführt werden oder von einem separaten Rechner vorgenommen werden, der ausschließlich für das Abarbeiten von Druckaufträgen im Netz verwendet wird und damit den Netzserver von dieser Aufgabe entlastet.

Der Printserver sammelt die ankommenden Druckaufträge der einzelnen Benutzer, weist diese Druckaufträge bestimmten Druckerwarteschlangen zu, um sie anschließend zu den im Netzwerk angeschlossenen Netzwerkdruckern zu senden. Netzwerkdrucker können sowohl direkt an Printserver als auch über Workstations angeschlossen werden.

Ferner gibt es auch die Möglichkeit, Drucker direkt als Node im Netz zu installieren, d. h., diese Drucker besitzen dann eine eigene Netzwerkadapterkarte. Für Drucker ohne diese Möglichkeit kann eine sogenannte "Black Box" als Koppelelement für Drucker installiert werden. Diese Box besitzt eine bestimmte Anzahl von parallelen und seriellen Schnittstellen, an die die Drucker angeschlossen werden.

Drucker mit integrierter Netzwerkadapterkarte werden u. a. von HP angeboten. "Black Box"-Systeme werden u. a. von Intel angeboten.

Der Aufbau eines Printservers ist abhängig vom jeweiligen Betriebssystem des Rechners, der zum Printserver auserkoren wurde.

Hier soll die Vorgehensweise exemplarisch anhand von Windows NT gezeigt werden:

Man beginnt mit dem Einrichten der am Printserver angeschlossenen Drucker.

Der Administrator, der Vollzugriff auf die Druckerverwaltung hat, richtet einen neuen Drucker über das Menü ⇒ Start ⇒ Einstellungen ⇒ Drucker ⇒ Neuer Drucker ein.

Dazu wählt er für den lokalen Arbeitsplatz den entsprechenden Anschluß aus, an dem der Drucker angeschlossen ist (z. B. LPT1), und wählt dann den zu installierenden Druckertreiber aus. Damit auch andere Netzteilnehmer auf den Drucker zugreifen können, muß dieser mit einem Freigabenamen für das Netzwerk freigegeben werden, unter dem im Netz auf diesen Drucker zugegriffen werden kann. Dabei können noch Treiber mit zur Verfügung gestellt werden, die bei fremden Betriebssystemen benötigt werden, um den Drucker dort einzurichten. Auf jedem Rechner, der auf den Netzwerkdrucker zugreifen möchte, muß der Netzwerkdrucker als Drucker eingerichtet werden.

Über "Eigenschaften" des neu eingerichteten Druckers erhält man die Eingabemaske für die Druckerwarteschlange. Hier kann die Zeit der Verfügbarkeit und die Priorität dieser Druckerwarteschlange festgelegt werden. Über die Karte "Sicherheit" lassen sich die Zugriffsberechtigungen für einzelne Benutzer im Netz vergeben.

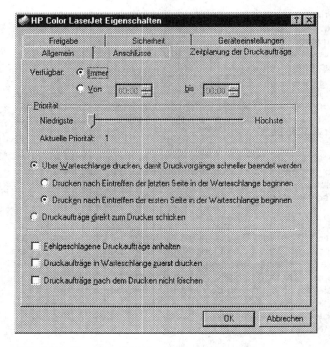

Abb. 3.23 - Eigenschaften eines Netzwerkdruckers

Die Druckerwarteschlange sieht wie in Abb. 3.24 dargestellt aus. Aus dieser können eigene Druckaufträge gelöscht oder bei entsprechender Berechtigung der Drucker angehalten und die Reihenfolge der einzelnen Druckaufträge geändert werden.

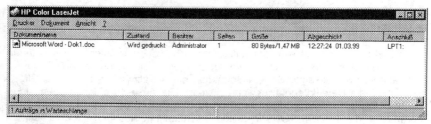

Abb. 3.24 - Druckerwarteschlange

Für weitere Warteschlangen desselben physikalischen Druckers wird bei Windows NT einfach derselbe Drucker mit einem anderen Namen noch einmal eingerichtet.

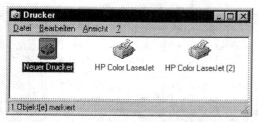

Abb. 3.25 - Verfügbare Druckerwarteschlangen (Drucker)

Die Druckaufträge aus Warteschlangen mit höher Priorität werden gegenüber solchen mit niedriger Priorität bevorzugt bearbeitet.

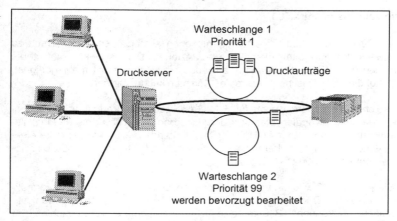

Abb. 3.26 - Abarbeiten von Druckerwarteschlangen

Über die Berechtigungen läßt sich steuern, welcher Benutzer in welche Warteschlange mit welcher Priorität drucken kann.

3.4.6 Backup

Die Backup-Software ist eine der kritischsten Komponenten aller LAN-Anwendungen. Mit Hilfe von Backup-Software werden zum einen die Daten der Anwender und zum anderen die gesamte Systeminformation eines Netzwerkes gesichert. Gleichzeitig muß die Datenintegrität gewahrt bleiben. Die Auswahl einer mit dem angewandten Betriebssystem kompatiblen Backup-Software ist deshalb wichtig. Backup-Software wird auf einem Server installiert. Wichtig ist in diesem Falle eine vollkommene Automatisierung. Backup-Software sollte über die Funktionen

- Job Scheduling,
- Fehlerprotokoll und
- Datenkompression

verfügen.

Neben den software- und hardwaretechnischen Voraussetzungen sind noch administrative Anforderungen zu beachten. Ein Backup-Schema muß sauber geplant sein.

Als Backup wird die Datensicherung bezeichnet. Es werden dazu eine oder mehrere Kopien von Daten auf Datenträgern erzeugt. Die Datensicherung hat die Aufgabe, die Anwender vor Datenverlust zu schützen, wenn die Originaldaten durch ein unvorhersehbares Ereignis beschädigt oder verlorengegangen sind. Details siehe Band 6 dieser Buchreihe.

3.4.7 Verzeichnisdienst X.500

Wollte man früher z. B. über Telefon Informationen austauschen, konnte man zu diesem Zweck das gute alte Telefonbuch heranziehen. Dies ist, wenn man heute Informationen über elektronische Mails austauschen möchte, nicht mehr geeignet. Man benötigt die elektronische Adresse des Kommunikationspartners.

Um ein solches Telefonbuch auch für E-Mail-Adressen zur Verfügung zu haben, wurde von der internationalen Standardisierungsorganisation ITU (International Telecommunication Union, früher CCITT) der ITU-T-Standard X.500 für verteilte elektronische Verzeichnissysteme herausgegeben. Der volle Name lautet X.500-Directory-Service oder kurz X.500-DS.

In dem Standard X.500 wird ein verteilter Dienst beschrieben, bei dem die Information an verschiedenen Orten gespeichert wird. Jeder Ort entspricht einer Organisation. Organisationen können z. B. unterschiedliche Firmen oder auch unterschiedliche Standorte einer Firma sein. Jede Organisation verwaltet ihren eigenen Bereich des Verzeichnisses selbst. Gemeinsam mit der Information an den anderen Orten ergibt sich ein sinnvolles Ganzes.

Die Informationen werden in einer Datenbank der Directory Information Base (DIB) des lokalen Systems gespeichert. Die Informationen zur eindeutigen Identifizierung sind die sogenannten Objekte. Objekte können Adressen von Kommunikationspartnern, aber auch Adressen von Geräten und Computerprogrammen sein. Die Gesamtheit der Objekte bildet die Directory Information Base. Alle DIB bilden den X.500-Directory-Service. In Abb. 3.27 ist ein solcher verteilter Directory Service schematisch dargestellt.

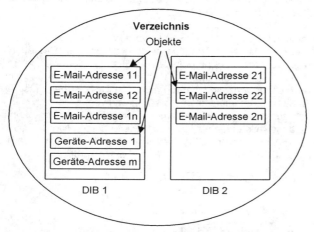

Abb. 3.27 - **Verzeichnis mit zwei DIB und mehreren Objekten**

Möchte ein Benutzer auf Objekte aus dem elektronischen Verzeichnis zugreifen, so geschieht dies über ein Dienstprogramm, dem sogenannten Directory User Agent (DUA).

Abb. 3.28 - **Zugriff eines Benutzers auf das Verzeichnis mittels DUA**

Eine Aufgabe des Directory User Agent besteht darin, Zugriffsrechte eines Benutzers auf das Verzeichnis zu regeln und auf Anfrage des Benutzers u. a. die folgenden Dienstfunktionen zur Verfügung zu stellen:

- Lesen von Einträgen
- Vergleichen der Benutzeranfragen mit den Einträgen
- Filtern von Einträgen
- Auflisten von Einträgen
- Suchen von Einträgen
- Zufügen eines Eintrages

- Verändern eines Eintrages
- Löschen eines Eintrages
- Fehlermeldungen ausgeben

Der DUA stellt die Schnittstelle zwischen Benutzer und dem Verzeichnissystem dar. Die Gegenstelle des DUA ist der sogenannte Directory System Agent (DSA). Er stellt die Schnittstelle zwischen DUA und der Datenbank dar. Das Protokoll zwischen DUA und DSA heißt Directory Access Protocol (DAP).

Der Zugriff auf das Verzeichnis erfolgt üblicherweise von einem Ort bzw. Rechner, siehe Abb. 3.29. Wird die gewünschte Information nicht in der lokalen Datenbank gefunden, wird die Anfrage weitergereicht an die weiteren Directory Information Bases, bis die gewünschte Information gefunden wird. Dies geschieht, ohne daß der ursprünglich angewählte Rechner verlassen werden muß. Der DSA ist das entsprechende Dienstprogramm, das die Kommunikation zwischen den verschiedenen DIB - das Verzeichnis setzt sich aus mehreren DIB zusammen - regelt. Die Anfrage kann vom ursprünglichen DSA an jeweils einen weiteren DSA weitergeleitet werden oder von dem ursprünglichen DSA an mehrere DSA verteilt werden. Das Protokoll zwischen den unterschiedlichen DSA heißt Directory System Protocol (DSP).

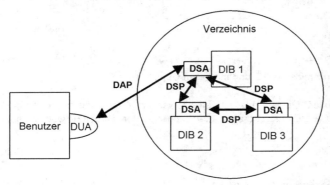

Abb. 3.29 - Schematische Darstellung der Beziehung zwischen Benutzer und DIB

Um das Suchen nach Einträgen zu erleichtern, müssen für Verzeichnisse bestimmte Strukturen gelten. Im Telefonbuch z. B. sind die Einträge nach Orten und Namen alphabetisch sortiert. Im X.500-Standard ist festgelegt, daß die Informationen in der DIB baumartig strukturiert sind. Man spricht daher vom sogenannten Directory Information Tree (DIT). Die Knoten stellen die Einträge dar. Ein Eintrag besteht aus einem Attribut oder aus einem Satz von Attributen. Das Attribut setzt sich zusammen aus dem Attributtyp und dem Attributwert. Jedes Attribut stellt also einen Teil der Information über ein Objekt dar.

Einige Attributtypen sind international vorgegeben, andere werden national und andere werden privat vergeben. In der Tab. 3.6 werden die wichtigsten vorgegebenen Attributtypen aufgeführt.

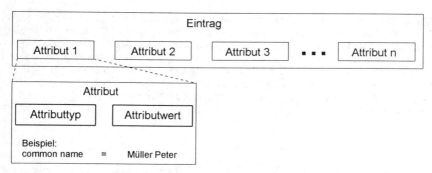

Abb. 3.30 - Aufbau eines Eintrags und eines Attributs

Attributtyp (dt.)	Attributtyp (engl.)	Abkürzung	Beispiel
Land	country	C	C = DE C = US
Organisation	organization	O	O = Firma 1 GmbH O = Firma 2 AG
Lokalität	locality	L	L = Berlin L = Bayern
Organisationseinheit	organizational unit	OU	OU = Einkauf OU = Forschung
Name	surname	S	S = Schmidt S = Meyer
Vorname	given name	G	G = Peter G = Christine
	common name	CN	CN = Server DA 1 CN = Meyer Peter

Tab. 3.6 - Vorgegebene Attributtypen

Jeder Eintrag hat einen Attributwert, der den Eintrag genau identifiziert, dieser heißt relativ herausgehobener Name oder auch Relativ Distinguished Name (RDN).

Die Äste des DIT sagen etwas über die Beziehung des Knotens zum übergeordneten oder untergeordneten Knoten aus. Durch diese Baumstruktur ist eine eindeutige Zuordnung der Einträge zum Objekt gegeben. In Abb. 3.31 ist ein Beispiel für die baumartige Struktur des DIT dargestellt.

Jeder DIT beginnt mit dem Startknoten (Wurzel, engl. root), dieser beinhaltet keine Attribute. Als untergeordneter Knoten unter der root folgt meist das Land (country). Handelt es sich bei der Organisation um eine internationale Organisation, z. B. die

UNO, dann kann auch nach der root direkt die Organisation (organization) folgen. Nach dem Land folgt die Organisation, z. B. die Firma Autobau AG. Danach folgt die Organisationseinheit, hinter dieser verbergen sich einzelne Abteilungen oder Unterabteilungen in der Firma. Bei größeren Firmen wird die Organisationseinheit weiter gesplittet in zwei oder mehr Organisationseinheiten, z. B. in den Geschäftsbereich Fahrzeugbau (ou1 = Fahrzeugbau) und die Abteilung Einkauf (ou2 = Einkauf). Das Ganze setzt sich fort, bis man an dem eigentlichen Namen des gewünschten Objektes ankommt.

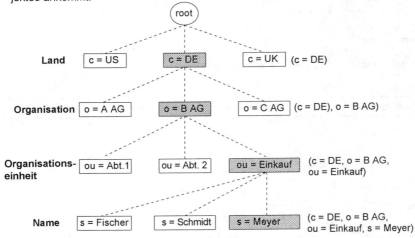

Abb. 3.31 - Darstellung der Baumstruktur des X.500-Standards

Der eindeutige Name bzw. die eindeutige E-Mail-Adresse eines Objektes, der sogenannte herausgehobene Name oder auch Distinguished Name (DN), setzt sich zusammen aus der Gesamtheit der RDN aller übergeordneten Einträge und dem RDN der letzten Ebene. Vor den einzelnen RDN steht meist ein Komma.

Nachfolgend sind einige **Beispiele** für E-Mail-Adressen aufgeführt:

- c = DE, o = Autobau AG, ou = Einkauf, s = Meyer, g = Peter
  (Peter Meyer arbeitet in Deutschland in der Einkaufsabteilung der Firma Autobau AG)
- c = US, o = CAR, ou = Forschung, s = Smith, g = Frank
  (Frank Smith arbeitet in den USA in der Forschungsabteilung der Firma CAR)
- c = DE, o = Auto AG, ou1 = Kraftfahrzeugbau, ou2 = Vertrieb, s = Müller, g = Ivana
  (Ivana Müller arbeitet in Deutschland in der Vertriebsabteilung des Geschäftsbereiches Kraftfahrzeugbau der Firma Auto AG)
- c = DE, o = EDV GmbH, ou = Personal, cn = Laserdrucker
  (Adresse des Laserdruckers in der Personalabteilung der Firma EDV GmbH in Deutschland)

Es kommt vor, daß untergeordnete Einträge nicht eindeutig einem übergeordneten Eintrag zuzuordnen sind, z. B. die Firma Allgemeine Automobil Bau ist auch noch unter der Firmenabkürzung Firma AAB bekannt. Um die Daten nicht redundant zu führen, benutzt man Alias-Namen. Ein Alias-Name ist ein Eintrag, der wieder auf den ursprünglichen Eintrag verweist.

Die beiden Protokolle Directory Access Protocol (DAP) und Directory System Protocol (DSP) sind in die Schicht 7 des ISO/OSI-Referenzmodells einzuordnen.

Da der X.500-Standard sehr hohe Anforderungen an den abfragenden Client stellt, resultierend aus dem DAP-Protokoll und dem Overhead des OSI-Referenzmodells, hat sich dieser Standard nicht sehr stark verbreitet. Deshalb hat sich in der Vergangenheit eine vereinfachte und für das TCP/IP-Protokoll angepaßte Variante des X.500-Zugriffprotokolls DAP bei der Industrie durchgesetzt. Dieses Protokoll heißt Lightweight Directory Access Protocol (LDAP). Viele Softwarehersteller, z. B. Microsoft, Netscape, Novell, haben eine LDAP-Unterstützung für ihre Produkte angekündigt oder bereits realisiert.

Die wesentlichen Merkmale des LDAP sind:
- LDAP setzt direkt auf TCP/IP auf.
- LDAP unterstützt die meistgenutzten Funktionen von X.500.
- Daten sind Textstrings.
- Einfache Codierung der Daten zur Übertragung über das Netz.

LDAP war ursprünglich nur als Zugriffsprotokoll auf X.500 vorgesehen. Hierzu diente ein LDAP/DAP-Gateway als Protokollumsetzer, dieser wandelte LDAP-Anfragen in X.500-DAP-Anfragen um. Inzwischen wird LDAP auch genutzt, um im Internet bzw. im Intranet den vereinfachten Zugriff auf proprietäre Verzeichnisse von anderen Rechnern zu realisieren. Bedingung ist, daß die Verzeichnisse streng hierarchisch aufgebaut sind und die proprietären Verzeichnisse eine LDAP-Schnittstelle besitzen. LDAP diente aber auch als Stand-Alone-Server mit eigenem Verzeichnis.

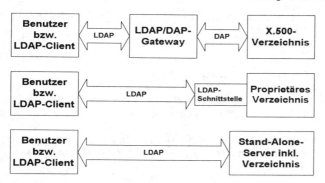

Abb. 3.32 - Anwendungen von LDAP

Inzwischen gibt es zwei Erweiterungsversionen des LDAP-Protokolls (LDAPv2 und LDAPv3), um eine verteilte Datenhaltung bei den LDAP-Stand-Alone-Servern mit eigenem Verzeichnis und einen höheren Sicherheitsstandard zu unterstützen.

3.4.8 Software Metering

Eine wesentliche Eigenschaft eines Netzwerkes ist, daß die angeschlossenen Anwender auf dem Netzwerk installierte Software nutzen können und die jeweilige Software nicht auf jedem Arbeitsplatz installiert werden muß. Trotzdem muß für jeden Anwender eine Lizenz vorhanden sein. Dabei muß eine Lizenz nicht explizit auf einen Anwender ausgestellt sein. Oft wird einfach eine bestimmte Anzahl von Lizenzen eingekauft. Eine spezielle Software überwacht dann, daß die Anwendungsbedingungen und Lizenzvereinbarungen eingehalten werden. Sobald die maximale Anzahl der vorhandenen Lizenzen erreicht ist, können keine weiteren Anwender diese Software nutzen. In der Praxis bedeutet dies, daß für bestimmte Software nur relativ wenige Lizenzen gekauft werden müssen, da manche Anwender diese nur relativ selten, z. B. einmal die Woche, nutzen. Details zum Software Metering sind im Band 6 dieser Buchreihe zu finden.

3.5 IT- und Netzmanagement

Wie in vielen anderen Bereichen gibt es nicht das Netzmanagementprotokoll bzw. den Netzmanagementstandard, sondern es haben sich unterschiedliche Konzepte etabliert. Die wichtigsten, die in den nächsten Kapiteln beschrieben werden, sind das:

- Simple Network Management Protocol (SNMP)
- Common Management Information Protocol (CMIP)

SNMP wird auch als Internet-Management-Protokoll bezeichnet, während CMIP für das ISO/OSI-Netzmanagement steht.

3.5.1 Simple Network Management Protocol (SNMP)

SNMP (einfaches Netzwerk-Management-Protokoll) erlaubt es, verschiedene Netzwerkkomponenten über eine zentrale Station zu überwachen.

Ohne SNMP wäre für jede Komponente (Rechner, Router, Bridge, ...) ein eigenes Terminal nötig, das der Netzadministrator ständig im Blick haben müßte, um zu wissen, wie es um sein Netz steht.

3.5.1.1 Aufbau eines SNMP-kontrollierten Netzes

Zum Aufbau eines SNMP-überwachten Netzwerkes bestimmt man einen Rechner, der die zentrale Aufgabe des Netzwerkmanagements übernehmen soll. Auf dieser **Network Management Station (NMS)** installiert man den **Manager**. Der Manager ist das Programm, welches für das Sammeln und Verteilen der Managementinformationen zuständig ist. Ebenso sorgt er für die grafische Darstellung des Netzes und dessen Zustand auf dem Bildschirm der NMS.

Auf den zu überwachenden Netzwerkkomponenten befindet sich jeweils ein **Agent**. Er sammelt management-relevante Daten **(Managed Objects)**, die er in seiner **Management Information Base (MIB)** ablegt. Das können Parameter wie Timer, Zähler, Adressen oder Protokollparameter sein.

Bei Bedarf fragt der Manager über das SNMP-Protokoll die Werte der MIB von den Agenten ab. Im Manager ist ebenfalls eine MIB vorhanden, anhand welcher der Manager weiß, welche Daten er administrieren kann.

Das SNMP-Protokoll wurde auf TCP/IP- Ethernet-Netzen entwickelt. Es setzt auf das verbindungslose UDP aus der Schicht 4 des OSI-Referenzmodells auf und bedient die Schichten 5-7.

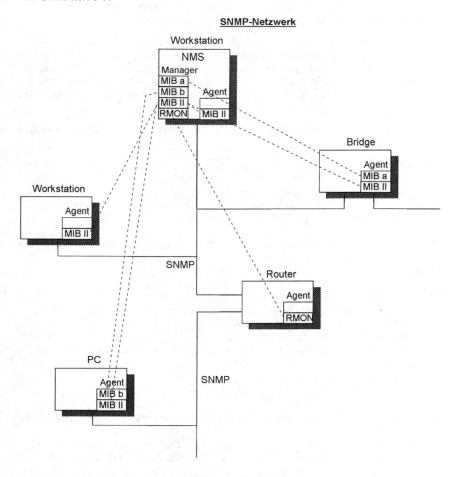

Abb. 3.33 - Komponenten eines SNMP-kontrollierten Netzes

3.5.1.2 Aufbau der Management Information Base (MIB)

Die MIB beschreibt den Umfang der Managed Objects, die verwaltet werden können. Das bedeutet, wenn z. B. ein Gateway als MIB-konform bezeichnet wird, kann man genau sagen, welche Managementdaten er zur Verfügung stellen muß.

Die erste standardisierte MIB, MIB I von 1988, enthielt 8 Objektgruppen mit ca. 100 Managed Objects. Für ein verbessertes Netzwerkmanagement wurde sie um 80 Objekte erweitert und 1990 unter dem Namen MIB II veröffentlicht.

Für die Verkehrsanalyse im Netz wird eine zusätzliche MIB eingesetzt. Sie wird als **Remote Monitoring (RMON)** bezeichnet und kann als Agent in PCs, HUBs, Routern, Bridges oder als eigene Hardwarekomponente ins Netz eingebaut werden. Der Agent der RMON-MIB wird auch als **Probe** (dt. Sonde) bezeichnet.

Die Regeln, nach denen die einzelnen MIB-Variablen definiert und indiziert werden, stehen in der **Structure of Management Information (SMI)**-Spezifikation. Sie beschreibt, nach welchem Muster die Namen der Variablen zu vergeben sind und wie die Struktur dieser Variablen auszusehen hat. Z. B. die Variable, in der eine IP-Adresse gespeichert wird, soll *IpAddress* heißen und aus vier Oktett Strings bestehen.

Der Wertebereich der Variablen wird über die **Abstract Syntax Notation 1 (ASN.1)** festgelegt.

Die MIB ist hierarchisch nach einer Baumstruktur aufgebaut, siehe Abb. 3.24. Die einzelnen Objekte des Baumes bestehen immer aus einem Namen, der einer Nummer zugeordnet ist. Die Namen werden verwendet, damit man sich die Struktur leichter erklären kann, und die Nummern werden später im Protokoll verwendet beim Informationsaustausch zwischen Manager und Agent.

Die einzelnen Objekte werden durch die Zahlenkette angesprochen, die bei dem Weg durch den Baum zum Objekt beschritten wird. Der Inhalt des Objektes wird dann einfach an diese Zahlenkette mit angehängt.

Als Beispiel soll hier die IP-Adresse 192.60.60.60 genommen werden. Sie könnte in dem Objekt ipAddrEntry stehen, das sich in der Kategorie 4(ip) der MIB befindet. Der weiterführende Pfad ab ip ist in dem MIB-Baum der Abb. 3.34 aus Platzgründen nicht enthalten. Er lautet ab der ip-Kategorie 20(ipAddrTable), 1(ipAddrEntry) und 1(ipAdEntAddr). Der vollständige Pfad, wie er im Protokoll verwendet werden würde, lautet dann:

1.3.6.1.2.1.4.20.1.1.192.60.60.60

und in Namensschreibweise :

iso.org.dod.internet.mgmt.mib.ip.ipAddrTable.ipAddrEntry.ipAdEntAddr.192.60.60.60

Die Unterscheidung, ob es sich am Ende des Pfades um einen Objektwert oder eine weitere Spezifikation handelt, kann man nur anhand des vollständigen MIB-Baumes treffen.

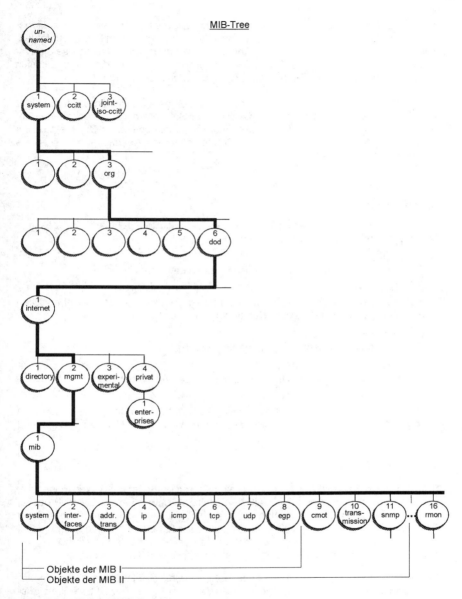

Abb. 3.34 - Teil des MIB-Baumes

Der MIB-Baum beschreibt, wer für den Standard der einzelnen Objekte zuständig ist. Nach dem Ursprung ohne Bezeichnung folgen die beiden Standardisierungsgremien ISO und CCITT und ein Zusammenschluß der beiden. In diesem Fall delegiert die ISO die Zuständigkeit an die Organisation (org) U.S. Department of Defense (DoD), die für das Internet (ip) verantwortlich ist. Im Internet geht es um den Bereich Management (mgmt), der eine Management Information Base (mib-2) mit den nachfolgenden Objekten enthält. Unter den Zweigen experimental und privat/enterprises (private Unternehmen) können die Firmen eigene Objekte erzeugen, die, wenn sie sich bewähren, in den standardisierten MIB-Zweig übernommen werden.

Da die Standardisierung meist langsamer vonstatten geht als die Entwicklung neuer Netzkomponenten, sollte beim Kauf der Manager-Software darauf geachtet werden, daß die dort implementierte MIB erweitert werden kann, damit auch Objekte aus den Zweigen experimental und privat ohne Probleme mit ins Netzmanagement aufgenommen werden können.

3.5.1.3 SNMPv1

Die erste Version von SNMP (SNMPv1) war sehr einfach gehalten. Die gesamte Übertragung wurde mit 5 Operationen geregelt:

- Get Request
  Abfrage des Wertes eines Managed Objects an den Agent schicken.

- Get Next Request
  Abfrage des Wertes des nachfolgenden Managed Objects an den Agent schicken (ohne erneut den vollständigen Namen angeben zu müssen).

- Get Response
  Die Antwort auf ein Request vom Agent anfordern.

- Set Request
  Setzen des Wertes eines Managed Objects an den Agent schicken.

- Trap
  Notfallmeldungen, die der Agent schickt, ohne gefragt worden zu sein, um dem Manager wichtige Ereignisse mitzuteilen (z. B. Warmstart, Kaltstart, Verbindung verloren).

Nachteile von SNMPv1

SNMPv1 setzt kaum Sicherheitsbarrieren gegenüber unbefugten Netzmanagern, was viele von der Verwendung abhält. Als Abhilfe wurde ein Secure SNMP Proposal entwickelt, welches aber den Nachteil hat, daß es nicht zu dem alten SNMP-Protokoll kompatibel ist. Als eine Umgehungslösung haben einige Hersteller die Set Request-Funktion gesperrt, um die Manipulation der Parameter zu verhindern, wodurch eine Administration der Parameter nicht mehr über SNMP möglich ist.

Ein weiterer Nachteil liegt in dem hohen Datenverkehr, den SNMPv1 durch die vielen Einzelabfragen erzeugt. Es gibt keinen Befehl, um einen ganzen Datensatz auszulesen. Unter SNMPv1 ist kein verteiltes Management möglich. Das bedeutet, das Netz kann nur von einer NMS aus administriert werden, was bei sehr großen Netzen unpraktisch ist. Die Umsetzung des SNMP-Protokolls in den Geräten wird nicht immer mit der gewünschten Qualität durchgeführt, so daß manuelle Nacharbeit notwendig sein kann, obwohl vom Hersteller SNMP-Unterstützung mit angeboten wurde.

3.5.1.4 SNMPv2

Zur Beseitigung der oben aufgeführten Nachteile wurde eine zweite SNMP-Version herausgebracht. Sie besitzt einen Verschlüsselungsalgorithmus, kann Datensätze mit einem Befehl abfragen, läßt auch mehrere NMS im Netz zu und kann auch noch von SNMPv1 verstanden werden. SNMPv2 hat allerdings den Nachteil, daß die Verschlüsselung die CPU belastet und das Protokoll sehr kompliziert geworden ist.

Trotz der Verbesserungen zögern die Hersteller noch mit der Implementierung der SNMPv2.

3.5.2 ISO/OSI-Management

Das OSI-Management weist, verglichen mit anderen Ansätzen, mächtigere und komplexere Modellierungskonzepte auf.

Das zugrundeliegende **Organisationsmodell** geht von einem verteilten kooperativen Management aus, welches die Rollen der kommunizierenden Systeme über Schnittstellen festlegt. Es werden das

- Managing System (Manager) und
- Managed System (Agent)

unterschieden.

Das **Kommunikationsmodell** beruht auf dem Common Management Information Service (CMIS) und dem Common Management Information Protocol (CMIP). Es definiert, wie Managementinformationen ausgetauscht werden.

Das **Informationsmodell** ist der Beschreibungsrahmen für die Managementobjekte, engl. Managed Objects (MO). Hier werden Objekten Eigenschaften zugeordnet. Objekte mit gleichen Eigenschaften werden zu Objektklassen zusammengefaßt.

Das **Funktionsmodell** definiert die grundlegenden Managementfunktionen und deren Verteilung. Dazu hat ISO die folgenden Grundfunktionen definiert:

- Konfigurationsmanagement (Configuration Management)
- Leistungsmanagement (Performance Management)
- Fehlermanagement (Fault Management)
- Abrechnungsmanagement (Accounting Management)
- Sicherheitsmanagement (Security Management)

Konfigurationsmanagement

Das Konfigurationsmanagement ist zuständig für das Verwalten von Netzelementen. Darunter fallen die Konfiguration von Netzressourcen, die Versionsverwaltung und das Bereitstellen von Zustandsinformationen.

Leistungsmanagement

Hier werden betriebsrelevante Statistikdaten erfaßt und Offline bzw. auch Online ausgewertet. Dazu gehört auch die Festlegung von Qualitätsparametern, das Durchführen von Messungen inklusive Festlegung der Meßintervalle. Mit dem Leistungsmanagement sollen auch Engpässe im Netz rechtzeitig erkannt werden.

Fehlermanagement

Das Fehlermanagement übernimmt die Aufgaben der Fehlererkennung und Fehlerbeseitigung unter Beachtung von festgelegten Prioritäten. Teilaufgaben sind Diagnosetests, das Sammeln, Aufbereiten und Verarbeiten von Zustands- und Alarminformationen.

Abrechnungs- bzw. Kostenmanagement

Die Erfassung des Verbrauchs von Netzressourcen und die Zuordnung von Kosten zu den verbrauchten Ressourcen ist eine Hauptaufgabe des Abrechnungsmanagements. Darunter fällt auch die Zuordnung von Kosten zu Kostenstellen, das Führen von entsprechenden Statistiken und die Aufbereitung der Daten zur Rechnungserstellung.

Sicherheitsmanagement

Im Sicherheitsmanagement werden alle sicherheitsrelevanten Kriterien festgelegt. Dazu gehören u. a. Autorisierung der Benutzer, das Verwalten von Zugriffsrechten, Verwalten von Verschlüsselungsalgorithmen (Schlüssel) und das Generieren und bedarfsweise Auswerten von Logdateien.

3.5.2.1 CMIS/CMIP

Das Common Management Information Protocol (CMIP) ist ein objektorientiertes Protokoll zum Management von Telekommunikationsnetzen.

Common Management Information Service (CMIS) und Common Management Information Protocol (CMIP) bieten im Gegensatz zu SNMP bedeutend mehr Funktionalität. CMIP kann als Schicht-7-Protokoll auf den kompletten, also auf alle 7 Schichten, OSI-Protokollstack zurückgreifen. CMIP stellt eine absolut sichere Übertragung der sensiblen Netzmanagementdaten sicher.

Weitere Vorteile von CMIP sind:

- Möglichkeit des direkten Initiierens von Aktionen
- Erzeugen von Managementdaten
- Löschen von Managementdaten
- Zugriffskontrolle auf Managementdaten
- Schutzmechanismen gegen die Manipulation von Managementdaten während der Übertragung
- Verschlüsselung von Managementdaten

Aber es gibt auch einen entscheidenden Nachteil. Da ein kompletter OSI-Protokollstack erheblich teurer ist, wird er von vielen Netzwerkkomponenten nicht unterstützt, da die Hersteller die Entwicklung und Implementierung scheuen.

3.5.3 Telekommunikationsmanagement-Netze

Das Management heterogener Telekommunikationsnetze erfordert fortschrittliche Netzmanagementtechnologien und -verfahren. Dazu wurden von der ITU-T Empfehlungen erarbeitet, die zum einen den Rahmen für ein Telekommunikationsmanagementnetz, engl. Telecommunications Management Network (TMN), und zum anderen standardisierte Managementschnittstellen beinhalten. Ein TMN besteht aus Vermittlungssystemen, Übertragungssystemen, Leitungen bzw. Übertragungskanäle, Terminals und anderen Netzressourcen. Die wesentlichen Empfehlungen zum Management von Telekommunikationsnetzen sind: M.3000, M3010, M3100 und M3200.

Die Idee hinter TMN ist, daß ein Netzmanager herstellerunabhängig alle Netzelemente managen kann. Dazu muß die Interoperabilität zwischen den Komponenten in einem Netz und dem Netzverwaltungssystem, engl. Operations System (OS), sichergestellt werden. Dazu ist es erforderlich, daß nicht nur die Managementschnittstellen standardisiert sind, sondern für alle Netzressourcen ein allgemeines Informationsmodell definiert ist, d. h. Regeln für das Management und die Darstellung der Informationen.

Ziel eines TMN ist es, durch optimierte Betriebsabläufe, Client-/Serverstrukturen, konsequente Anwendung von Standards und Nutzung von Synergiepotentialen die Effizienz und Wirtschaftlichkeit zu steigern. Dabei setzt man auf objektorientiertes Management, objektorientierte Technologie, objektorientierte Methoden, kooperatives Management und offene Schnittstellen, was in besserer Wartbarkeit und Erweiterbarkeit resultiert.

Heutige Telekommunikationsnetze sind gekennzeichnet durch eine Vielzahl von Systemen und Komponenten, alle mit verschiedenen Terminals und Programmen für deren Verwaltung. Dies ist umständlich und teuer, da außer in Systeme und Geräte auch sehr viel in die Ausbildung investiert werden muß. Ein modernes Netzmanagement sollte folgenden Anforderungen genügen:

- zentralisiert
- flexibel
- erweiterbar
- auf offenen Standards basierend
- kostengünstig
- upgradebar
- für alle administrierten Objekte (Netzressourcen) einheitliches "Look and Feel"
- hohe Verfügbarkeit
- hohen Sicherheitsanforderungen genügen
- Investitionsschutz gewährleisten

3.5.3.1 TMN-Architektur

Die TMN-Architektur beschreibt das Management von:

- Netzelementen
- Netzen
- Services
- Unternehmen

Die TMN-Architektur beruht auf dem OSI-Management, baut auf OSI-Standards auf und ist objektorientiert. Wesentliche Guidelines und Empfehlungen in diesem Umfeld sind:

- Guideline for Definition of Managed Objects (GDMO)
- Abstract Syntax Notation One (ASN.1)
- Common Management Information Protocol (CMIP)

GDMO beschreibt die zu administrierenden Netzressourcen und stellt Template für die Klassifizierung bereit. ASN.1 ist, wie der Name schon sagt, eine abstrakte Beschreibungssprache, die die Regeln für die Syntax und die Datentypen festlegt. CMIP schließlich beschreibt den Austausch von Managementinformation zwischen Partnerinstanzen (Peer Entities).

Grundlage der TMN-Architektur ist ein Modell von logischen Schichten, das angefangen vom Unternehmensmanagement bis zum Management eines einzelnen Netzelements immer detaillierter wird, siehe Abb. 3.35.

Abb. 3.35 - TMN-Modell

Die im TMN-Modell definierten Schichten erlauben eine abgestufte und für den jeweiligen Anwendungszweck optimierte Sicht. Dabei nutzt die jeweils höhere Schicht die Informationen, die von der darunterliegenden Schicht bereitgestellt werden. Das Unternehmensmanagement beschäftigt sich mit den Unternehmenszielen, Ausgaben und Einnahmen usw. Servicemanagement befaßt sich mit der Verwaltung von Kundenverträgen, Accounts, Servicequalität, Kontakten zu den einzelnen Kunden, Fehlermanagement sowie mit Kontakten und Verfahren zu anderen Service Providern. Netzwerkmanagement hat als Schwerpunkt die eigentliche Netzverwaltung und koordiniert alle Netzmanagementaktivitäten. Netzelementmanagement ist zuständig für das Management einzelner Netzelemente. Netzelemente können Vermittlungsstellen, Cross Connects, übertragungstechnische Einrichtungen, Adapter usw. sein.

3.5.3.2 TMN-Schnittstellen

Die Zusammenarbeit zwischen den einzelnen Elementen bzw. Komponenten findet über standardisierte Schnittstellen statt. Alle Elemente, die TMN-konform sind, haben eine Q3-Schnittstelle. Dies gilt insbesondere für neuere Netzkomponenten, wo die TMN-Anforderungen beim Design und der Entwicklung schon berücksichtigt werden konnten. Alle anderen Netzelemente werden an das Operations System über Mediation Devices angeschaltet. Die einzelnen Komponenten eines Netzes werden über ein Datenkommunikationsnetz, engl. Data Communications Network (DCN), zusammengeschaltet. Ein DCN kann ein Standleitungsnetz, ein Wählleitungsnetz oder jedes andere Datennetz sein.

Damit auch proprietäre Systeme entsprechend den TMN-Vorgaben administriert und gewartet werden können, wurden für viele Netzelemente Adapter (QA-Schnittstelle) entwickelt. Diese Adapter arbeiten direkt mit dem OS zusammen, wenn sie eine Q3-Schnittstelle zum OS hin haben. Diese Adapter passen die verfügbaren Daten eines Netzelementes an die vom TMN genutzten objektorientierten Verfahren an. Wenn ein Adapter keine Q3-Schnittstelle hat, werden QA über Mediation Devices an das OS angeschaltet. Grundsätzlich können so u. a. auch SNMP-basierte Systeme mit TMN-Verfahren, also objektorientiert, verwaltet werden. Netzelemente mit Qx-Schnittstelle werden immer über ein Mediation Device angeschaltet, wobei Mediation Devices die von einem Netzelement gelieferte Information aufbereiten und dann über eine Q3-Schnittstelle an ein OS weitergeben, siehe auch Abb. 3.36.

Die Netzelemente werden über eine definierte Softwareschnittstelle, Application Programming Interface (API), angesprochen. Diese wurde vom Network Management Forum (NMF) festgelegt. Das NMF API ist plattformunabhängig und beruht auf der Sprache C++.

Ein Manager greift nicht direkt auf die Managed Objects zu, sondern über einen Agenten, d. h., die Hardware in einem TMN wird über Softwareagenten gesteuert. Dieses sind Softwareanwendungen, die auf den Netzelementen laufen. Die Softwareagenten greifen auf Managed Objects (Hardwarekomponenten) zu. Dabei kann von den Softwareagenten auf alle Eigenschaften eines Managed Objects zugegriffen werden, die für dieses Objekt in Softwaredatenstrukturen definiert sind, z. B. Ändern verschiedener Attribute, Operationen und Ausführen von Aktionen, siehe Abb. 3.37.

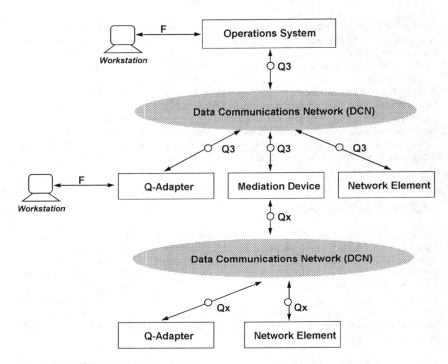

Abb. 3.36 - TMN-Schnittstellen

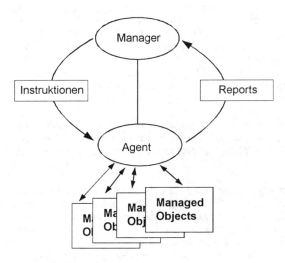

Abb. 3.37 - Manager-Agent-Beziehung

Der Manager und der Agent kommunizieren über das Common Management Information Protocol (CMIP) auf der Basis eines OSI-Protokollstacks. Ein Manager hat immer eine Management Information Base (MIB). Diese stellt eine abstrakte Repräsentation der Netzressourcen dar. Eine MIB enthält die Namen, Attribute, Operationen und Namensbindungen von Netzressourcen.

3.6 Qualitätssicherungselemente

3.6.1 Qualitätssicherung nach ISO 9000

Qualität ist nicht einfach vorhanden, sondern muß in Systeme, Geräte, Netze und Dienstleistungen hineinentwickelt werden. Damit dies nicht dem Zufall überlassen bleibt, versuchte man, Qualitätssicherung schon sehr früh zu formalisieren. Inzwischen steht die Norm **ISO 9000** als Synonym für **Qualitätsmanagement** und **Qualitätssicherung (QS)** und ist in den letzten Jahren in aller Munde. Insbesondere, wenn es darum geht, ob ein Unternehmen ISO-9000-zertifiziert ist. Es gibt Auftraggeber, die Aufträge nur noch an Unternehmen vergeben, die ISO-9000-zertifiziert sind. Auch die Europäische Union (EU) hat ISO 9000 übernommen. Dies bedeutet, daß in absehbarer Zeit in der EU nichts mehr verkauft werden kann, das nicht von ISO-9000-zertifizierten Unternehmen hergestellt wird. Deshalb ist es wichtig zu wissen, um was es sich bei ISO 9000 geht.

Was ist ISO 9000?

ISO 9000, genauer ISO 9000 bis 9004, sind Normen für Qualitätssicherungssysteme. In diesen Normen werden die Anforderungen an Qualitätssicherungssysteme beschrieben. Die Beschreibung der Anforderungen selbst ist allgemein gehalten, so daß sie auf unterschiedlichste Produktentwicklungsprozesse, Branchen und Dienstleistungssektoren angewandt werden kann.

Eine Zertifizierung nach ISO 9000 bedingt, daß in einem Unternehmen ein Qualitätssicherungssystem implementiert ist und die Einhaltung der in diesem Qualitätssicherungssystem beschriebenen Verfahren und Prozesse sichergestellt ist. Dieses Qualitätssicherungssystem wird von einem unabhängigen Sachverständigen überprüft.

Struktur der ISO-9000-Serie

ISO 9000 gibt einen Überblick über die 9000er-Serie und Hinweise für die Auswahl und Anwendung einer der Qualitätsnormen ISO 9001, ISO 9002 oder ISO 9003.

ISO 9004 gibt Hilfestellung zur Entwicklung eines Qualitätssicherungssystemes. Es zeigt auf, wie die ISO-Normen auf die Bedürfnisse eines Unternehmens angepaßt werden können. In der Norm ISO 9004 sind ausführlich 20 Standardelemente beschrieben. Abhängig von der angestrebten Zertifizierung müssen entweder alle in diesen Elementen beschrebenen Anforderungen erfüllt werden oder nur Teile davon.

ISO 9001 stellt die strengsten Anforderungen an eine Qualitätssicherung. Sie kommt dann zur Anwendung, wenn nach Kundenspezifikation Produkte entwickelt und produziert werden bzw. Dienstleistungen erbracht werden müssen. Alle 20 Elemente müssen berücksichtigt werden. Es werden die Bereiche Design, Entwicklung, Produktion, Installation und Wartung abgedeckt.

ISO 9002 setzt die Berücksichtigung von 18 der 20 Qualitätssicherungselemente voraus. Im Gegensatz zu ISO 9001 wird das Design vom Kunden vorgegeben, und es müssen keine Kundendienstleistungen erbracht werden. Es werden die Bereiche Produktion, Installation und Wartung abgedeckt.

ISO 9003 ist die am einfachsten zu implementierende Norm. Sie befaßt sich ausschließlich mit Tests und Endprüfverfahren. 12 der 20 Qualitätssicherungselemente müssen berücksichtigt werden.

Standardelement	9001	9002	9003
1. Verantwortung des Managements (Unternehmensführung)	x	x	x
2. Qualitätssystem	x	x	x
3. Vertragsprüfung	x	x	
4. Designsteuerung	x		
5. Dokumenten- und Datenlenkung	x	x	x
6. Beschaffung	x	x	
7. Steuerung der von Kunden beigestellten Produkte	x	x	
8. Produktkennzeichnung und Rückverfolgbarkeit	x	x	x
9. Prozeßsteuerung	x	x	
10. Inspektionen und Tests	x	x	x
11. Überwachen von Prüf- und Testmitteln	x	x	x
12. Inspektions- und Teststatus	x	x	x
13. Steuerung fehlerhafter Produkte	x	x	x
14. Korrektive und präventive Maßnahmen	x	x	
15. Handhabung, Lagerung, Verpackung, Konservierung und Versand	x	x	x
16. Steuerung von Qualitätsaufzeichnungen	x	x	x
17. Interne Qualitätsaudits	x	x	
18. Schulung, Training	x	x	x
19. Wartung	x		
20. Statistische Methoden	x	x	x

Tab. 3.7 - ISO-9000-Standardelemente

3.6.2 Dokumentationssystem

Grundlage jedes Qualitätssicherungssystemes ist ein gut strukturiertes und stets aktuelles Dokumentationssystem. Es sollte top-down strukturiert sein und auf der untersten Ebene detaillierte Informationen zu allen Produktionsschritten enthalten, und es sollte mindestens enthalten:

- Aussagen zu Unternehmenszielen und Unternehmenspolitik
- ein Qualitätssicherungshandbuch, das die Struktur des Unternehmens und die Kompetenzen und Verantwortung der Abteilungen beschreibt
- eine Beschreibung der einzelnen Tätigkeiten, Kompetenzen und Verantwortung innerhalb einer Abteilung
- die Beschreibung einzelner Arbeitsschritte, Arbeitsverfahren und Berichtswesen

Die Einführung eines QS-Systems hat insgesamt positive Auswirkungen auf ein Unternehmen. Alle an der Bereitstellung eines Produktes oder Services Beteiligten haben die Informationen, die sie für ihre Aufgabe benötigen. Die Informationen sind schriftlich niedergelegt. Die Bereitstellung von Produkten oder Dienstleistungen hängt nicht mehr von dem Know-how einzelner ab, sondern das Wissen ist breit gestreut und ruht auf vielen Schultern, da die Prozeduren nach ISO auch Schulung und Training der Mitarbeiter berücksichtigen.

3.6.2.1 Dokumentation – allgemeine Festlegungen

Erfahrungsgemäß wird das Thema Dokumentation in fast allen Unternehmen recht stiefmütterlich behandelt. Die Dokumentation eines Netzwerkes muß jedoch wie alle anderen Aufgaben sorgfältig geplant werden. Dabei ist es unerheblich, ob es sich um ein LAN, MAN oder WAN handelt. Der Umfang der zu erstellenden Dokumentation ist abhängig von der **Zielgruppe**, für die die Dokumentation erstellt wird. Deshalb ist vor der Erstellung der Dokumentation die spätere Zielgruppe der Dokumentation genau zu bestimmen. Neben dem eigentlichen Inhalt der Dokumentation sind auch Regelungen zu den Gestaltungsmerkmalen der Dokumentation notwendig. Festlegungen zur **Corporate Identity (CI)** müssen auf jeden Fall berücksichtigt werden. Weitere Festlegungen betreffen:

- Kennzeichnung des Ausgabezustandes
- Kopf- und Fußzeilendefinitionen
- maximale Gliederungstiefe
- Sprache
- Stichwortverzeichnisse mit Seitenreferenzen
- Schriftarten
- Festlegung der Anwendung, mit der Textbeiträge und Zeichnungen erstellt werden

In vielen Fällen wird Dokumentation heute Online im Internet oder Intranet bereitgestellt. Die Dokumentation kann in diesem Fall als HTML-Präsentation oder als Dokument, welches von dem berechtigten Anwenderkreis heruntergeladen werden kann, bereitgestellt werden. Wird das Dokument ausschließlich im Intranet bereitgestellt, kann man davon ausgehen, daß die Anwendung zum Lesen des Dokuments, z. B. WinWord, am Arbeitsplatz des Interessenten verfügbar ist. Wird ein Dokument im Internet für einen praktisch beliebigen Anwenderkreis bereitgestellt, ist ein Datenaustauschformat wie z. B. PDF-Datei vorzuziehen. Abhängig vom Umfang der Dokumentation ist eine Kompression der entsprechenden Dateien sinnvoll, um lange Download-Zeiten zu vermeiden.

Für jedes im Netz eingesetzte Gerät bzw. Softwareapplikation ist die vom Hersteller bzw. Lieferanten bereitgestellte Dokumentation sauber aufzulisten und aufzubewahren. Hierzu zählen alle Benutzer- und Referenzmanuals. Dabei ist darauf zu achten, daß die Ausgabezustände aktuell sind bzw. den eingesetzten Hardware- bzw. Software-Versionen entsprechen.

Last but not least ist darauf zu achten, immer Abzüge bzw. Kopien der Einstellungen (Konfigurationsdateien) von aktiven Komponenten (Router, HUB usw.) zu verwenden und diese direkt in die Dokumentation zu integrieren. Manuelle Eingaben sollten möglichst vermieden werden.

Die Dokumentation sollte im Falle von Projekten immer **projektbegleitend,** also entsprechend dem Projektfortschritt, erstellt werden. Dies fördert die Transparenz eines Projektes und damit gleichzeitig die Akzeptanz der durchzuführenden bzw. durchgeführten Maßnahmen. Für die einzelnen Dokumentationsschritte sind Meilensteine festzulegen, die es ermöglichen, den Dokumentationsfortschritt zu verifizieren. **Projektreviews** müssen in jedem Falle die Projektdokumentation mit einbeziehen.

3.6.2.2 Netzwerkdokumentation

Die **Netzwerkdokumentation** sollte strukturiert aufgebaut sein und alle passiven und aktiven Netzkomponenten beinhalten. In den meisten Fällen ist eine Top-down-Struktur sinnvoll.

Es wird nicht auf alle Einzelheiten einer Netzwerkdokumentation eingegangen. Statt dessen werden für jede Dokumentationsart die wesentlichen Inhalte aufgelistet. Damit kann ein Crosscheck durchgeführt werden.

Übersichtspläne

Übersichtspläne dienen vor allem dazu, einen schnellen Einstieg zu finden, und zur Darstellung eines Netzwerkes auf Managementebene. Darunter fallen:

- geographische Übersichtspläne
- Zweck und Zusammenarbeit der einzelnen Netzwerkkomponenten
- Netzwerkdiagramme/-zeichnungen
- Netzpläne logischer Verbindungen

Verkabelungsdokumentation

- Kabelidentifikation (genaue Bezeichnung des Kabels)
- Kabeltyp (Kategorie 5 UTP, Koaxialkabel, optisches Kabel)
- Beschaltungsdaten (Gebäude, Raum, Verteiler, Patchpanels, Stiftbezeichnung, Ursprung, Ziel)
- Kabellängen pro Kabelabschnitt
- angeschaltete Geräte

PCs, Workstations

Alle am Netz angeschlossenen PCs und Workstations müssen erfaßt werden. Neben den technischen Daten sind auch die Standorte zu erfassen.

1. Hersteller inkl. Seriennummer
2. Herstellungsdatum und Lieferdatum, Rechnung
3. Garantieinformationen
4. Rechnertyp und Motherboardtyp
5. BIOS (Datum und Typ)
6. RAM (Kapazität und Typ)
7. Controllertyp
8. Bussystem (PCI, ISA, EISA NuBus etc.)
9. Festplattenhersteller, Kapazität und Typ (SCSI, ID)
10. Netzwerkkarte (Hersteller, Typ)
11. MAC-Adresse
12. IP-Adresse
13. Subnetmaske
14. DNS-Konfiguration und Suchreihenfolge
15. Grafikkarte (Hersteller, Typ, RAM)
16. Gateway-Informationen
17. Interruptzuordnung
18. Zusätzliche Einsteckkarten (ISDN-Karte, internes Modem etc.)
19. Betriebssystem inkl. Version und Revisionsstand
20. Floppydisks (Hersteller, Kapazität)
21. CD-ROM (Hersteller)
22. Monitor (Hersteller, Typ, Garantie, max. horizontale und vertikale Grenzfrequenz)
23. Lokaler Drucker (Hersteller, Typ, Garantie)

Server

1. Hersteller inkl. Seriennummer
2. Herstellungsdatum und Lieferdatum, Rechnung
3. Garantieinformationen
4. Rechnertyp und Motherboardtyp
5. BIOS (Datum und Typ)

6. RAM (Kapazität und Typ)
7. Controllertyp
8. Bussystem (PCI, ISA, EISA NuBus etc.)
9. Festplattenhersteller, Kapazität und Typ (SCSI, ID)
10. Netzwerkkarte (Hersteller, Typ)
11. MAC-Adresse
12. IP-Adresse
13. Subnetmaske
14. DNS-Konfiguration und Suchreihenfolge
15. Grafikkarte (Hersteller, Typ, RAM)
16. Gateway-Informationen
17. Interruptzuordnung
18. Zusätzliche Einsteckkarten (ISDN-Karte, internes Modem etc.)
19. Netzbetriebssystem inkl. Version und Revisionsstand
20. Floppydisks (Hersteller, Kapazität)
21. CD-ROM (Hersteller)

Peripheriegeräte

Für Peripheriegeräte wie Netzwerkdrucker, CD-ROM-Tower etc. sind sinngemäß die gleichen Daten zu erfassen und zu pflegen wie für Workstations.

HUBs und Switches

Die Dokumentation für HUBs und Switches sollte zumindest beinhalten:

1. Hersteller inkl. Seriennummer
2. Hotline
3. Herstellungsdatum und Lieferdatum, Rechnung
4. Garantieinformationen
5. Firmware (Ausgabestand)
6. Ports (Anzahl, Übertragungsrate, Medium)
7. MAC-Adressen
8. IP-Adressen
9. Stromversorgung (einfach, redundant)
10. Managementinformation (MIB)

Router und Bridges

Router und Bridges müssen wie Server besonders sorgfältig dokumentiert werden. Die Störwirkbreite bei Ausfällen oder falschen Einstellungen ist hier besonders groß. Gleichzeitig muß hier noch einmal festgestellt werden, daß die Dokumentation nicht manuell erstellt werden sollte, sondern eine Kopie der Konfigurationsdateien übernommen werden sollte. Nur so kann sichergestellt werden, daß die Dokumentation auch tatsächlich mit den Routereinstellungen übereinstimmt.

1. Hersteller inkl. Seriennummer
2. Hotline
3. Herstellungsdatum und Lieferdatum, Rechnung
4. Garantieinformationen
5. Firmware (Ausgabestand)
6. MAC-Adressen
7. IP-Adressen
8. Aktivierte Protokolle pro Port
9. Parametereinstellungen der einzelnen Protokolle pro Port
10. Filtereinstellungen
11. Sicherheitseinstellungen (Paßwörter nicht offen dokumentieren)
12. Stromversorgung (einfach, redundant)
13. Managementinformation (MIB)

3.6.2.3 Softwaredokumentation

Alle Software, die von der Netzwerkgruppe unterstützt wird, ist zu dokumentieren. Alle Workstations sollten soweit möglich identisch konfiguriert werden. Ausgenommen sind nur Workstations von Anwendern, die aufgrund ihrer Tätigkeit spezielle Software benötigen.

1. Hersteller inkl. Seriennummer
2. Produktname inkl. Version und Patchinformation
3. Installierte Servicepacks
4. Hotline
5. Bezugsquelle
6. Lieferdatum und Rechnung
7. Lizenzinformation (Nutzungsbedingungen, Lizenzanzahl)
8. Anwender (Berechtigung, die Software zu nutzen)

Zusätzlich zur allgemeinen Dokumentation sollten die spezifischen Softwareeinstellungen, die während der Installation vorgenommen wurden, erfaßt werden (Server oder Workstation inkl. Basiseinstellungen, Directories etc.).

3.6.2.4 Änderungsanträge (Change Requests)

Änderungen an Netzkomponenten (Hardware, Software, Verkabelung) müssen formal gehandhabt werden. Sie müssen vom Netzwerkadministrator genehmigt und die Ausführung muß überwacht werden. Dabei ist auf eine technisch und zeitlich einwandfreie Durchführung zu achten. Dies ist vom Netzadministrator zu überwachen.

3.7 Datenschutz und Netzsicherheit

3.7.1 Datenschutz

Verschlüsselungsverfahren zerlegen Daten, bevor diese über das Netzwerk gesendet werden. Die Daten werden dadurch unlesbar, und der Inhalt wird vor einer dritten Person geschützt.

In der Kryptografie (Geheimschrift) unterscheidet man zwischen dem symmetrischen und dem asymmetrischen Verschlüsselungsverfahren.

- **Symmetrisches Verschlüsselungsverfahren:**
  Hier müssen der Sender der Nachricht und der Empfänger der Nachricht den gleichen Schlüssel[1] besitzen. Die Nachricht wird mit dem gleichen Schlüssel ver- und entschlüsselt. Das Problem besteht in der sicheren Übermittlung des Schlüssels.

Abb. 3.38 - Symmetrisches Verschlüsselungsverfahren

- **Asymmetrisches Verschlüsselungsverfahren:**
  Hier gibt es einen öffentlichen Schlüssel (Public Key) zum Verschlüsseln der Nachricht und einen privaten Schlüssel (Privat Key) zum Entschlüsseln der Nachricht. Der öffentliche Schlüssel kann jedem bekanntgegeben werden, denn ein Entschlüsseln der Nachricht ist nur mit dem privaten Schlüssel möglich.

Abb. 3.39 - Asymmetrisches Verschlüsselungsverfahren

generiert die beiden Schlüssel (Key A & B) und teilt dem Sender den Schlüssel Key A mit

Zur Erzeugung der verschlüsselten Nachrichten gibt es Hard- und Softwarelösungen. Beide Verfahren haben Vor- und Nachteile. Welches Verfahren letztlich angewendet wird, hängt von dem Sicherheitsbedürfnis des Anwenders ab. Generell gilt, je länger der Schlüssel, um so besser ist eine Verschlüsselung.

---

[1] Unter Schlüssel versteht man einen oder mehrere Datensätze. Mit Schlüssel kann auch der Code bezeichnet werden, der für das Entschlüsseln von Daten benötigt wird.

Nachfolgend werden die wichtigsten symmetrischen und asymmetrischen Verschlüsselungsverfahren kurz erläutert.

Symmetrische Verschlüsselungsverfahren

DES (Data Encryption Standard)

Das Verschlüsselungsverfahren DES ist ein Blockverschlüsselungsverfahren, in dem 64-Bit-Blöcke mit einem 56 Bit langen Schlüssel verschlüsselt werden. Die 64-Bit-Blöcke werden einer Folge von Permutationen (= die Reihenfolge betreffende Umstellung) und Substitutionen (= Ersetzen) unterworfen. Danach werden das Ergebnis und der ursprüngliche 64-Bit-Block durch eine Exklusiv-Oder-Schaltung verknüpft. Diese Prozedur wird sechzehn Mal wiederholt, mit jeweils einer anderen Schlüsselanzahl.

Ein Knacken des Schlüssels kann nur durch Durchprobieren aller möglichen Schlüssel erfolgen. Es ergeben sich bei einem 56 Bit langen Schlüssel $2^{56} = 72{,}1*10^{15}$ (72,1 Billarden) Schlüsselkombinationen. Mit steigender Rechenleistung verringern sich die Zeiten, um den Schlüssel zu finden. Deshalb ist absehbar, daß eine Schlüssellänge von 56 Bit in naher Zukunft nicht mehr ausreicht. Aus diesem Grunde empfiehlt sich der Einsatz von DES nur noch bei Anwendungen mit geringem Schutzbedürfnis.

Eine Weiterentwicklung ist eine 3fach-Verschlüsselung nach dem DES3 bzw. Tripple DES, hier wird jede Nachricht dreimal mit drei unterschiedlichen Schlüsseln verschlüsselt, hierdurch wird eine effektive Schlüssellänge von 112 Bit erreicht.

Weitere bedeutende symmetrische Verschlüsselungsverfahren sind RC2 und RC4. Beide Verfahren haben gegenüber den Verschlüsselungsverfahren DES den Vorteil, daß die Schlüssellänge, je nach Schutzbedürfnis, variiert werden kann. Eine kürzere Schlüssellänge wirkt sich positiv auf die Berechnungszeit aus.

IDEA (International Date Encryption Algorithm)

Der International Date Encryption Algorithm (IDEA) ist ein symmetrisches Verschlüsselungsverfahren, das 64-Bit-Blöcke mit einem 128-Bit-Schlüssel verschlüsselt.

Asymmetrische Verschlüsselungsverfahren

RSA

Das Verschlüsselungsverfahren RSA ist ein asymmetrisches Verschlüsselungsverfahren, ein sogenanntes Public-Key-Verfahren. Der Empfänger generiert zwei Schlüssel - den öffentlichen Schlüssel (Public Key) und den privaten Schlüssel (Privat Key). Die beiden Schlüssel sind so generiert, daß eine mit dem öffentlichen Schlüssel verschlüsselte Nachricht nur mit dem privaten Schlüssel, auch nicht mit dem öffentlichen Schlüssel, wieder entschlüsselt werden kann.

RSA findet vor allem im Electronic Cash Anwendung. Der Nachteil dieses Verfahrens ist der größere Rechenaufwand im Verhältnis zum DES-Verfahren zum Verschlüsseln der Nachricht. RSA-Verfahren verschlüsselt ca. 100- bis 10 000mal langsamer als entsprechende DES-Verfahren.

3.7.2 Verschlüsselungssoftware

PGP (Pretty Good Privacy)

Das Programm PGP (Pretty Good Privacy) ist das bekannteste Verschlüsselungsverfahren für Elektronische Post. Wegen seiner großen Verbreitung hat es sich zu einem Quasi-Standard entwickelt. PGP ist ein asymmetrisches Verschlüsselungsprogramm. Es arbeitet nach dem Prinzip von RSA und DES, wobei das DES-Verschlüsselungsverfahren in einer modifizierten Form arbeitet, dem IDEA-Verfahren. Die abgespeckte internationale Version von PGP, zu erkennen am i im Dateinamen, z. B. PGP553i, ist für Privatpersonen kostenlos aus dem Internet (z. B. www.pgp.de) oder von FTP-Servern (z. B. FTP-Servern der TU Berlin) zu beziehen. Es gibt für fast alle Betriebssysteme, DOS, Windows, UNIX, Mac usw., entsprechende Versionen. Das Programm PGP kann recht einfach in bestehende E-Mail-Programme, z. B. MS-Exchange, eingebunden werden.

Hiermit können auch Verteilersendungen durchgeführt werden. PGP komprimiert die Dateien vor dem Versenden. Ab der Version PGP 5.x wird die Verwaltung und die Steuerung durch eine integrierte grafische Benutzeroberfläche durchgeführt.

PEM (Privacy Enhanced Mail)

Beim Programm Privacy Enhanced Mail (PEM) handelt es sich um ein weiteres Programm zur Verschlüsselung von E-Mails. Die Nachricht wird hier mit DES verschlüsselt, und nur der mitgesendete Schlüssel wird mit RSA verschlüsselt. Dies verkürzt die Zeit zum Verschlüsseln erheblich. Dieser Effekt ist vor allem bei sehr großen Dateien von Vorteil.

3.7.3 Netzsicherheit

Hacker haben es sich zum Sport gemacht, in Firmennetze einzudringen. Der dabei entstehende Schaden ist oft beträchtlich. Die meisten Attacken betreffen den Diebstahl von Daten oder die Manipulation von Daten. Noch schlimmer ist es, daß nur etwa ein sehr geringer Teil der Firmen den Einbruch überhaupt bemerken. Sehr oft kommen die Angriffe auf das Firmennetz auch von innen, von den eigenen Mitarbeitern. Um dies zu unterbinden, stehen den Firmennetzen die unterschiedlichsten Möglichkeiten auf der Grundlage der Netzwerkbetriebssysteme, z. B. Novell Netware, Windows NT oder UNIX, zur Verfügung. Sehr oft werden die Berechtigungskonzepte oder die Monitormöglichkeiten der Netzwerkbetriebssysteme zu wenig ausgenutzt, teils aus Unwissenheit, teils aus Arbeitsersparnis. Man sollte also als Firma nicht am falschen Ende sparen und den Administrator des Netzwerks entsprechend instruieren oder schulen.

Gegen die Angriffe von außen hilft die sogenannte Firewall. Beliebte Angriffsversuche von Hackern sind:

- **IP-Spoofing**
  Man beschafft sich eine im Netz berechtigte IP-Adresse und manipuliert die gesendeten Datenpakete und hat damit den Zugang zum Netz geschafft.

- **Einsatz eines Packet Sniffers**
  Der Packet Sniffer hört das Netz nach unverschlüsselt übertragenen Paßwörtern ab.
- **Verwendung von FTP**
  Über den Service FTP (File Transfer Protocol) werden die Paßwörter unverschlüsselt übertragen, die dann von Hackern ausspioniert werden können.
- **Denial of Service**
  Das Handshakeverfahren des TCP-Protokolls wird benutzt, um bestimmte Server zu überlasten und für andere Nutzer zu blockieren. Danach kann der Server mit Daten überflutet werden.

Gegen alle diese Angriffe soll eine Firewall, sofern sie richtig installiert ist, helfen.

Firewall

Die Firewall hat die folgenden prinzipiellen Aufgaben auszuführen:

- Zugangskontrolle für Rechnersysteme: Sie soll den Zugang von anderen Rechnersystemen kontrollieren und reglementieren.
- Zugangskontrolle für Nutzer: Sie soll den Zugang für Nutzer regeln und die Authentizität eines Nutzers kontrollieren.
- Trennung eines Firmennetzes gegenüber einem öffentlichen Netz: Ein Firmennetz wird über eine Firewall vom öffentlichen Netz abgetrennt.
- Monitoring der Aktionen: Die Aktionen des Nutzers werden in bestimmten Situationen mitgezeichnet.
- Alarmieren: Sofern sicherheitsrelevante Aktionen von Benutzern durchgeführt werden, die dazu nicht berechtigt sind, hat das System Alarm zu geben.
- Kontrolle der Applikationen: Bestimmte Applikationen, z. B. Excel-Dateien, müssen vor dem Weiterleiten getestet und dann erst an den Nutzer weitergeleitet werden.
- Verschleiern der internen Netzstruktur: Es soll kein Außenstehender die interne Netzstruktur erfahren. Damit könnten ihm wichtige Informationen über weitere Angriffspunkte gegeben werden.
- Verhindern der Nutzung von bestimmten Diensten: Es soll verhindert werden, daß ein Außenstehender Aktionen durchführt, die unsicher sind, z. B. Nutzung von FTP.

Die Firewall wird zwischen öffentlichem Netz und dem zu schützenden Netz geschaltet, der gesamte Datenverkehr zwischen den beiden Netzen wird über die Firewall abgewickelt. Die einzelnen Abschnitte haben bestimmte Namen bekommen. Das öffentliche Netz wird als "untrusted zone" (engl. trust = dt. Vertrauen) bezeichnet. Die Firewall wird als "demilitarized zone" bezeichnet. Das Firmennetz wird als "trusted zone" bezeichnet.

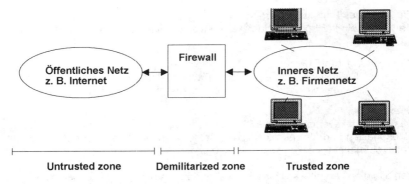

Abb. 3.40 - Plazierung einer Firewall zwischen zwei Netzen

In sehr großen Firmennetzen kommt es auch vor, daß einzelne Teilnetze des Gesamtnetzes ebenfalls mit einer internen Firewall gegen den Rest des Firmennetzes abgeschottet werden. Die Firewall wird auch als der Common Point of Trust (gemeinsamer Punkt des Vertrauens) bezeichnet.

Die Firewall schützt das Netz der Firma vor unberechtigten Zugriffen. Sie prüft die Datenverbindungen auf ihre Berechtigung, um mit bestimmten Bereichen im Firmennetz Verbindung zu bekommen.

Die meisten Firewalls nutzen hierfür die folgenden Sicherheitsmechanismen:

- **Proxy-Server**
  Proxy-Server, auch Application Gateways, stellen die Grundausstattung einer Firewall dar. Sie überprüfen die Datenpakete von festgelegten Applikationen, z. B. Excel, indem sie diese Applikationen starten. Ein Proxy-Server stellt hohe Anforderungen an die Hardware der Firewall.

- **Packet-Filter**
  Packet-Filter untersuchen den Absender, das Ziel und den Inhalt eines Datenpaketes. Statische Packet-Filter überprüfen nur am Anfang einer Verbindung die Datenpakete. Dynamische Packet-Filter überprüfen in regelmäßigen Zeitabständen einer Verbindung die Datenpakete.

- **Stateful-Inspection**
  Hierbei handelt es sich um eine Mischung aus Proxy-Server und Packet-Filter. Vorteil dieser Technik ist es, daß nicht für jede Applikation ein eigener Prozeß gestartet werden muß, weil die Überprüfung der Applikation mit einer Scriptsprache erfolgt.

Es gibt für jedes Betriebssystem, z. B. UNIX, Windows NT, optimierte Firewalls.

4 Planungsablauf eines Kundenauftrages (Projektauftrag)

Der Planungsablauf eines neu zu konzipierenden oder eines zu erweiternden IT-Netzes bzw. -Systems kann nicht komplett formalisiert werden. Dazu sind die Kundenanforderungen zu unterschiedlich und die Entwicklung auf diesem Gebiet zu stürmisch. Es ist jedoch möglich, einen Rahmen vorzugeben, der die wesentlichen Aspekte eines Projektauftrages abdeckt. Bedingt durch die Komplexität ist es oft erforderlich, die Planung eines IT-Netzes in Teilaufgaben bzw. Teilprojekte zu zerlegen.

Wir werden in diesem Kapitel anhand einer Beispielfirma sehr kompakt aufzeigen, welche Maßnahmen erforderlich sind, um ein LAN, MAN und WAN aufzubauen und zu pflegen. Im ersten Schritt gehen wir von einer Firma mit ca. 60 Mitarbeitern aus, die bisher lediglich einige Stand-alone-Desktopsysteme nutzte und nun aufgrund steigender Konkurrenz ihre Betriebsabläufe und interne Kommunikation mit Hilfe eines LANs optimiert. In einem zweiten Schritt wird diese Firma von einem Konzern mit mehreren Standorten aufgekauft, und die Informationsstruktur und -systeme müssen entsprechend angepaßt werden. In einem letzten Schritt schließlich wird die Firma Mitglied einer internationalen Unternehmensgruppe der Kommunikationstechnik. Wiederum müssen die Kommunikationsstrukturen an die neuen, nun globalen Herausforderungen angepaßt werden.

Bevor wir uns nun konkret mit LAN, MAN und WAN befassen, noch einige generelle Anmerkungen, die für die Durchführung von Projekten im Kommunikationsbereich zu beachten sind.

4.1 Kundenanforderungen definieren

Basis einer Planung sind immer die Kundenanforderungen. Dies ist mit der schwierigste Teil, da die Kunden nicht wie etwa beim Kauf eines Autos wissen, was sie exakt wollen. Die Kunden können ihre Anforderungen oft nur rudimentär definieren. Schon hier muß die IT-Fachkraft dem Kunden beratend zur Seite stehen und dem Kunden helfen, seine Anforderungen möglichst genau zu definieren. Dies ist eine Beratungsleistung, die hilft, die Anforderungen zu präzisieren. Je präziser die Anforderungen festgelegt sind, desto einfacher gestaltet sich die nachfolgende Planung und Implementierung. Einen Überblick, welche Anforderungen mit dem Kunden abzustimmen sind, finden Sie in Tab. 4.1.

Geschäftsvorgänge	Arten und Mengen
Dienste und Anwendungen	geschätztes Verkehrsaufkommen
Qualitätsanforderungen	Dienstgüte, Laufzeit
Zuverlässigkeit	Verfügbarkeit
Datenschutz und Datensicherheit	Autorisierung, Authentifizierung
Leistungsfähigkeit des Gesamtsystems und der Systemkomponenten	Durchsatz, Antwortzeiten, Datenmengen

Tab. 4.1 - Kundenanforderungen

4.2 Projektablauf der technischen Realisierung festlegen

Jedes Konzept zur technischen Realisierung setzt voraus, daß die **Kundenanforderungen** definiert sind und eine Ist-Analyse der vorhandenen IT-Systeme und -Netze durchgeführt wurde. Ist dies der Fall, kann mit der Konzeption des Systems und/oder Netzes begonnen werden. Die einzelnen Phasen der technischen Realisierung sind:

- Grobkonzept
- Feinkonzept
- Spezifikation, Projektierung
- Angebotsanforderung
- Angebotsauswertung
- Implementierung
- Abnahme und Inbetriebnahme
- Administration, sofern nicht vom Kunden selbst durchgeführt

Ein LAN muß so konzipiert sein, daß es entsprechend den **Anforderungen** eines Unternehmens jederzeit erweiterbar ist. Dies trifft für die Anzahl der Anwender als auch für zusätzliche Dienste und die Erhöhung des Datenvolumens zu. Letzteres kann eine Folge zusätzlicher Anwender, aber auch Folge von neuen Diensten oder geändertem Anwenderverhalten sein. In den weiteren Abschnitten werden wir steckbriefhaft die wesentlichen Schritte durchführen.

4.3 Aufbau eines LANs

Das Unternehmen A, ein Unternehmen aus dem Bereich Elektrogroßhandel, möchte seine bestehende IV-Infrastruktur modernisieren und ein Intranet aufbauen. Hierzu wird eine Projektgruppe "LAN" eingesetzt, die alle nötigen Schritte plant und durchführt.

Das Unternehmen besteht aus den folgenden Abteilungen:

- Administration (Verwaltung, Geschäftsleitung usw.) mit 8 Mitarbeiter/innen
- Einkauf mit 12 Mitarbeiter/innen
- Verkauf/Lager mit 30 Mitarbeiter/innen
- IV-Abteilung mit derzeit 2 Mitarbeiter/innen soll aufgestockt werden auf 5 Mitarbeiter/innen
- Heimarbeitsplätze mit 3 Mitarbeiter/innen, die der Verbesserung des Kundenservice außerhalb der Regelarbeitszeiten dienen

4.3.1 Grobkonzept

Im **Grobkonzept** werden die Netztopologie und die einzusetzende Technologie festgelegt. Diese werden durch die Anforderungen der Anwender bestimmt. Die gewählte Topologie ist aus Abb. 4.1 ersichtlich.

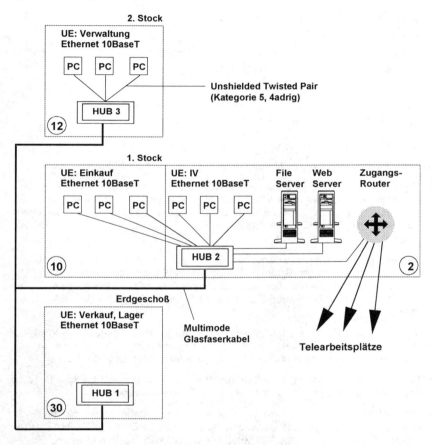

Abb. 4.1 - Netzwerkkonfiguration des Elektrogroßhandels

Technologie
- Ethernet (Fast Ethernet, Gigabit Ethernet)
- ATM
- Token Ring
- andere

Da wir keine speziellen Anwendungen und Anforderungen der Anwender berücksichtigen müssen, wählen wir als Technologie Ethernet. Diese Technologie ist mit Abstand am meisten verbreitet. Dies resultiert aus preisgünstigen Systemkomponenten, und wir können aus einer Vielzahl von Herstellern auswählen, die diese Komponenten anbieten.

Topologie

- Segmente festlegen
- Anzahl der Anwender in den einzelnen Netzsegmenten festlegen
- Einsatz von Routern, Bridges und Switches bestimmen

4.3.2 Feinkonzept (vereinfacht)

- Zeitlichen Rahmen festlegen.
- Jeder Mitarbeiter bzw. jede Mitarbeiterin erhält einen netzwerkfähigen Rechner.
- Rechner der Abteilung Verwaltung werden mit den folgenden Anwendungsprogrammen ausgestattet: Finanzbuchhaltung, Lohn- und Gehaltsbuchhaltung, Officeprodukt. Es ist die folgende Hardwareausstattung mindestens gefordert: Pentium-PC mit 300-MHz-Taktfrequenz, 4-GByte-Festplatte und 64-MByte-RAM-Speicher.
- Rechner der Abteilungen Einkauf, Verkauf/Lager und Telearbeit werden mit den folgenden Anwendungsprogrammen ausgestattet: Datenbankanwendung und Officeprodukt. Es ist die folgende Hardwareausstattung mindestens gefordert: Pentium-PC mit 300-MHz-Taktfrequenz, 4-GByte-Festplatte und 64-MByte-RAM-Speicher.
- Je 3 bis 4 Mitarbeiter/innen erhalten einen Laserdrucker. Dieser sollte netzwerktauglich sein, eine Auflösung von 600 dpi haben, mindestens 6 Seiten pro Minute drucken und mit einer HP-Laserjet-Emulation betrieben werden können.
- Für die 3 Telearbeitsplätze werden zusätzlich 3 ISDN-Router, 3 lokale Drucker und je ein Terminaladapter plus ein analoges Faxgerät benötigt.
- Als zentrale Datenablage wird ein File Server aufgebaut. Es ist die folgende Hardwareausstattung mindestens gefordert: Pentium-PC mit 300-MHz-Taktfrequenz, 10-GByte-Festplatte, 128-MByte-RAM-Speicher, CD-Wechsler und Streamer.
- Jeder Mitarbeiter erhält einen öffentlichen und einen privaten Speicherbereich auf dem File Server zugeteilt.
- Für die interne Kommunikation (E-Mail) wird ein Web-/FTP-Server aufgebaut. Es ist die folgende Hardwareausstattung mindestens gefordert: Pentium-PC mit 300-MHz-Taktfrequenz, 10-GByte-Festplatte, 128-MByte-RAM-Speicher, CD-Wechsler und Streamer.
- Für die Server werden Backup- und Mailing-Software benötigt.

- Für die Server werden eine unterbrechungsfreie Stromversorgung und ein Backup-System vorgesehen.
- Ein zentraler Termin- und Urlaubsplaner wird als zusätzliche Applikation auf dem Server integriert.
- Eine externe E-Mailadresse für die Firma wird über einen Wählzugang zentral über einen Internet Service Provider, z. B. T-Online, AOL, Compuserve, realisiert. Der Mailserver wird während der Arbeitszeit stündlich abgefragt. Die eingegangenen E-Mails werden über das LAN verteilt.
- Der Aufbau des Lokalen Netzes (LAN) erfolgt mit 100Base-T-Technologie. Die Verbindung der HUBs erfolgt mit Multimode-Glasfaserkabel. Die Rechner werden über 4adrige Unshielded Twisted Pair-Verkabelung der Kategorie 5 angeschlossen. Die Arbeitsplatzsysteme werden mit 10-Mbit/s-Ethernet-Netzwerkkarten ausgestattet, die Server mit 100-Mbit/s-Netzwerkkarten. Das Netzwerk muß skalierbar sein.
- Als Betriebssystem für die Arbeitsplatzrechner wird Microsoft Windows98 festgelegt, alternativ Windows NT Workstation.
- Als Serverbetriebssystem wird Windows NT gewählt.

4.3.3 Spezifikation, Projektierung

Die im **Feinkonzept** festgelegten Anforderungen werden nun detailliert spezifiziert. Dabei muß sichergestellt werden, daß die einzelnen Komponenten zueinander kompatibel sind. Es sollte **funktional spezifiziert** werden, d. h., wenn keine Industriestandards zur Anwendung kommen, sollten ausschließlich die Funktionen beschrieben werden und keine konkreten Marken bzw. Hersteller gefordert werden. Ausgenommen hiervon sind Erweiterungen bestehender Systeme. Hier ist es oft sinnvoll, mit Geräten bzw. Systemen des gleichen Herstellers zu erweitern.

Es sind alle durchzuführenden Arbeiten, soweit absehbar, zu beschreiben. Je besser die Beschreibung ist, desto genauer kann ein Bieter auf eine Angebotsanforderung reagieren. Die Aufstellungsorte der Geräte und Systeme sind festzulegen.

Mit dem erstellten **Pflichtenheft** werden mindestens drei Firmen angeschrieben und aufgefordert, ein Angebot abzugeben.

Sofern es sich um einen öffentlichen Auftraggeber handelt, sind besondere Vorschriften für die Angebotsanforderung, Angebotsauswertung, Vergabe und Abnahme zu beachten. In unserem Beispiel ist dies nicht der Fall.

4.3.4 Angebotsanforderung

Bestandteil der **Angebotsanforderung** ist das unter 4.3.3. erstellte Pflichtenheft, das alle Anforderungen an das neue Netzwerk und die Systeme beschreibt. Zusätzlich werden noch kommerzielle Bedingungen aufgenommen.

Sie decken u. a. folgende Punkte ab:

- Leistung des Auftragnehmers sollen der schlüsselfertige Aufbau und die Installation des Netzwerkes, der Hardware und der Software sein. Die Leistung umfaßt die Lieferung, Installation, Inbetriebnahme und Dokumentation. Der Web- und der FTP-Server werden nach Vorgaben des Unternehmens installiert.

- Vor Beginn der Installation findet zwischen Auftragnehmer und Unternehmen ein Gespräch oder eine Ortsbegehung statt, in der grundlegende bautechnische Maßnahmen (z. B. Stromversorgung, Klimaanlage) festgelegt werden. Auf Wunsch eines Bieters kann eine Begehung vor der Abgabe eines Angebotes durchgeführt werden.

- Die Haftung des Auftragnehmers für Schäden, die bei der Arbeit entstehen, muß geregelt werden. Der Auftragnehmer haftet auch für Schäden, die in seinem Namen tätige Subunternehmen verursachen. Die Haftung endet frühestens zum Zeitpunkt der Abnahme.

- Garantiezeiträume müssen offengelegt und Wartungs- und Pflegeverträge müssen vorgelegt werden. Die Kosten für die Wartungsverträge sollten separat ausgewiesen sein.

- Schulungsmaßnahmen sollten angeboten werden und deren Kosten separat ausgewiesen sein.

- Umfang der Dokumentation und deren Sprache sollte angegeben sein.

- Liefertermine und Koventionalstrafen für den Verzug werden geregelt.

- Vorgabe für die max. Ausfallzeit des Netzwerkes wird festgelegt.

- Die gelieferten Geräte sollten den in Deutschland üblichen Zulassungsbestimmungen (elektromagnetische Abstrahlung, elektrische Sicherheitszeichen usw.) genügen.

- Eine Einhaltung der nationalen und internationalen Normen wird gefordert.

- Festlegungen zum Abnahme- und Testprozeß werden getroffen.

- Projektdokumentation und ggf. vorhandene Zertifizierung des Auftragnehmers, z. B. ISO-9001, sind anzugeben.

4.3.5 Angebotsauswertung

Zur **Angebotsauswertung** sollte ein Punktesystem erstellt werden, in dem alle Posten in der Angebotsanforderung einer gewissen Punktzahl entsprechen. Die Angebotsauswertung mit dem Punktesystem berücksichtigt grob die folgenden Aspekte:

- Preis
- Lieferumfang, Vollständigkeit
- Hardwarekomponenten (Hersteller, Leistung usw.)
- Softwarekomponenten
- Dokumentation

- Qualität
- Termintreue
- Referenzen des Auftragnehmers
- Garantiezeiten, Service, Hot-Line, Reaktionszeiten (vor Ort)

Bei dieser Angebotsauswertung ist es oft so, daß nicht der billigste Anbieter auch das beste Angebot abgibt. Daher ist grundsätzlich das preisgünstigste Angebot zu berücksichtigen, welches nicht das billigste sein muß. Bei größeren Projekten sind komplette Investitionsketten durchzurechnen, die den Lebenszyklus und Ersatzbeschaffung der einzelnen Systeme bzw. des Gesamtsystems berücksichtigen. Dabei ist zu beachten, daß die Anschaffungskosten oft nur einen kleinen Teil der späteren Gesamtkosten ausmachen. Die Angebotsauswertung führt zur Zuschlagserteilung an den preisgünstigsten Anbieter.

4.3.6 Implementierung (Installation und Aufbau)

Durch die gemeinsam durchgeführten Vorgespräche bzw. die Ortsbegehung werden die baulichen Maßnahmen für die Installation und den Aufbau festgelegt. Ggf. zusätzliche Maßnahmen (z. B. Einbau einer Klimaanlage für den vorgesehenen Serverraum) muß das Unternehmen A selbst initiieren. Das gleiche gilt auch für Maßnahmen, die die Stromversorgung betreffen. Die durchgeführte Installation ist durch entsprechend geschulte Mitarbeiter des eigenen Unternehmens zu überwachen. Die Mitarbeiter, die in der Abnahme involviert werden sollen, müssen entsprechend geschult werden, damit eine reibungslose Abnahmephase möglich ist.

4.3.7 Abnahme

Nachdem der Auftragnehmer die Installation und den Aufbau der Hardware und der Software abgeschlossen hat, beginnt die **Abnahmephase**. Die Leitung der Abnahme übernimmt der in der eigenen Firma beauftragte Mitarbeiter. Er wird ggf. durch Kräfte des Auftragnehmers vor Ort unterstützt, auf jeden Fall ist ein Ansprechpartner vom Auftragnehmer für die Abnahme zu benennen.

Die Abnahme gliedert sich grob in die folgenden Bereiche:

- Lieferung und Aufbau des Netzwerkes und der Rechner vollständig und normgerecht
- Funktionsprüfung des Netzwerkes
- Funktionsprüfung der Telearbeitsplätze
- Funktionsprüfung der Anwendungen und der Serverfunktionen
- Netzwerkfähigkeit der Komponenten testen
- Lasttests durchführen
- Dokumentationsprüfung

Sind alle Bereiche zur Zufriedenheit des Unternehmens A ausgeführt worden, dann wird die Abnahme ausgesprochen. Für aufgetretene kleinere Mängel wird ein Zeitplan aufgestellt, der angibt, bis zu welchem Termin die Mängel zu beseitigen sind. Das Projekt gilt damit als erfolgreich abgeschlossen. Die nachfolgende Delta-Schulung kann zum Leistungsumfang des Auftragsnehmers gehören, dies muß aber nicht sein.

4.3.8 Schulung der Mitarbeiter

Nach der Abnahme des gesamten Netzwerkes sollte eine Deltaschulung aller Mitarbeiter, je nach Aufgabenbereich, durchgeführt werden. Sie umfaßt die Bereiche:

- Anwendungen
- Web-Nutzung bzw. interne Kommunikation und ggf.
- Intranet und FTP

4.4 Aufbau eines Metropolitan Area Network (MAN)

Es existiert keine präzise Definition für ein Metropolitan Area Network (MAN). Für unsere Zwecke nehmen wir an, daß ein MAN ein größeres geographisches Gebiet abdeckt, das üblicherweise nicht durch LAN-Technologien abgedeckt wird. Dabei wird unterstellt, daß die Leistungsfähigkeit eines LANs erreicht wird. Aus Managementsicht ist eine zentrale Sicht auf alle verbundenen LANs notwendig. Der Übergang zwischen LAN und MAN ist fließend. Ein MAN kann ein ganzes Stadtgebiet umfassen oder einen Campus. MAN-Techniken können auch auf einem größeren Firmengelände eingesetzt werden.

4.4.1 Kommunikationsinfrastruktur analysieren und Anforderungen definieren

Wie einleitend erwähnt, nehmen wir an, daß unser Elektrogroßhandel von einem Unternehmen der Unterhaltungsindustrie aufgekauft wurde. Es besteht aus insgesamt sieben Abteilungen und ist auf vier Gebäude verteilt, siehe Lageplan in Abb. 4.2.

Das Unternehmen hatte frühzeitig eine Kommunikationsinfrastrukur. Diese basierte auf Ethernet-Standard 10Base5. Für die Anwendungen im Verwaltungsbereich ist noch ein separates Token-Ring-LAN vorhanden. Die Abteilungen Versand und Lager verfügen über eigene unabhängige LANs. Die Datenkommunikation in dem Unternehmen erfolgt überwiegend elektronisch zwischen den Mitgliedern eines LANs und über Hauspost und Fax zwischen Mitarbeitern, die nicht am gleichen LAN angeschlossen sind. Dies hat oft Medienbrüche zur Folge, die zeitaufwendig und fehlerträchtig sind. Das Unternehmen verfügt außerdem über eine moderne Telekommunikationsanlage, die über eine ISDN-Verbindung (Primärmultiplexer) mit dem öffentlichen Netz verbunden ist. Ferner gehören zu dem Unternehmen noch drei Verkaufsfilialen in der gleichen Stadt, die gegenwärtig nicht an das Firmennetz angebunden sind. Die nicht optimierte Kommunikationstruktur ist aus Abb. 4.3 ersichtlich.

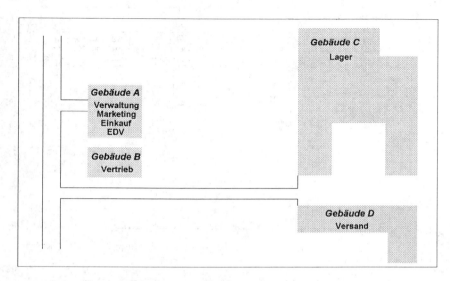

Abb. 4.2 - Lageplan des Unternehmens der Unterhaltungsindustrie

4.4.2 Analyse

Der Erwerb des Elektrogroßhandels führte dazu, die bestehenden Informations- und Kommunikationsstrukturen zu analysieren. Die Analyse ergab, den Elektrogroßhandel an die Firmenzentrale des Unternehmens anzubinden und in diesem Zusammenhang auch die eigene Kommunikationsinfrastruktur zu modernisieren. Die Modernisierung soll zukünftige Erweiterungen und neue Techniken ermöglichen, ohne die Infrastruktur, speziell die Verkabelung, zu ändern. Es ist angedacht, zukünftig in Electronic Commerce einzusteigen.

4.4.3 Anforderungen

Die grundsätzlichen Aussagen zur Projektdurchführung von LANs gelten auch für MANs und LANs. Wir werden deshalb die dort aufgeführten Anforderungen nicht wiederholen, sondern nur auf wesentliche Punkte eingehen, die nun zusätzlich zu beachten sind. Die erforderlichen Maßnahmen zur Einbindung des Elektrogroßhandels in das Firmennetz werden parallel zur Modernisierung des Headquarters durchgeführt.

Verkabelung

Strukturierte Verkabelung eignet sich für Sprachen, Daten und Video, d. h. Kategorie-5-Kabel (geeignet für bis zu 100 Mbit/s). Die Primärverkabelung und Sekundärverkabelung wird in Glasfasertechnik und die Tertiärverkabelung mit Twisted Pair durchgeführt.

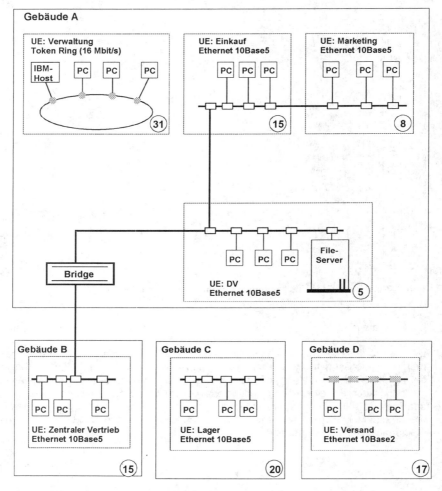

Abb. 4.3 - Existierende Kommunikationsinfrastruktur des Unternehmens

Anwendungen, Software

LAN-LAN-Verbindungen inkl. E-Mail, File und Document Sharing, Datenbankzugriff, allgemeinem Internetzugang. Die gewählte Infrastruktur und die eingesetzten Systeme müssen multimediafähig sein. Weiter soll die Infrastruktur für Videokonferenzen vom PC aus geeignet sein. Eine spätere Nutzung von Voice over IP (Sprache über ein IP-Netz) soll ebenfalls möglich sein.

Software

Alle Anwender:	Office-Applikationen (Textverarbeitung, Tabellenkalkulation, Präsentationssoftware) Web-Browser E-Mail-Client
Versand und Lager:	Datenbanksoftware
Alle Anwender:	Faxsoftware
Verkauf:	CTI-Software
IV:	Administrationstools, Metering-, Backupsoftware etc.

Hardware

Alle Desktopsysteme, deren Leistung nicht mindestens vergleichbar mit einem Pentium-Rechner von 166 MHz ist, werden ausgetauscht. Ebenfalls neu beschafft werden:

- File-Server
- Web-Server
- FTP-Server
- Kommunikationsserver
- Firewallsystem
- Videokameras für ausgewählte Desktopsysteme

Policy

Es werden Richtlinien festgelegt, die die Datensicherheit und den Datenschutz im Unternehmen betreffen. So wird z. B. festgelegt, daß aus Sicherheitsgründen keine gleichzeitigen Verbindungen über das Internet und das öffentliche Netz mit Modem oder ISDN-Karte zulässig sind. Ein anderes Beispiel hierfür wäre die Lebenszeit und die Länge von Paßwörtern.

4.4.4 Ziel- und Ausführungsplanung

In unserem Beispiel nehmen wir an, daß die Zielplanung komplett umgesetzt werden kann und somit der Ausführungsplanung entspricht. Die Zielplanung ist in Abb. 4.4 dargestellt.

Verkabelung

Die komplette Primär- und Sekundärverkabelung wird in Glasfasertechnik ausgeführt. Die Tertiärverkabelung wird als Unshielded Twisted Pair (UTP) ausgeführt. Das Token-Ring-Netz war bereits in Shielded-Twisted-Pair-Technik ausgeführt und wird weiterbenutzt. Das Lager und der Versand behalten vorläufig ihre bisherige Verkabelung innerhalb des Gebäudes. Die Integration des Token-Ring-Netzes findet über einen Router statt. Über den Router werden ebenfalls alle weiter entfernt liegenden Switching HUBs angeschlossen (Gebäude B, D).

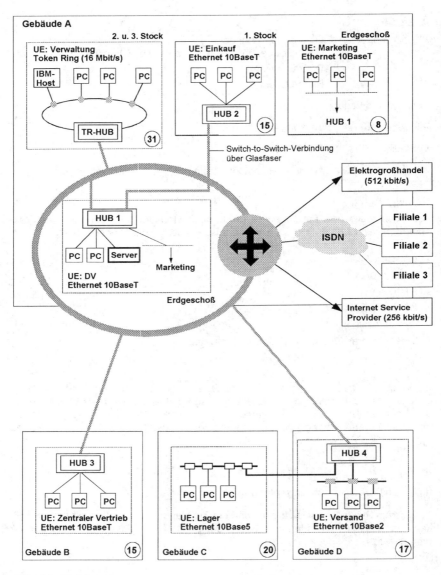

Abb. 4.4 - Zielplanung

Es wird ein Glasfaserkabel mit 24 Fasern eingesetzt, um Reserven für zukünftige Erweiterungen zu haben. Als UTP-Kabel wird 4adriges Kabel der Kategorie 5 entsprechend dem TIA-Standard verwendet. Für jeden Arbeitsplatz werden zwei Kabel vorgesehen und mit Anschlußdosen abgeschlossen. Stecker und Buchsen werden als RJ45 ausgeführt.

Netzwerk

Basis des neuen Netzwerkes ist Fast Ethernet, entsprechend IEEE 802.13 (100Base-T). Die Primär- und Sekundärverkabelung folgt der Verkabelungsoption 100Base-FX für Duplex-Multimode-Glasfaserkabel. Die Tertiärverkabelung beruht auf der Verkabelungsoption 100Base-TX.

Das Token-Ring-Netz bleibt, wegen der vorhandenen IBM-Anwendungen, bestehen. Die Integration erfolgt über den Router, da dieser im Gegensatz zu Bridges zur Verbindung von Netzwerken mit unterschiedlichen Protokollen eingesetzt werden kann.

Es werden Stackable HUBs eingesetzt. Diese haben max. 24 Ports pro Einheit. Der Vorteil von Stackable HUBs ist, daß sie aus Managementsicht als ein einziger HUB verwaltet werden können, dies auch dann, wenn z. B. 5 Einheiten = 120 Ports "aufeinandergestapelt" sind. In den HUBs werden sogenannte Autosensing-Netzwerkkarten eingesetzt. Diese erkennen automatisch die von den Endgeräten genutzte Übertragungsgeschwindigkeit von 10 bzw. 100 Mbit/s. Die Verbindung zum Router erfolgt über einen 100BASE-FX Fiber Media Adapter Port.

Alle eingesetzten Netzwerkkomponenten sind SNMP-fähig, d. h., sie können zentral administriert werden. Der Netzadministrator hat eine Gesamtsicht auf das Netzwerk.

Integration des Elektrogroßhandels und der Filialen

Die Integration des Elektrogroßhandels findet über eine Standleitung mit 512 kbit/s statt. Dies ist finanzierbar, da sich der Elektrogroßhandel in der gleichen Stadt befindet und eine günstige Standleitung angemietet werden kann. Um den Datenaustausch zwischen der Unternehmenseinheit "Unterhaltungselektronik (UE)" und dem Elektrogroßhandel auch bei Ausfall der Standleitung sicherzustellen, wurde zusätzlich eine ISDN-Wählverbindung eingeplant. Damit steht bei Ausfall der Standleitung noch eine Datenübertragungskapazität von 128 kbit/s zur Verfügung.

Die bereits existierenden Filialen werden in das Intranet integriert. Die Integration findet über den Router und ISDN-Wählverbindungen statt. Dazu wird in jeder Filiale ein ISDN-Router installiert. Vorerst wird für jede Filiale eine ISDN-Wählverbindung vorgesehen. Dies entspricht einer Übertragungskapazität von 128 kbit/s. Es werden Router eingesetzt, die über spezielle Funktionen wie Spoofing und Short Hold Mode verfügen, um die Kosten zu minimieren. Im Bedarfsfalle kann die Anzahl der Wählverbindungen erhöht werden oder auf Standleitungen übergegangen werden.

Routerkonfiguration am Standort des Headquarters

Die Routerkonfiguration am Hauptsitz des Unternehmens ist in Abb. 4.5 dargestellt. Der ausgewählte Router dient zum einen dem Anschluß der einzelnen HUBs, des Elektrogroßhandels und der Filialen. Da die Verbindung zum Elektrogroßhandel für das Unternehmen von entscheidender Bedeutung ist, wird diese Verbindung mit einem ISDN-Dial-up-Port zusätzlich gesichert.

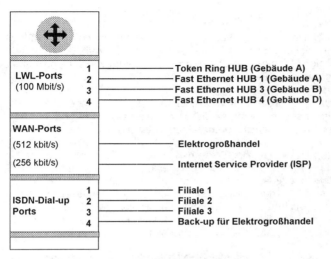

Abb. 4.5 - Routerkonfiguration des Headquarters

Über den Router wird auch die Verbindung des Intranets zum Internet über einen Internet Service Provider hergestellt. Diese Verbindung ist eine Standleitung mit 256 kbit/s. Dies ist gleichzeitig der einzige Zugang des gesamten Intranets zum Internet. Separate Internetzugänge werden weder für den Elektrogroßhandel noch für die Filialen bereitgestellt.

Trotz der knappen IP-Adressen wurde dem Unternehmen eine Class-C-Adresse zugeteilt.

Routerkonfiguration des Elektrogroßhandels und der Filialen

Der Router, der am Standort des Elektrogroßhandels installiert wird, ist mit dem LAN verbunden und mit einer 512-kbit/s-Standleitung mit dem Headquarter. Der ISDN-Port des Routers wird auf "Dial Back-up" konfiguriert, d. h., die Verbindung zum Headquarter wird automatisch aufgebaut, wenn die Standleitung gestört ist. Aus Sicherheitsgründen wird zusätzlich die Dial-back-Option genutzt. D. h., der Router teilt dem Router am Standort des Headquarters über ISDN-D-Kanal-Zeichengabe mit, daß er eine Verbindung herstellen soll. Da der Router am Headquarter weiß, zu wem er die Verbindung herstellen muß, wird so mit großer Sicherheit vermieden, daß sich ein Unberechtigter ins Firmennetz einwählt.

Die Router der Filialen sind mit dem LAN verbunden, und der ISDN-Port wird auf "Dial on Demand Based on Receipt of Data" konfiguriert. Dies bedeutet, daß die Verbindung sofort zur im Router eingetragenen Rufnummer aufgebaut wird, sobald Daten zur Übertragung anliegen. Aus Sicherheitsgründen wird die Rückrufoption benutzt.

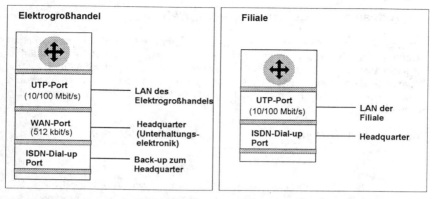

Abb. 4.6 - Routerkonfiguration des Elektrogroßhandels und der Filialen

Gesamtnetzwerk

Das gesamte Netz ist in der Abb. 4.7 dargestellt. Als Protokoll zwischen den einzelnen Standorten wird ausschließlich TCP/IP verwendet. TCP/IP-Komponenten sind preisgünstig und werden von vielen Herstellern angeboten. Die Realisierung über Standleitungen und ISDN-Wählverbindungen ist in dem Beispiel kostengünstig möglich, da sich die einzelnen Standorte in der gleichen Stadt befinden. Ist dies nicht der Fall, kommen sehr schnell hohe Kosten für die Standverbindungen auf, so daß man auch andere Alternativen untersuchen muß. Diese werden im nächsten Kapitel erläutert.

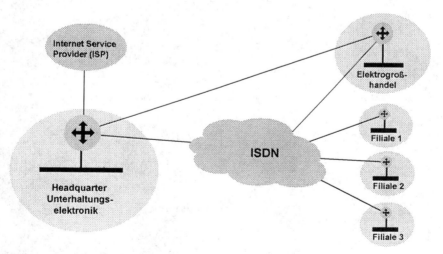

Abb. 4.7 - Gesamtnetzkonfiguration

4.5 Aufbau eines Wide Area Network (WAN)

Abschließend werden wir uns mit Gestaltungsalternativen von WANs beschäftigen. Dazu nehmen wir an, daß unser Unternehmen, welches nun die Bereiche Unterhaltungselektronik und Elektrogroßhandel abdeckt, sich einer Unternehmensgruppe "Kommunikationstechnik" anschließt, die weltweit agiert. Die Unternehmensgruppe Kommunikationstechnik hat mehrere Standorte in Europa, in Amerika und in Asien, siehe Abb. 4.8.

Standorte in Europa

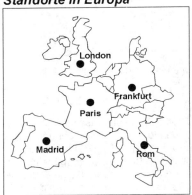

Standorte in Amerika

Standorte in Asien

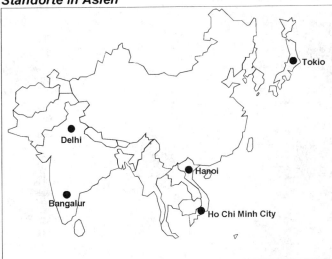

Abb. 4.8 - Standorte der weltweit operierenden Unternehmensgruppe

Aus der Abb. 4.8 wird klar, daß wir die einzelnen Standorte nun nicht mehr mit Standleitungen, egal ob sternförmig oder vermascht, verbinden können. Diese Lösung scheidet in 95 % der Fälle aus Kostengründen aus. Die einfachste Lösung ist, die einzelnen Standorte über das Internet zu verbinden. Voraussetzung hierfür ist die Präsenz eines Internet Service Providers zumindest in jedem Land. Beispielhaft ist die Anbindung von vier Standorten über das Internet in Abb. 4.9 dargestellt.

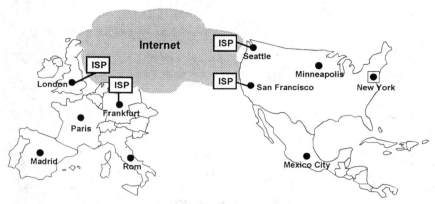

Abb. 4.9 - Verbinden von Standorten über das Internet (Alternative 1)

Diese Art der Verbindung ist relativ einfach möglich. Sie hat jedoch ein paar Nachteile. Die Performance der Verbindung zwischen den einzelnen Standorten ist abhängig vom Datenaufkommen, sprich dem Verkehr im Internet, und es ist eine "unsichere" Lösung.

Nun könnte man meinen, daß man mit Hilfe von Firewalls jede Lokation, die mit dem Internet verbunden ist, absichern könnte. Die etwas vereinfachte Konfiguration zeigt die Abb. 4.10. Diese Lösung hat den Nachteil, daß jeder Benutzer explizit in der Firewall administriert werden müßte. Dies ist bei Firmen mit einigen hundert bzw. tausend Mitarbeitern problematisch. Außerdem sollen nicht alle Mitarbeiter Zugang zum Internet, sondern in vielen Fällen ausschließlich zum Firmennetz bekommen. Ziel ist es also, allen Mitarbeitern Zugang zum Firmennetz zu ermöglichen, ohne dabei die Sicherheitsrisiken des Internets in Kauf nehmen zu müssen. In unserem Beispiel steigt ein Anwender, der mit einem anderen Standort des Firmennetzes kommunizieren will, aus dem Firmennetz über die Firewall und das öffentliche Internet aus und wieder über eine Firewall in das gleiche Firmennetz ein. Dies birgt eine Menge von Sicherheitsrisiken und wird normalerweise von jeder richtigen Firewallkonfiguration abgeblockt.

Eine Lösung, das obengenannte Problem zu umgehen, ist die Realisierung von Firmennetzen auf der Basis Virtueller Privater Netze (VPN). Der Unterschied zu der in Abb. 4.10 aufgezeigten Lösung besteht in der logischen Trennung der im Internet geführten Kanäle des Firmennetzes von dem allgemeinen Internet. Damit ergibt sich die aus Abb. 4.11 ersichtliche Konfiguration.

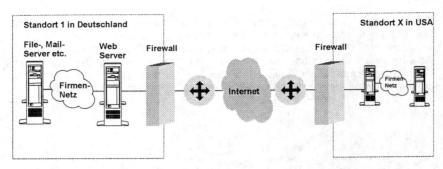

Abb. 4.10 - Verbinden von Standorten über das Internet (Alternative 2)

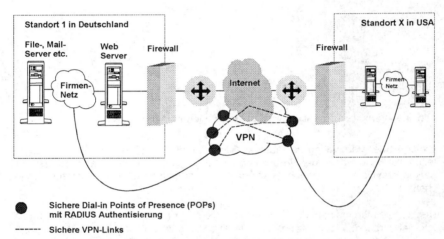

● Sichere Dial-in Points of Presence (POPs) mit RADIUS Authentisierung
------ Sichere VPN-Links

Abb. 4.11 - Verbinden von Standorten über das Internet (Alternative 3)

Bei dieser Netzkonfiguration hat jeder Mitarbeiter, der an dem Firmennetz angeschlossen ist, Zugang zum gesamten Firmennetz. Ein Anwender merkt überhaupt nicht, von welchem Standort er die Daten holt bzw. bekommt. Das gesamte VPN stellt sich für den Anwender wie ein lokales LAN mit fast unbegrenzten Ressourcen dar. Praktisch gesehen sind nicht alle Standorte mit einer hochbitratigen Leitung an einen ISP angeschlossen, so daß die Übertragung von bzw. zu bestimmten Standorten länger dauert als üblich.

VPNs stellen sich für die Anwender wie ein vermaschtes Standleitungsnetz dar. Da sich jedoch viele Anwender die Ressourcen im Netz teilen und nicht alle Anwender ihre Hauptverkehrszeiten zur gleichen Zeit haben, sind VPNs preisgünstiger zu realisieren als Standleitungsnetze. Nach wie vor ist es bei manchen Service Providern schwierig, eine definierte Servicequalität zu bekommen. Servicequalität wird unter anderem durch garantierte Verfügbarkeit, Reaktionszeiten, Laufzeiten, Datendurchsatz u. v. a. m. definiert. Ein weiterer Vorteil ist der Wegfall der Administration von Standleitungen durch eigenes Personal. Dies wird von dem ISP erledigt.

Last but not least sind die Sicherheitsprobleme durch die Anwendung des Remote Authentication Dial-In User Service (RADIUS-)Protokolls eliminiert. Dadurch kann ein Benutzer nur eine Verbindung aufbauen, wenn er vorher von einem Authentifikationsserver entsprechend autorisiert und authentifiziert wird.

Ein Nachteil dieser Lösung soll nicht verschwiegen werden. Es ist zur Zeit noch schwierig, einen ISP zu finden, der in allen im Einzelfall erforderlichen Ländern Dial-in-POPs hat. Ein Beispiel für einen ISP, der in relativ vielen Ländern präsent ist, ist Global One.

Fragen und Aufgaben zur Lernerfolgskontrolle

Zu Kapitel 1

1. Was bestimmt die Konzeption eines IT-Systems?
2. Nennen Sie die wesentlichen Eigenschaften eines guten IT-Konzeptes.
3. Warum ist es sinnvoll, IT-Vorhaben als Projekt mit einer entsprechenden Projektorganisation durchzuführen?
4. Welche Festlegungen müssen vor der Durchführung eines Projektauftrages getroffen werden?
5. Warum sollte möglichst Standardsoftware verwendet werden? Nennen Sie Vorteile, die für den Einsatz von Standardsoftware sprechen.
6. Welche Vorteile bringt der Einsatz "offener Systeme"?
7. Welche speziellen Anforderungen sind aufgrund vorhandener Unternehmensstrukturen und Geschäftsprozesse während der Bestandsaufnahme und Anforderungsanalyse zu berücksichtigen?
8. Auf welcher Basis wird ein Pflichtenheft erstellt?
9. Warum ist in praktisch allen Projektphasen der Kontakt mit dem Auftraggeber (Kunden bzw. zukünftigen Anwender) notwendig?
10. Ist es sinnvoll, die Produktivität einzelner Bereiche zu steigern, wenn gleichzeitig der Aufwand für andere Bereiche steigt? Begründen Sie Ihre Aussage.

Zu Kapitel 2

1. Geben Sie bitte mindestens drei Gründe an, weshalb das OSI-Modell sich behaupten konnte und immer noch angewendet wird.
2. Nennen Sie bitte alle Schichten des OSI-Modells.
3. Ordnen Sie bitte die nachfolgend aufgeführten Funktionen den einzelnen Schichten des OSI-Modells zu:
   a) Funktionen für die Repräsentation von Daten
   b) Bereitstellen einer sicheren Datenübertragung zwischen direkt verbundenen Geräten
   c) Bereitstellen von Bitübertragungsfunktionen für Senden und Empfangen
   d) Bereitstellen von Funktionen für die Zusammenarbeit bzw. Synchronisation von Applikationen auf verschiedenen Hosts
   e) Funktionen für Netzadressierung und Wegeauswahl durch das Netz
   f) Funktionen für die Zusammenarbeit von Netzwerkprozessen und Applikationen
   g) Funktionen für eine sichere Verbindung zwischen zwei Endsystemen
4. Welches sind die wesentlichen Vorteile des ZModem-Protokolls?
5. In welcher ITU-T-Empfehlung ist die ISDN-Adressierung beschrieben?

6. Geben Sie bitte die Struktur der ISDN-Adresse an.
7. Ist eine weltweit eindeutige Adressierung mittels ISDN-Adresse möglich?
8. Welche Referenzpunkte im ISDN kennen Sie?
9. In welcher ITU-T-Empfehlung ist die Numerierung in Datennetzen beschrieben?
10. Wer verwaltet die Internet-Adressen, und welche Teile der Netzadresse werden von diesem Zentrum zugewiesen (netid, hostid oder beide)?
11. Aus wieviel Bits besteht eine IP-Adresse, Version 4?
12. Wie viele Bits muß man auswerten, um zu entscheiden, ob es sich bei einer IP-Adresse, Version 4, um eine Class-C-Adresse handelt?
13. Aus wieviel Bytes besteht die netid bei einer
    a) Class-A-Adresse
    b) Class-B-Adresse
    c) Class-C-Adresse
14. Aus wieviel Bytes besteht die hostid bei einer
    a) Class-A-Adresse
    b) Class-B-Adresse
    c) Class-C-Adresse
15. Welche beiden IP-Adressen können nicht als hostid vergeben werden?
16. Aus wieviel Bits besteht eine IP-Adresse der Version 6?
17. Erläutern Sie bitte die Begriffe:
    a) Unicast
    b) Multicast
    c) Broadcast
18. Wie viele Kanäle hat ein ISDN-Basisanschluß?
19. Geben Sie bitte die Datenübertragungsrate des Zeichengabekanals beim ISDN-Basisanschluß an.
20. Ist bei einem ISDN-Anschluß die gleichzeitige Übertragung in beiden Richtungen zwischen Teilnehmervermittlungsstelle (TVSt) und Network Termination (NT) möglich?
21. Für was steht die Abkürzung ADSL?
22. Welche Geschwindigkeiten ("upload" und "download") sind mit ADSL maximal realisierbar?
23. Nennen Sie mindestens zwei Gründe für den Einsatz von Bridges.
24. Welche Nachteile haben Bridges verglichen mit Routern?
25. Was versteht man unter dem Ausdruck "Learning Bridge"?
26. Welche Netzarchitekturen/Netztopologien zum Aufbau von LANs kennen Sie?
27. Welcher Layer bzw. Sublayer ist allen IEEE-802-LANs gemeinsam?
28. Erläutern Sie bitte kurz den Unterschied zwischen dem verbindungsorientierten Übertragungsmodus und dem verbindungslosen Übertragungsmodus, und geben Sie bitte an, ob es möglich ist, beide Modi in einem Endsystem zu kombinieren.

29. Nennen Sie bitte die beiden gebräuchlichsten Protokolle zum Aufbau von LANs.
30. Aus wieviel Bits besteht die Ethernet-Adresse?
31. Was ist der Sinn einer Prüfsumme, engl. Frame Check Sequence (FCS)?
32. Welche maximalen Entfernungen können mit einem Ethernet-LAN, 10Base5 und 10Base2, überbrückt werden?
33. Nennen Sie die maximalen Bruttodatenraten folgender LANs:
    a) Ethernet
    b) Token Ring
    c) Fast Ethernet
34. Was ist die häufigste Fehlerursache in Token-Ring-Netzen?
35. Bitte nennen Sie die zwei unterschiedlichen Routing-Prinzipien, die bei Bridges angewandt werden.
36. Was ist der Nachteil von Encapsulation bzw. Tunneling?
37. Welche grundsätzlichen Routingverfahren kennen Sie?
38. Welche Vorteile hat "Link State Routing", verglichen mit "Distance Vector Routing"?
39. Was ist der Vorteil von Client-Server-Netzen?
40. Beschreiben Sie die Funktionsweise des Address Resolution Protocols (ARP).
41. Was ist der Unterschied zwischen UDP und TCP?

Zu Kapitel 3

1. Was ist heute die gebräuchlichste Verkabelungsstrategie?
2. Kann UTP-Kabel (ungeschirmtes Kabel) zum Aufbau von Ethernet-LANs (10 Mbit/s bzw. 100 Mbit/s) verwendet werden?
3. Gibt es einen Unterschied zwischen Kabeltypen und Kabelkategorien im Zusammenhang mit LANs und Inhousenetzwerken?
4. Nennen Sie bitte die drei Servertypen, die bei der Installation von Windows NT ausgewählt werden können.
5. Welche Netzwerkprotokolle werden von Windows NT unterstützt?
6. Welche Berechtigungen für Dateien und Verzeichnisse können unter Windows NT vergeben werden?
7. Welche Vorteile hat eine Formatierung mit NTFS, verglichen mit FAT?
8. Geben Sie bitte die Struktur eines Netware-Dateisystems an.
9. Werden von Novell Netware unterschiedliche Netzprotokolle parallel, also gleichzeitig unterstützt?
10. Nennen Sie bitte die wesentlichen Merkmale eines UNIX-Betriebssystems.
11. Skizzieren Sie bitte den UNIX-Systemaufbau.

12. Geben Sie bitte die Struktur des UNIX-Dateisystems an.
13. Skizzieren Sie bitte die Rechteverwaltung unter UNIX.
14. Können mehrere Protokollstacks auf einem Windows-Client installiert werden?
15. Was sind die wesentlichen Neuerungen von Windows98 gegenüber Windows95?
16. Nennen Sie bitte die wesentlichen Merkmale des Windows-NT-Betriebssystems.
17. Aus welchen zwei grundsätzlichen Teilen besteht jede E-Mail?
18. Welche Adresse wird für das Mail Routing ausgewertet?
19. Nennen Sie bitte drei gebräuchliche Protokolle, die zum Austausch von E-Mails angewandt werden.
20. Was unterscheidet das Internet Message Access Protocol 4 (IMAP4) von einfacheren E-Mail-Protokollen wie z. B. dem Simple Mail Transfer Protocol (SMTP)?
21. Welche Funktionen werden von modernen E-Mai-Clients, neben dem Austausch von E-Mails, für das Informationsmanagement bereitgestellt?
22. Unter welchen Voraussetzungen ist es möglich, auf seine E-Mail von überall auf der Welt zuzugreifen?
23. Nennen Sie Dienste bzw. Applikationen, die ein Kommunikationsserver bereitstellen kann.
24. Werden die Verzeichnisträger im X.500-Directory Service zentral oder dezentral verwaltet?
25. Welche Dienste (Funktionen) werden von einem X.500-Directory User Agent bereitgestellt?
26. Welche Informationen werden in der Management Information Base (MIB) abgelegt? Nennen Sie bitte einige Beispiele.
27. Mit welchem Protokoll werden die in einer MIB abgelegten Informationen abgefragt?
28. Was ist der gravierendste Nachteil des SNMPv1?
29. Beschreiben Sie das TMN-Modell.
30. Welche Vorteile hat eine Zertifizierung nach ISO 9000?
31. Welche der ISO-9000-Normen ist die strengste?
32. Welche Qualitätssicherungselemente enthält die ISO 9003?

Abkürzungsverzeichnis

A
ADSL	Asymmetric Digital Subscriber Line
API	Application Programming Interface
ARP	Address Resolution Protocol
AS	Autonomous (Autonomes) System
ASN.1	Abstract Syntax Notation One
ATM	Asynchronous Transfer Mode

B
BGP	Border Gateway Protocol

C
CAD	Computer Aided Design
CAPI	Common ISDN Application Programming Interface
CCITT	Comité Consultatif International Télégraphique et Téléphonique
CISC	Complex Instruction Set Computer
CMIP	Common Management Information Protocol
CMIS	Common Management Information Service
CSMA/CD	Carrier Sense Multiple Access with Collision Detection

D
DAP	Directory Access Protocol
DCC	Data Country Code
DCE	Data Communication Equipment
DCN	Data Communications Network
DEE	Datenendeinrichtung
DES	Data Encryption Standard
DFUE	Datenfernübertragung
DIB	Directory Information Base
DIT	Directory Information Tree
DMA	Direct Memory Access
DNIC	Data Network Identification Code
DNS	Domain Name Server
DQDB	Distributed Queue Dual Bus
DSA	Directory System Agent
DSP	Directory System Protocol
DSS1	Digital Subscriber Signalling System No. 1
DTE	Data Terminal Equipment
DUA	Directory User Agent
DÜE	Datenübertragungseinrichtung

E
E-Mail	Electronic mail
EGP	Exterior Gateway Protocol
EIA	Electronic Industries Association

F
FDDI	Fibre Distributed Data Interface
FTP	File Transfer Protocol

G
GDMO	Guideline for Definition of Managed Objects

H
HDLC	High Level Data Link Control

I
I/O	Input/Output
IAE	ISDN-Anschlußeinheit
ICMP	Internet Control Message Protocol
ID	Identifikationsnummer
IDEA	International Date Encryption Algorithm
IEEE	Institute of Electrical and Electronics Engineers
IGP	Interior Gateway Protocol
IGRP	Interior Gateway Routing Protocol
IMAP4	Internet Mail Access Protocol (RFC 1730)
IP	Internet Protocol
IPX	Internet Packet Exchange
IS	Intermediate System
ISDN	Integrated Services Digital Network
ISO	International Standardization Organization
ISP	Internet Service Provider
ITU	International Telecommunication Union
ITU-T	International Telecommunication Union, Telecommunication Standardization Sector
IV	Informationsverarbeitung

L
LAN	Local Area Network
LCGI	Local Common Gateway Interface

LDAP	Lightweigth Directory Access Protocol		**R**	
LLC	Logical Link Control		RCGI	Remote Common Gateway Interface
LSA	Link State Algorithmus		RDN	Relativ Distinguished Name
			RFC	Request for Comment
M			RIP	Routing Information Protocol
MAC	Medium Access Control		RISC	Reduced Instruction Set Computer
MAN	Metropolitan Area Network			
MAPI	Message Application Programming Interface		**S**	
MIB	Management Information Base		SAP	Service Access Point
MIPS	Millionen Instructions per Second		SAP	Service Advertising Protocol
			SDU	Service Data Unit
MO	Managed Objects		S/MIME	Secure Multipurpose Internet Mail Extension
N			SMTP	Simple Mail Transfer Protocol
NDIS	Network Driver Interface Specification		SNADS	SNA Distribution Service
			SNMP	Simple Network Management Protocol
NDS	Netware Directory Services			
NetBEUI	NetBIOS Extended User Interface		SPX	Sequenced Packet Exchange
			SSL	Secure Sockets Layer
NetBIOS	Network Basic Input/Output System		STP	Shielded Twisted Pairs
NMF	Network Management Forum		**T**	
NMS	Network Management Station		TA	Terminaladapter
NNTP	Network News Transfer Protocol		TAE	Telekommunikations-Anschluß-Einheit
NNTP	Network News Transport Protocol		TCP	Transmission Control Protocol
			TE	Terminal Equipment
O			TMN	Telecommunications Management Network
ODI	Open Data Link Interface		TVSt	Teilnehmervermittlungsstelle
OPT	Open Protocol Technology			
OS	Operations System		**U**	
OSI	Open System Interconnection		UDP	User Datagram Protocol
OSPF	Open Shortest Path First		UNI	User Network Interface
			URL	Uniform Resource Locator
P			UTP	Unshielded Twisted Pairs
PCI	Peripheral Components Interface		**V**	
PCI	Protocol Control Information		VPN	Virtuelles Privates Netz
PDU	Protocol Data Unit			
PEM	Privacy Enhanced Mail		**W**	
PGP	Pretty Good Privacy		WAIS	Wide Area Information Server
POP	Post Office Protocol		WAN	Wide Area Network
POP3	Post Office Protocol 3 (RFC 1725)		WS	Workstation
			WWW	World Wide Web
PROFS	Professional Office System			
PSTN	Public Switched Telephone Network			

Q
QA   Q-Adapter
QS   Qualitätssicherung

Sachwörterverzeichnis

100VG-AnyLAN 78

A
Address Resolution Protocol 93
ADSL 43
Anforderungsanalyse 5
Anwendungsschicht 18
ARP 93
Autonomes System 54, 56

B
Backup 180
Bestandsaufnahme 5
Bridge 46

C
CAPI 41
CMIP 192
CMIS 192
Common ISDN Application
  Programming Interface 41
Common Management Information
  Protocol 192
Common Management Information
  Service 192

D
DAP 182
Darstellungsschicht 17
Data Communications Network 195
Data Encryption Standard 205
Datenschutz 204
DCN 195
Default Gateway 91
DES 205
Dienstdateneinheit 14
Dienstprotokoll 16
Directory Access Protocol 182
Directory System Agent 182
Directory User Agent 181
Distance Vector Routing 53
Dokumentation 199
DQDB-Topologie 74
DSA 182
DUA 181

dynamisches Routing 53

E
E-Mail 165

F
Fast Ethernet 77
FDDI 76
Fileserver 164
Firewall 207

G
Grobkonzeption 5

I
ICMP 93
Internet Control Message Protocol 93
Internet Packet Exchange 98
IP-Adresse 23
IPv4 86
IPv6 89
IPv6-Adresse 26
IPX 98
ISDN-Adresse 20
ISO 9000 197

K
Kabelkategorie 103
Kabeltyp 103
Kommunikationsserver 171

L
LDAP 185
Lighweight Directory Access Protocol ... 185
Link State Routing 54
Logical Link Control 63

M
Management Information Base 188
MIB 188

N
NCP 103
NDIS 84

NDS 115
NetBEUI 82
NetBIOS 83
Netware Core Protocol 103
Netware Directory Services 115
Network Driver Interface Specification
  Support 84
Network Information Centre 22
Netzschicht 17
NIC 22
Novell Netware 113
NTFS 112

O

ODI 85
Open Data Link Interface 85
OSI-Referenzmodell 11

P

Partnerinstanz 16
Peer-to-Peer-Netze 80
PGP 206
Physikalische Schicht 16
POP3 166
Pretty Good Privacy 206
Primitive 13
Printserver 177
Projektbibliothek 10
Protokolldateneinheit 14
Protokollsteuerinformation 14
Proxy-Server 208

Q

Q3 195
Qualitätssicherung 197

R

Routing
 - statisches 53
 - dynamisches 53
RSA 205

S

SAP 103
Schichtenmanagement 18
Sequenced Packet Exchange 102
Service Advertising Protocol 103
Sicherungsschicht 16
Simple Network Management
  Protocol 186

Sitzungsschicht 17
SMTP 165
SNAD 166
SNMP 186
Source-Routing 51
Spanning-Tree-Algorithmus 48
SPX 102
statisches Routing 53

T

TCP 96
TCP/IP 85
Telecommunications Management
  Network 193
TMN 193
Transmission Control Protocol 96
Transportschicht 17
Tunneling 50

U

UDP 95
Uniform Resource Locator 174
UNIX 131
URL 174
User Datagram Protocol 95

V

Verschlüsselungsverfahren 204

W

Webserver 173
Windows for Workgroups 149
Windows NT Server 106
Windows NT Workstation 161
Windows95 151
Windows98 156

X

X.500 180

Z

ZMODEM 37